돈 버는
부동산
임대차계약의
모든 것

임대차法을 압도적으로 재미있게 한 방에 해결하는 맞춤 솔루션!

돈 버는
부동산
임대차계약의
모든 것

최병우 지음

매일경제신문사

2018년에 처음 이 책을 출판한 이후 벌써 6년이라는 시간이 흘렀습니다.

처음 이 책은 '임대차'라는 것이 우리 일상에 너무도 깊게 파고 들어와 있지만, 그에 반해 임대차 관련 법을 하나로 묶어서 법을 전혀 모르는 사람들도 알기 쉽게 설명해주는 책이 그 어디에도 없다는 사실을 깨닫고 쓰게 되었습니다. 무한한 책임감을 느낀 것이 이 책을 내놓게 된 이유라면 이유일 것입니다.

지난 6년이라는 시간 동안 우리의 임대차 시장은 엄청난 시대적 풍파를 맞고 있습니다. 그중에서 가장 큰 사건은 아마도 '임대차 3법'이 만들어진 것입니다. 지금 전세사기, 깡통전세로 인해 서민들이 자신의 전 재산을 한 방에 날려버리고, 끝내는 극단적인 선택까지 하기도 합니다. 차마 눈 뜨고 볼 수 없을 정도의 아비규환(阿鼻叫喚)이라고 할 것입니다.

도대체 누가 이렇게 만들었는지는 아마도 역사가 평가해줄 것입니다. 이러한 환란이 반복되지 않도록 앞으로 위정자들의 철저한 각성이 필요할 것이라고 믿습니다.

그동안 저는 '한국공인중개사협회' 대의원과 '한국공인중개사협회' 경남지부 상담위원을 맡아왔습니다. 공인중개사업계의 발전과 임대차 관련 상담을 통해서 공인중개사분들에게 실질적인 업무에 도움을 드리기 위해 최선을 다하고 있습니다.

이러한 다년간의 임대차 상담으로 인해, 저 자신도 상당한 도움을 받고 있습니다. 이 책도 부족한 부분들을 탄탄히 채울 수 있는 계기가 되었습니다. 이번에 발간되는 책은 처음 발간했을 때보다 상당히 내실이 있게, 완성된 것 같아서 마음이 뿌듯합니다.

혹여나 이 책을 처음 접한 독자분에게 잠시 설명해드리자면, 앞서 말씀드린 바와 같이 이 책은 우리나라에 현존하는 모든 임대차법(민법, 주택임대차보호법, 상가건물임대차보호법 등)을 하나로 통합해서 비교, 정리했습니다. 그 이유는 10년간 법률사무소에 근무하고 10년간 공인중개사 학원을 운영하던 중에 20년 넘게 임대차법을 접하고 있지만, 늘 법들이 약간씩 달라서, 실무에서도 많은 혼선을 빚은 경험이 있었기 때문입니다. 어느 정도 임대차 관련 법을 아는 저도 이렇게 혼란스러운데, 일반인들은 얼마나 힘들어 할까 해서 이 책을 적게 되었습니다.

그만큼 우리 생활에서 절대로 떼려고 해도 뗄 수 없는 임대차 관련 법을 이 책 한 권만 읽어도, 충분히 웬만한 어려운 사례(전세사기, 깡통전세 등)도 혼자서 해결하실 수 있게 만들었다고 자신합니다.

그렇지만 이 책을 대충 한 번 정도만 읽으면 끝날 것으로 생각하시면 절대 안 됩니다. 항상 옆에다 두고 최소한 3번 이상은 반복해서 읽어야 합니다. 머릿속에 온전히 남기시면, 이 책값 이상 아니, 몇백 배의 대가를 받으실 수 있다고 믿어 의심치 않습니다. 추가로 제가 운영하는 유튜브 채널, 〈임대차TV〉를 방문해주시면 이 책의 내용을 좀 더 편안하게 이해하실 수 있을 것입니다.

모쪼록 이 책을 선택해주시고 끝까지 읽어주신 독자분들에게 감사드립니다.

최병우

차례

PART
01

임대차의 역사와
이해

임대차(賃貸借)는 우리 '민법(民法)'의 제618조에서 제654조까지 총 37개의 법조문으로 이루어진 법입니다. 놀랍게도 1958년 민법이 만들어진 이후부터 현재까지 대부분의 법조문이 변경되지 않은 채 그대로 사용되고 있습니다.

이는 현실사회가 시시각각 급변하고 있는데도 60여 년 전 제정된 법률이 그 효용가치를 인정받고 있다는 이야기입니다. 그 명맥을 이렇게 유지하고 있다는 것만 봐도, 얼마나 임대차 법이 우리의 삶속 깊숙이 오랜 시간 동안 뿌리내려져 있는지 알 수 있습니다. 국민 대부분이 살아가면서 단 한 번은 만나게 되는 생활 밀착형 법이라는 것에 이의를 제기할 사람은 별로 없을 것입니다.

[민법] 제618조(임대차의 의의)
임대차는 당사자 일방이 상대방에게 **목적물**을 사용, 수익하게 할 것을 약정하고 상대방이 이에 대하여 차임을 지급할 것을 약정함으로써 그 효력이 생긴다.

이 법조문을 보게 되면, 임대차의 목적물인 '부동산'과 '동산' 중에서 사인 간에 가장 많이 사용하고 있고, 그로 인해 끊임없이 분쟁이 있어온 것은 대부분 '부동산'이라 할 것입니다. 이러한 부동산은 우리 인간의 삶에 있어서 그 '재산적 가치'와 동시에 '주거적 가치'를 충족하기 위한 도구인 것입니다. 삶에서 결코 빼놓을 수 없는 공기나 물처럼 꼭 필요한 요소 중에 하나라고 해도 손색이 없을 것입니다.

특히 재산적 가치로만 볼 때 그 가치 판단은 판단자의 시각에 따라서 천차만별일 것입니다. 하지만 누가 봐도 값어치 없고 볼품없는 부동산이라고 할지라도 그 부동산 소유자가 평생 고생해서 어렵사리 얻은 유일한 전 재산이라면, 그 부동산의 소유자가 느끼는 가치는 목숨과도 바꾸지 않을 만큼 크다고 할 수 있습니다.

이처럼 우리의 삶 속에서 떼려고 해도 뗄 수 없는 이러한 부동산의 소유권을 인간이 취득한 이후부터 '소유'와 '임대차'로 인해, 발생한 법적 분쟁은 60여 년 동안 사인 간에 끝없이 논란과 분쟁 거리였음은 어쩌면 불을 보듯 뻔한 일입니다. 이 논쟁과 분쟁을 종식하려는 해결 방안으로서의 민법 '임대차'의 법조문은 너무나도 턱없이 부족했습니다. 이를 보완하기 위해서 자고 나면 하나씩 나오는 수없이 많은 임대차 관련 판례들이 이 사실을 조금이나마 반증한다고 할 것입니다.

하지만 이렇게 수없이 많은 판례가 있다고 한들, 아무래도 일상생활에서의 '경제적 약자'인 세입자(임차인)에게 불리한 내용의 계약을 무소불위의 힘을 가진 소유자(임대인)로부터 강제 또는 강요당할 우려가 컸습니다. 이에 **"매매는 임대차를 깨뜨린다"**라는 법언(법에 관한 격언)에 따라서 임차한 부동산의 소유자(임대인)가 타인(제3자)에게 그 부동산을 '매매'해버린다면 세입자는 새로운 소유자(제3자)에게 아무런 대응을 할 수 없었습니다. 그 부동산에서 하루아침에 내쫓기게 되어서, 일생 모아온 전 재산인 전세보증금을 한 방에 날려버리는 일이 비일비재하게 발생하기도 했습니다. 이에 대해, 우리 민법의 '물권'과 '채권'의 우열관계(법적 순위) 체계를 전체 다 뜯어고치지 않는 한 민법만으로는 도저히 세입자를 보호할 방법이 없었다고 해도 과언이 아니었습니다.

이러한 불완전하고 불합리한 법률체계로는 더는 이어갈 수 없다고 여긴 국회는 민법 체계를 전부 바꾸지 않은 상태에서 민법의 '특별법'으로, 1981년 우리가 너무도 잘 알고 있는 '주택임대차보호법'을 제정하기에 이릅니다.

[주택임대차보호법] 제1조(목적)
이 법은 주거용 건물의 임대차(賃貸借)에 관하여 '민법'에 대한 특례를 규정함으로써 국민 주거생활의 안정을 보장함을 목적으로 한다.

주택임대차보호법의 제1조 '목적'만 봐도 이 법이 있기 전에 얼마나 국민 주거생활이 불안정했는지를 충분히 알 수 있습니다.

따라서 필자는 국민 주거생활의 안정을 위해 만들어진 이 법을 국민이라면 누구나 알고 있어야 한다고 생각합니다. 이 책만 읽으면 법률전문가(변호사, 법무사 등)의 조력 없이 스스로 실생활에서 바로바로 적용할 수 있게 하기 위해서 이 책을 최대한 이해하기 쉽고 재미있게 읽으실 수 있도록 최선을 다해 기술했습니다.

본론으로 들어가기에 앞서, 한 가지를 말씀드리겠습니다. 민법의 법체계를 변경하지 않은 상태에서 새로운 특별법을 만들었다고 하니까, 혹자는 '주택임대차보호법(줄여서 '주임법'이라고 하겠습니다)'만 적용되어서 민법의 임대차는 더 이상 적용되지 않는 것이라는 오해를 할 수도 있을 것입니다. 어쩌면 이 부분이 현장(임대차 시장)에서 가장 혼선을 빚는 부분이며, 아마도 법률 전문가들도 한번쯤은 헷갈리는 부분일 것입니다. 이 부분을 좀 더 명확하게 정리하는 데 초점을 맞추어서 이 책을 읽은 독자분들은 임대차에 대해 그 누구보다 최고의 전문가가 될 수 있을 것이라 확신합니다.

이어서 말씀드리면 민법의 법률체계를 변경한다는 것은 마치 **'자식이 자신의 부모를 부정하는 것'**처럼 법이 가져야만 할 안정성을 송두리째 뒤흔들 수 있습니다. 왜냐하면 어떠한 나라의 법률체계든, 사적 재산을 보호를 위해 '권리의 충돌과 그 권리의 경합 순위'를 법률에 정확하게 정해놓을 수밖에 없기 때문입니다. 이 권리의 순위를 단지 사회 약자들에게 불리하다는 이유만으로 매번 바꾼다면, 그 사회에서 권리순위의 법적 체계는 엉망진창이 될 뿐만 아니라, 무엇보다도 법이 가지고 있어야 중요한 요건인 '신뢰성'마저 부정하는 일이 될 수가 있기 때문입니다(법이 신뢰성을 잃는다면, 그 누구도 법을 지키지 않습니다!).

1. **권리의 충돌** : 동일한 객체에 대하여 여러 개의 권리가 존재하는 경우, 그 객체가 그 위에 존재하는 권리를 모두 만족시킬 수 없는 경우 → 그 여러 개의 권리 간에 '순위'가 있어서, 어떤 권리에 대하여 우선하여 만족을 얻게 됨으로써 해결
   ① **물권과 채권 간의 충돌과 순위** : 물권이 우선하는 것이 원칙
   ② **물권 상호 간의 충돌과 순위** : 제한물권(용익물권, 담보물권)이 소유권에 우선, 먼저 성립한 권리가 우선
   ③ **채권 상호 간의 충돌과 순위** : '채권자평등의 원칙'에 의해 우선순위가 없는 것이 원칙
2. **권리의 경합** : 하나의 생활사실이 여러 개의 법률요건을 충족함으로써 여러 개의 권리가 발생하는 경우에 그 여러 개의 권리가 동일한 목적을 가지며, 그 행사로 동일한 결과를 가져오는 경우
   ① **청구권의 경합** : 경합하는 여러 개의 권리 중 하나의 권리를 선택적으로 행사할

이것이 민법이 제정된 지 60년이 넘은 지금까지 민법 조문이 전면
적으로 바뀌거나, 새롭게 제정된 조문이 그리 많지 않은 이유라고 할
것입니다.

따라서 '특별법 우선의 원칙'은 같은 법적 판단 사안이 발생했을
때, 즉 일반법인 민법과 특별법인 주택임대차보호법이 서로 간에 부
딪힌다면(법률용어로 '경합'한다고 합니다), 주임법이 민법보다 우선해 적용된
다는 원칙에 따르게 되는 것입니다.

잠깐! 지금까지의 내용이 어렵게 느껴지신다면, 일단 다음의 민법
제635조 법조문을 보시겠습니다.

[민법] 제635조(기간의 약정 없는 임대차의 해지 통고)
① 임대차기간의 약정이 없는 때에는 **당사자는 언제든지 계약해지의 통고**를 할 수 있다.
② 상대방이 전항의 통고를 받은 날로부터 다음 각 호의 기간이 경과하면 해지의 효력
이 생긴다.
1. 토지, 건물 기타 공작물에 대하여는 **임대인이 해지를 통고한 경우에는 6월, 임차인
이 해지를 통고한 경우에는 1월**
2. 동산에 대하여는 5일

민법 '임대차' 제635조에서는 임대차계약을 더 이상 하지 않고 '끝
내겠다는 통지(해지 통고)'를 당사자, 즉 임대인과 임차인 각자 상대방에

게 할 수 있습니다. 다만 집주인은 6월, 세입자는 1월 후에 그 효력(해지)이 발생한다고 분명히 법조문에 명시되어 있는 것을 잘 알 수가 있습니다.

하지만 다음 주택임대차보호법 제6조의 2를 보시겠습니다.

[주택임대차보호법] 제6조의 2(묵시적 갱신의 경우 계약의 해지)
① 제6조 제1항에 따라 계약이 갱신된 경우 같은 조 제2항에도 불구하고 **임차인은 언제든지 임대인에게 계약해지(契約解止)를 통지**할 수 있다. 〈개정 2009. 5. 8〉
② 제1항에 따른 해지는 **임대인이 그 통지를 받은 날부터 3개월이 지나면 그 효력이 발생**한다.

이처럼 주임법에서는 '묵시(아무 말 하지 않고, 가만히 있음)적 갱신'된 상태(즉, 기간의 약정이 없는 임대차로 봄)에서 임대인은 해지 통고를 할 수 없지만, 임차인은 언제든지 계약해지 통지를 할 수 있습니다. 이 통지를 집주인이 받은 날로부터 3개월 후에 그 효력이 발생한다고 되어 있습니다.

따라서 계약해지와 관련된 경우에 '특별법 우선의 원칙'에 따라서 주택임대차계약이 갱신(갱신은 계약을 연장한다는 말인데, 이 부분은 뒤에서 따로 정리해드릴 것입니다)된 경우 세입자는 민법이 아닌 주임법의 적용을 받게 됩니다.

이 두 개의 법조문을 자세히 보면 주임법은 집주인보다는 세입자에게 너무나도 편파적으로 편을 드는 법임을 알 수 있는데, 그 이유는 이 법의 제정 목적에서 충분히 드러남을 알 수 있습니다.

한편, 이렇게 제정된 주임법이 우리 사회에 미치는 파급효과는 실로 너무나도 컸으며, 이후 2002년 제정된 '상가건물임대차보호법'에도 역시 지대한(?) 영향을 주었습니다. 앞으로도 이러한 우리 사회적 약자에 대한 보호를 위한 노력과 변화는 계속될 것이라 믿어 의심치 않습니다.

> **[상가건물임대차보호법] 제1조(목적)**
> 이 법은 상가건물임대차에 관하여 '민법'에 대한 특례를 규정하여 국민 경제생활의 안정을 보장함을 목적으로 한다.

위 상가건물임대차보호법(줄여서 '상임법'이라 함)의 제1조의 목적만 봐도 주임법의 '주거'를 '경제'로 바꾼 거 말고는 거의 법조문이 같음을 알 수 있고, 상가임대차보호법이 아니라, '상가건물'임대차보호법인 것은 상가가 아닌 공장 등의 임대차에도 똑같이 적용된다는 의미입니다.

결국에 주임법 제정은 그동안 강자들의 편이었던 '법(法)'을 그 일부라도 약자의 편으로 바꿀 수 있는 큰 원동력이 되었다 할 것입니다. 앞으로도 우리 사회가 공정하고 평등한 사회가 될 수 있도록 많은 사람이 이러한 법률에 대해 지속해서 관심을 두어야 할 것입니다.

'해지'와 '해제'는 같은 말? 다른 말?

해지(解止) : 기존계약이 유효한 상태에서 앞으로 남은 계약기간에 대해서만 효력을 소멸시키는 행위(예 : 임대차계약 해지 → 묵시적 갱신된 임대차계약을 임차인이 계약'해지'를 함)

해제(解除) : 일시적 계약을 채무불이행 등의 이유로 소급하여 소멸시키는 행위(예 : 매매계약 해제 → 매매계약을 체결한 후에 매수인이 잔금을 지급하지 않아서 계약'해제'를 함)

PART
02

임대차대항력 등
관련 법 비교

임대차법 적용과
대항력의 정의

사회적 약자들을 위해 임대차 관련 법들이 하나씩 늘어가면서, 하나의 문제점이 발생하게 되었습니다. 그것은 바로 '임대차 관련 법'들을 과연 어떤 식으로 '법 적용과 법 해석'을 하느냐의 문제입니다.

일반인들은 저마다 바쁜 삶 속에서 '특별법 우선주의'에 의한 민법과 주임법이 충돌 시(경합) 과연 어떤 법을 먼저 적용해야 하는지 여부를 고민하게 됩니다. 상임법은 모든 상가에 공통으로 적용되는 것이 아니라, 환산보증금 이하의 상인들에게만 적용되지만, 그중에 몇 가지 조문은 모든 상인에게 다 적용됩니다. 해당 법 규정의 복잡하고 어려운 내용을 쉽사리 이해하고 숙지하는 것이 절대 녹록지가 않습니다.

이에 필자는 사명감을 가지고, 법 적용 부분에 대해 가급적이면 법률 초보자도 최대한 이해하기 쉽게 기술했습니다. 아울러 관련 법 조문의 법 해석은 '대법원 판례'에 따라 정리했음을 밝힙니다.

1. 법의 적용 범위

[주택임대차보호법] 제2조(적용 범위)
이 법은 **주거용 건물**(이하 '주택'이라 한다)의 **전부 또는 일부의 임대차**에 관하여 적용한다.
그 임차주택(賃借住宅)의 일부가 주거 외의 목적으로 사용되는 경우에도 또한 같다.

이 법은 대한민국의 모든 주거용 건물에만 적용됩니다. 주거용(주택)이냐 비주거용(상가)이냐는 관청에서 발급받는 부동산 공적 장부(건축물대장, 등기부등본 등)상에 나타나는 표시로 판단하지 않고, 무조건 건물의 '실제용도'로 판단합니다(**대법원 판례 94다52522**).

따라서 주거용이라면 임차한 주택의 전부 또는 일부를 주거 이외의 목적(상가)으로 사용하더라도 그 전체를 주거용 건물로 봅니다. 반대로 비주거용(상가) 건물의 일부에 방을 만들어서 사용하는 경우에는 이 법의 적용을 받을 수가 없습니다.

"피고가 임차한 다방 건물 부분은 영업용으로서 비주거용 건물이리고 보이고 실사 피고가 그중 방 및 다방의 주방을 주거목적에 사용한다고 하더라도 이는 어디까지나 다방의 영업에 부수적인 것으로서 그러한 주거목적 사용은 비주거용 건물의 일부가 주거목적으로 사용되는 것일 뿐, 주택임대차보호법 제2조 후문에서 말하는 '주거용 건물의 일부가 주거 외의 목적으로 사용되는 경우'에 해당한다고 볼 수 없다(**대법원 판결 1996. 3. 12, 선고 95다51953 [배당이의], 종합법률정보 판례**)."

또한, 임차한 건물이 관할관청으로부터 허가를 받지 않고 건축한 무허가건물, 준공검사를 받지 않은 건물, 소유권보존등기를 마치지 않은 건물도 이 법에 적용받을 수 있습니다(대법원 판결 1987. 3. 24, 선고 86타카164).

비주거용(상가건물)에 관해서는 '상임법'에서 그 적용 범위를 정하고 있습니다.

> **[상가건물임대차보호법] 제2조(적용 범위)**
> ① 이 법은 상가건물(제3조 제1항에 따른 사업자등록의 대상이 되는 건물을 말한다)의 임대차(임대차 목적물의 주된 부분을 영업용으로 사용하는 경우를 포함한다)에 대하여 적용한다. 다만, **대통령령으로 정하는 보증금액을 초과하는 임대차에 대하여는 그러하지 아니하다.**
> ② 제1항 단서에 따른 보증금액을 정할 때에는 해당 지역의 경제 여건 및 임대차 목적물의 규모 등을 고려하여 지역별로 구분하여 규정하되, 보증금 외에 차임이 있는 경우에는 그 차임액에 '은행법에 따른 은행의 대출금리 등을 고려하여 대통령령으로 정하는 비율을 곱하여 환산한 금액을 포함하여야 한다. 〈개정 2010. 5. 17〉
> ③ 제1항 단서에도 불구하고 제3조, 제10조 제1항, 제2항, 제3항 본문, 제10조의2부터 제10조의 8까지의 규정 및 제19조는 제1항 단서에 따른 보증금액을 초과하는 임대차에 대하여도 적용한다.
> 〈신설 2013. 8. 13, 2015. 5. 13〉 [전문 개정 2009. 1. 30]

단순히 법조문만 보면 상임법상에 적용 범위는 주임법보다는 다소 복잡한 느낌이 들지만, 저와 지금부터 하나하나 풀어간다면 결코 어렵지만은 않을 것입니다.

먼저 **주임법은 보증금액이 얼마든 그 보증금액 한도에 제한이 없이**

모든 주택임대차에 적용되지만, **상임법은 보증금액을 초과하는 상가 임대차에는 이 법이 적용되지 않는다**는 차이점이 있는데, 먼저 대통령령으로 정하는 보증금액은 다음과 같이 지역별로 금액이 정해져 있습니다.

제2조(적용 범위)

① '상가건물임대차보호법'(이하 '법'이라 한다) 제2조 제1항 단서에서 '대통령령으로 정하는 보증금액'이란 다음 각 호의 구분에 의한 금액을 말한다. 〈개정 2008. 8. 21, 2010. 7. 21, 2013. 12. 30, 2018. 1. 26, 2019. 4. 2〉

1. 서울특별시 : 9억 원
2. '수도권정비계획법'에 따른 과밀억제권역(서울특별시는 제외한다) 및 부산광역시 : 6억 9,000만 원
3. 광역시('수도권정비계획법'에 따른 과밀억제권역에 포함된 지역과 군지역, 부산광역시는 제외한다), 세종특별자치시, 파주시, 화성시, 안산시, 용인시, 김포시 및 광주시 : 5억 4,000만 원
4. 그 밖의 지역 : 3억 7,000만 원

② 법 제2조 제2항의 규정에 의하여 보증금 외에 차임이 있는 경우의 차임액은 월 단위의 차임액으로 한다.

③ 법 제2조 제2항에서 '대통령령으로 정하는 비율'이라 함은 1분의 100을 말한다. 〈개정 2010. 7. 21〉

이에 '환산보증금'이라는 것은 '보증금과 차임 환산금액'을 합한 금액입니다.

예를 들어서 세입자 A가 보증금 1억 원, 월차임 270만 원에 계약하고 있다면 다음과 같이 환산할 수 있습니다.

> **(보증금 1억 원) + (월차임 270만 원 × 100 = 2억 7,000만 원) = '3억 7,000만 원'**

만약 세입자 A가 임대차하고 있는 곳이 '경남 통영시'라고 한다면, 세입자 A는 상임법에 적용받을 수 있지만, 만약에 1원이라도 3억 7,000만 원을 넘게 된다면 상임법 적용을 받지 못하게 되는 식입니다.

🔊꿀팁!

임차인이 부담하기로 한 부가가치세액이 상가건물임대차보호법 제2조 제2항에 정한 '차임'에 포함되는지 여부(소극) → **'환산보증금에 부가세 미포함'**

수원지법 2009. 4. 29, 선고 2008나27056 판결
[건물명도] 확정 [각공2009상, 831]

【판시사항】
임차인이 부담하기로 한 부가가치세액이 상가건물임대차보호법 제2조 제2항에 정한 '차임'에 포함되는지 여부(소극)

【판결 요지】
임차인이 부담하기로 한 부가가치세액이 상가건물임대차보호법 제2조 제2항에 정한 '차임'에 포함되는지 여부에 관하여 보건대, 부가가치세법 제2조, 제13조, 제15조에 의하면 임차인에게 상가건물을 임대함으로써 임대용역을 공급하고 차임을 지급받는 임대사업자는 과세관청을 대신하여 임차인으로부터 부가가치세를 징수하여 이를 국가에 납부할 의무가 있는 바, 임대차계약의 당사자들이 차임을 정하면서 '부가세 별도'라는 약정을 하였다면 특별한 사정이 없는 한 임대용역에 관한 부가가치세의 납부의무자가 임차인이라는 점, 약정한 차임에 위 부가가치세액이 포함된 것은 아니라는 점, 나아가 임대인이 임차인으로부터 위 부가가치세액을 별도로 거래징수할 것이라는 점 등을 확인하는 의미로 해석함이 상당하고, 임대인과 임차인이 이러한 약정을 하였다고 하여 정해진 차임 외에 위 부가가치세액을 상가건물임대차보호법 제2조 제2항에 정한 '차

임'에 포함시킬 이유는 없다.

【참조 조문】
상가건물임대차보호법 제2조 제2항, 상가건물임대차보호법 시행령(2008. 8. 21. 대통령
령 제20970호로 개정되기 전의 것) 제2조, 부가가치세법 제2조, 제13조, 제15조

【전문】
【원고, 피항소인】 원고(소송대리인 법무법인 다울 담당변호사 이춘우)
【피고, 항소인】 피고(소송대리인 변호사 최광석)
【제1심 판결】 수원지법 안산지원 2008. 11. 6, 선고 2008가단20027 판결
【변론 종결】 2009. 4. 8

【주문】
1. 제1심 판결을 취소한다.
2. 원고의 청구를 기각한다.
3. 소송 총비용은 원고가 부담한다.

【청구취지 및 항소취지】
1. 청구취지
피고는 2008. 5. 31까지 원고에게 별지 목록 기재 부동산을 명도하라.
2. 항소취지
주문과 같다.

【이유】
원고는 이 사건 청구원인으로, 원고로부터 별지 목록 기재 건물을 임대차보증금
5,000만 원, 월차임 90만 원(부가세 별도)에 임차하여 사용하고 있던 피고가 2008. 3.
17, 원고에게 '상가건물임대차보호법 제10조에 따라 위 임대차계약의 갱신을 청구한
다'는 취지의 통지서를 보냈으나, 상가건물임대차보호법 제2조 제2항, 같은 법 시행령
(2008. 8. 21. 대통령령 제20970호로 개정되기 전의 것) 제2조는 차임의 100배에 해당하는
금액과 임대차보증금액의 합계액이 1억 4,000만 원을 초과하는 건물에 관한 임대차

계약에 대하여는 상가건물임대차보호법의 적용이 없다고 정하고 있는 바, 여기에서 말하는 차임에는 임차인이 부담하기로 한 부가가치세액도 포함되고, 따라서 원·피고 사이의 임대차계약(이하 '이 사건 임대차'라 한다)은 위 합계액이 1억 4,900만 원[= 보증금 5,000만 원 + {(차임 90만 원 + 부가세 9만 원) × 100}]에 달하여 상가건물임대차보호법의 적용대상이 아니므로, 피고는 위 임대차기간이 만료되었음을 원인으로 원고에게 별지 목록 기재 건물을 인도할 의무가 있다고 주장한다.

그러므로 임차인이 부담하기로 한 부가가치세액이 상가건물임대차보호법 제2조 제2항에 정한 '차임'에 포함되는지 여부에 관하여 보건대, 부가가치세법 제2조, 제13조, 제15조에 의하면 임차인에게 상가건물을 임대함으로써 임대용역을 공급하고 차임을 지급받는 임대 사업자는 과세관청을 대신하여 임차인으로부터 부가가치세를 징수(이하 '거래징수'라 한다)하여 이를 국가에 납부할 의무가 있는 바, 임대차계약의 당사자들이 차임을 정하면서 '부가세 별도'라는 약정을 하였다면 특별한 사정이 없는 한 이는 임대용역에 관한 부가가치세의 납부의무자가 임차인이라는 점, 약정한 차임에 위 부가가치세액이 포함된 것은 아니라는 점, 나아가 임대인이 임차인으로부터 위 부가가치세액을 별도로 거래징수할 것이라는 점 등을 확인하는 의미로 해석함이 상당하고, 임대인과 임차인이 이러한 약정을 하였다고 하여 정해진 차임 외에 위 부가가치세액을 상가건물임대차보호법 제2조 제2항에 정한 '차임'에 포함시킬 이유는 없으므로, 이와 다른 전제에 선 원고의 위 주장은 이유 없다.

그렇다면 원고의 이 사건 청구는 이유 없어 이를 기각하여야 할 것인 바, 제1심 판결은 이와 결론을 달리하여 부당하므로, 피고의 항소를 받아들여 제1심 판결을 취소하고, 원고의 청구를 기각하기로 하여 주문과 같이 판결한다.

[[별 지] 부동산 목록 : (생략)
판사 최종두(재판장) **이탄희** 조영은

또한, 상임법이 적용되는 상가건물임대차는 '사업자등록' 대상이 되는 건물로써 임차건물을 영업용으로 사용하는 임대차만 가능합니다. 종교(교회, 사찰, 선교회), 자선단체 및 각종 친목모임 사무실 등(어린이집, 향우회, 종친회, 동창회)은 제외됩니다.

그리고 주임법과 마찬가지로 상임법이 적용되는 영업용의 의미는 관공서에서 발급받는 공적 장부상의 표시가 아닙니다. 실제 현황, 즉 임차건물을 영업용으로 사용하는지 여부로 판단됩니다.

예를 들면 중소기업이 건물 1층 중 약 20평을 임차해, 사업자등록을 마친 후 임차 부분에서 도금작업을 해왔고, 임차 부분에서 인접한 컨테이너에서 고객으로부터 도금작업에 관한 주문을 받아서 완성된 도금제품을 고객들에게 인도하고 수수료를 받는 등의 영업활동을 해왔는데, 이 경우 컨테이너도 도금작업과 함께 하나의 사업장이라고 할 것이므로 상임법에 적용을 받는다고 판시하고 있습니다(대법원 2011. 7. 28, 선고 2009다40967 판결).

※ 수수료 매장(백화점, 쇼핑몰에 입점 시, 임대료를 정하지 않고, 매출액의 일정비율을 지급하는 방식)도 상가건물임대차보호법에 적용받은 판례가 있습니다.
① 인천지방법원 부천지원 2011. 6. 23, 선고 2010가단44004 판결
→ 환산보증금 계산 시 월평균 수수료를 월세로 봄.
② 서울중앙지방법원 2012. 6. 22, 선고 470248 판결
→ 수수료는 매출액에 따라서 변동이 크므로 환산보증금을 계산할 때 수수료는 제외하여야 함.

또한, 주임법은 자연인(사람)만 적용받지만, 예외적으로 한국토지공사 및 지방공사와 중소기업에 해당하는 법인이 소속 직원의 주거용으

로 주택임차 후 그 직원이 주민등록을 마친 때는 대항력까지 인정받을 수 있습니다.

상임법은 법인(회사)도 적용대상이며, 일시사용 임대차는 주임법과 같이 상임법에서도 적용받을 수 없습니다.

등기하지 않은 전세계약(채권적 전세)에 관해서는 주임법과 상임법 둘 다 적용됩니다. 이 채권적 전세는 월차임이 없는 전세계약입니다. 이른바 '올(All)전세'라고 부르는 전 세계적으로 유일하게 우리나라에서만 존재하는 독특한 제도입니다. 주임법에서 법적으로 보호하고 있는 대부분의 세입자가 이러한 전세계약으로 계약을 체결하고 있습니다.

물론 아주 드문 경우이지만 상가에 있어서도 월차임을 받지 않는 상가 전세계약이 존재합니다. 이 또한 상임법에 적용받아서 향후 상세하게 설명할 경매 절차에 있어서 '배당 및 우선채권 및 최우선변제권 등'의 법적 권리가 발생하는 것입니다.

마지막으로 상임법 제2조 ③항의 내용을 보게 되면, "제1항 단서(환산보증금을 초과하는 임대차에 적용이 되지 않는다)에도 불구하고 제3조(대항력 등), 제10조 제1항(계약갱신요구권) 1호 ~ 8호 제2항, 제3항 본문, 제10조의 2(계약갱신의 특례) 제10조의 3(권리금의 정의등) 제10조의 4(권리금회수기회 보호등) 제10조의 5(권리금 적용 제외) 제10조의 6(표준권리금계약서의 작성등) 제10조의 7(권리금 평가기준의 고시) 제10조의 8(차임연체와 해지)까지의 규정 및 제19조(표준계약서의 작성)는 제1항 단서에 따른 보증금액을 초과하는 임대차에 대해도 적용한다"라고 규정되어 있는데, 이 법 규정이 일반인들이 가장 어렵고 혼란스러워하시는 부분입니다.

이 법 규정을 다시 쉽게 풀어보면, '환산보증금 이하의 세입자'들은 상임법 전부를 적용받는데, 환산보증금을 초과하는 세입자들은 다음과 같은 '일부 법 규정'만을 적용받는다는 것입니다.

① 제3자에 대한 대항력
② 계약갱신요구권(10년)
③ 권리금 회수기회 보호권 등(권리금 관련 법조문)
④ 차임연체와 해지

따라서 본인이 상임법에 적용되는지를 알기 위해서는 먼저 환산보증금을 계산해서, 이처럼 상임법 전부를 적용받거나, 그중 일부를 적용받는다는 것을 정확히 알아야 합니다. 만일 환산보증금을 초과하는 세입자라면 이처럼 크게 '① ~ ④가지' 정도만 적용받습니다. 그 외 법적 문제가 발생하게 되면, 민법의 '임대차'의 법 적용을 받는다고 이해하시면, 여기까지 깔끔하게 정리되신 것입니다.

또한, 환산보증금을 초과하는 세입자는 대항력 등(대항력은 해당 PART에서 상세하게 설명해드릴 예정이니, 저만 믿고 따라오시면 됩니다)만 적용받을 뿐, 확정일자를 통한 후순위 채권자보다 우선해 보증금을 변제받을 권리가 없습니다. 우선변제를 받기 위해서는 별도의 '전세권설정등기'나 '임차권등기'를 해야만 합니다(확정일자, 후순위 채권자, 최우선변제 등은 경매 PART에서 따로 설명해드릴 예정이니 마찬가지로 안심하시고 가시면 됩니다).

이 부분은 주임법에서도 동일하게 적용되는 법리입니다. 만약 주거용 건물을 임차한 세입자가 관할관청에 주민등록법상의 '전입신고'를 하지 않고 거주하고 있다면, 그 세입자는 대항요건(이사 + 주민등록)이 결여(빠져 있다)된 상태로서 제3자에게 대항할 수 있는 대항력이 없을 뿐입니다. 그 외 주임법의 다른 법 적용은 전부 받을 수 있으므로, 역시 별도의 '전세권설정등기'나 '임차권등기'를 한다면 아무런 문제가 없습니다.

2. 대항력의 정의

대항력(對抗力)을 한마디로 정의한다면, 무엇인가에 대해 대항할 수 있는 능력, 즉 권리이자 '힘'이라고 말할 수 있습니다. 이와 관련해서 조금 더 깊이 들어가보면, 민법의 '제2편 물권(物權)' 편에서 그 정의를 상세히 법제화하고 있습니다. 단순히 법조문만을 보게 되면, 그 내포된 뜻과 의미를 일반인이 쉽게 이해하기 힘들 수 있다고 여겨집니다. 물권에 관한 법 해석은 "특정한 물건을 직접 지배해서 이익을 얻을 수 있는 배타적 권리로서 점유권, 소유권, 지상권, 지역권, 전세권, 유치권, 질권, 저당권 8종류가 있다"라고 명시되어 있습니다.

좀 더 자세히 살펴보면 일반인이 가장 쉽게 알 수 있는 근저당권(은행에서 담보 대출할 때, 근저당권설정등기를 함)과 전세권(전세일 때는 전세보증금에 관해 향후 임대차보호법으로 대항력과 우선순위는 인정받을 수 있지만, 주소를 옮기지 못하거나 전세금을 반환받지 못할 때는 별도의 소송을 통해 반환받는다는 불편함과 불안감을 떨쳐내기 위해 전세권설정등기를 함)은 익숙한 권리일 것입니다.

유치권은 한 번씩 공사장 건물에 현수막으로 "유치권을 가지고 본 건물을 점유하고 있다"라는 현수막을 가끔 보셨을 것입니다. 딱히 보지 않으셨어도 그렇게 중요한 내용은 아닙니다. 필자도 이 '물권' 전부를 자세히 설명하고자 하려는 것이 아니라, 앞서 이야기한 바 있는 대항력이라는 것은 결국 물권이 가지고 있는 힘 일부라는 것만 아시면 된다는 사실을 여러분께 전달하고자 조금은 긴 설명을 적은 것입니다.

다시 한번 쉽게 정리하면, 개인 간에 물건(예 : 부동산)을 가지고 서로가 자신의 소유라고 주장한다면 그 분쟁을 해결할 수 있는 해결책은 '법적인 우선순위'에 있습니다. 만약 그 누군가가 물건에 최초에 내 것이라는 표식을 해놓았다면 다른 사람은 그 표식을 보고, 당연히 다른 사람 소유인 것을 알고 더 이상 자신의 소유를 주장하지 않을 것입니다. 그 표식이 바로 국가기관인 대법원 등기소에서 관리하는 '등기부등본(지금은 정식명칭이 등기사항전부증명서라고 하지만, 알기 쉽게 등기부등본이라 하겠습니다)'입니다. 1차적으로 그 등기부등본상에 소유자로 소유권(물권)이 전등기가 되어 있고, 2차적으로 그 '소유권이전등기'에 '근저당권설정등기(물권)'와 '전세권설정등기(물권)'를 함으로써 이후에 혹시나 들어올 수 있는 가등기, 가처분, 가압류등기에 대해 '대항'할 수 있다는 원리입니다.

맞습니다! 물권은 우리 법체계가 만든 가장 강력한 '법적 표식'이자, 일반인들이 이 표식만을 믿고 자유롭게 부동산 거래를 할 수 있는 '법 논리'입니다.

물권은 대부분의 표식이 '부동산 등기'라고 해도 무방하지만, 부동산 등기를 믿고 거래한 경우에 혹시나 잘못되더라도 국가는 결코 책임지지 않습니다(어려운 말로 우리나라 등기제도는 '공신력'이 없다고 하는데, 이 부분까지는 너무 깊이 들어가실 필요는 없습니다).

어찌 되었든 법이 물권에 이렇게 강력한 권한을 주다 보니, 물권과 같은 재산권인 '채권'은 물권과 비교하면 상대적으로 약한 법적 순위(물권우선주의)를 적용할 수밖에 없었습니다. 이 때문에 주임법이 제정되기 이전에는 '채권'인 임대차계약은 갑자기 나타난 물권으로부터 큰 피해를 보게 되었습니다. 그 결과로 우리 사회의 약자들을 위해 만든 '주택임대차보호법'을 통해 채권을 마치 물권처럼 바꿀 수 있는 환상적인(?) 능력을 가지게 된 것이라고 보면 여기까지 완벽하게 이해하신 것입니다.

그렇다면 이 채권이라는 것은 도대체 무엇일까요? 채권을 설명하기에 앞서 다음 표를 보시면 조금 더 이해가 빠를 것입니다.

구분	물권	채권
의의	물건을 직접지배 → 지배권	채무자(특정인)에게 일정한 행위를 요구할 수 있는 권리 → 청구권
객체	물건(및 재산권)	특정인의 행위(급부)
효력	**대세권, 절대권**	**대인권, 상대권**
배타성	있음(우선적 효력, 물권적 청구권).	없음(채권자 평등의 원칙).
양도성	당연히 있음.	양도성은 제한됨.
종류, 내용	물권법정주의, 강행규정	계약자유의 원칙, 임의규정

*채권의 예 : 매매, 증여, 임대차, 임금, 대여금 등

위의 표에서 가장 중요한 포인트는 아마도 물권은 **대세권, 절대권**인 반면에 채권은 **대인권, 상대권**이라는 것입니다. 왜냐하면 물권은 불특정인(모든 사람)에게 내 것이라고 주장할 수 있지만, 채권은 특정인(몇몇 사람)에게만 자신의 것이라고 주장할 수 있습니다. 이 주장 또한 당연히 인정받을 수 있는 것이 아니라, 별도의 청구(법원 소송 등)를 통해서 최종 자신의 것임을 법원으로부터 인정받아야 하기 때문에 채권은 권리라고 말하기 부끄러울 정도로 나약한 권리라고 할 수 있습니다.

앞서 말씀드렸듯이 대표적인 채권 중 하나가 '임대차계약'이며, 임차인이 임대인에게(특정인) 가지는 권리입니다. 예전에는 이러한 법적 체계로 인해, 평생 모아온 전 재산인 전세금을 임대인이 소유권(물권)을 타인에게 양도(매매)해버리면 **"매매는 임대차를 깨뜨린다"**라는 법언처럼 전세금을 하루아침에 날려버리는 크나큰 낭패를 보던 일이 허다했습니다. 물권이 가지는 강력한 배타적 지배권을 법에서 인정하고 있었기 때문입니다.

이후, 주택임대차보호법을 통해서 임차인은 임차권이 채권에 불과하지만, 물권처럼 타인에게 대항도 하고, 경매되면 순위까지 인정받을 수 있는 강력하고 위대한 힘을 얻게 된 것입니다.

주택임대차보호법 제3조(대항력 등)

① 임대차는 그 등기(登記)가 없는 경우에도 **임차인(賃借人)이 주택의 인도(引渡)와 주민등록을 마친 때에는 그다음 날부터 제3자에 대하여 효력이 생긴다.** 이 경우 전입신고를 한 때에 주민등록이 된 것으로 본다.

② 주택도시기금을 재원으로 하여 저소득층 무주택자에게 주거생활 안정을 목적으로 전세임대주택을 지원하는 법인이 주택을 임차한 후 지방자치단체의 장 또는 그 법인이 선정한 입주자가 그 주택을 인도받고 주민등록을 마쳤을 때에는 제1항을 준용한다. 이 경우 대항력이 인정되는 법인은 대통령령으로 정한다. 〈개정 2015. 1. 6〉

③ '중소기업기본법' 제2조에 따른 중소기업에 해당하는 법인이 소속 직원의 주거용으로 주택을 임차한 후 그 법인이 선정한 직원이 해당 주택을 인도받고 주민등록을 마쳤을 때에는 제1항을 준용한다. 임대차가 끝나기 전에 그 직원이 변경된 경우에는 그 법인이 선정한 새로운 직원이 주택을 인도받고 주민등록을 마친 다음 날부터 제3자에 대하여 효력이 생긴다. 〈신설 2013. 8. 13〉

④ 임차주택의 양수인(讓受人)(그 밖에 임대할 권리를 승계한 자를 포함한다)은 임대인(賃貸人)의 지위를 승계한 것으로 본다. 〈개정 2013. 8. 13〉

⑤ 이 법에 따라 임대차의 목적이 된 주택이 매매나 경매의 목적물이 된 경우에는 '민법' 제575조 제1항, 제3항 및 같은 법 제578조를 준용한다. 〈개정 2013. 8. 13〉

⑥ 제5항의 경우에는 동시이행의 항변권(抗辯權)에 관한 '민법' 제536조를 준용한다. 〈개정 2013. 8. 13〉

[전문 개정 2008. 3. 21]

제3조의 2(보증금의 회수)

① 임차인(제3조 제2항 및 제3항의 법인을 포함한다. 이하 같다)이 임차주택에 대하여 보증금 반환청구소송의 확정판결이나 그 밖에 이에 준하는 집행권원(執行權原)에 따라서 경매를 신청하는 경우에는 집행개시(執行開始)요건에 관한 '민사집행법' 제41조에도 불구하

고 반대의무(反對義務)의 이행이나 이행의 제공을 집행개시의 요건으로 하지 아니한다.
〈개정 2013. 8. 13〉

② 제3조 제1항, 제2항 또는 제3항의 대항요건(對抗要件)과 임대차계약증서(제3조 제2항 및 제3항의 경우에는 법인과 임대인 사이의 임대차계약증서를 말한다) 상의 확정일자(確定日字)를 갖춘 임차인은 '민사집행법'에 따른 경매 또는 '국세징수법'에 따른 공매(公賣)를 할 때에 임차주택(대지를 포함한다)의 환가대금(換價代金)에서 후순위권리자(後順位權利者)나 그밖의 채권자보다 우선하여 보증금을 변제(辨濟)받을 권리가 있다. 〈개정 2013. 8. 13〉

③ 임차인은 임차주택을 양수인에게 인도하지 아니하면 제2항에 따른 보증금을 받을 수 없다.

④ 제2항 또는 제7항에 따른 우선변제의 순위와 보증금에 대하여 이의가 있는 이해관계인은 경매 법원이나 체납처분청에 이의를 신청할 수 있다. 〈개정 2013. 8. 13〉

⑤ 제4항에 따라 경매 법원에 이의를 신청하는 경우에는 '민사집행법' 제152조부터 제161조까지의 규정을 준용한다.

⑥ 제4항에 따라 이의신청을 받은 체납처분청은 이해관계인이 이의신청일부터 7일 이내에 임차인 또는 제7항에 따라 우선변제권을 승계한 금융기관 등을 상대로 소(訴)를 제기한 것을 증명하면 해당 소송이 끝날 때까지 이의가 신청된 범위에서 임차인 또는 제7항에 따라 우선변제권을 승계한 금융기관 등에 대한 보증금의 변제를 유보(留保)하고 남은 금액을 배분하여야 한다. 이 경우 유보된 보증금은 소송의 결과에 따라 배분한다. 〈개정 2013. 8. 13〉

⑦ 다음 각 호의 금융기관 등이 제2항, 제3조의 3 제5항, 제3조의 4 제1항에 따른 우선변제권을 취득한 임차인의 보증금반환채권을 계약으로 양수한 경우에는 양수한 금액의 범위에서 우선변제권을 승계한다.
〈신설 2013. 8. 13, 2015. 1. 6, 2016. 5. 29〉

1. '은행법'에 따른 은행

2. '중소기업은행법'에 따른 중소기업은행

3. '한국산업은행법'에 따른 한국산업은행

4. '농업협동조합법'에 따른 농협은행

5. '수산업협동조합법'에 따른 수협은행

6. '우체국예금·보험에 관한 법률'에 따른 체신관서

7. '한국주택금융공사법'에 따른 한국주택금융공사

8. '보험업법' 제4조 제1항 제2호 라목의 보증보험을 보험종목으로 허가받은 보험회사

9. '주택도시기금법'에 따른 주택도시보증공사

10. 그 밖에 제1호부터 제9호까지에 준하는 것으로서 대통령령으로 정하는 기관

⑧ 제7항에 따라 우선변제권을 승계한 금융기관 등(이하 '금융기관은'이라 한다)은 다음 각 호의 어느 하나에 해당하는 경우에는 우선변제권을 행사할 수 없다. 〈신설 2013. 8. 13〉

1. 임차인이 제3조 제1항, 제2항 또는 제3항의 대항요건을 상실한 경우

2. 제3조의 3 제5항에 따른 임차권등기가 말소된 경우

3. '민법' 제621조에 따른 임대차등기가 말소된 경우

⑨ 금융기관 등은 우선변제권을 행사하기 위하여 임차인을 대리하거나 대위하여 임대차를 해지할 수 없다. 〈신설 2013. 8. 13〉

[전문 개정 2008. 3. 21]

3. 주임법 제3조 3항에 관한 법 해석(주임법은 중소기업도 적용됨!)

흔히 주임법은 자연인(개인)만 적용되고, 법인은 적용되지 않는다고 알고 있지만, 이 법조문을 보게 되면, **"'중소기업기본법' 제2조에 따른 중소기업**에 해당하는 법인이 소속 직원의 주거용으로 주택을 임차한 후 그 법인이 선정한 직원이 해당 주택을 인도받고 주민등록을 마쳤을 때에는 제1항을 준용한다. 임대차가 끝나기 전에 그 직원이 변경된 경우에는 그 법인이 선정한 새로운 직원이 주택을 인도받고 주민등록을 마친 다음 날부터 제3자에 대하여 효력이 생긴다"라고 명시하고 있습니다. 중소기업기본법 제2조를 찾아보면 다음과 같습니다.

제2조(중소기업자의 범위)

① 중소기업을 육성하기 위한 시책(이하 '중소기업시책'이라 한다)의 대상이 되는 중소기업자는 다음 각 호의 어느 하나에 해당하는 기업 또는 조합 등(이하 '중소기업'이라 한다)을 영위하는 자로 한다. 다만, '독점규제 및 공정거래에 관한 법률' 제31조 제1항에 따른 공시대상기업집단에 속하는 회사 또는 같은 법 제33조에 따라 공시대상기업집단의 소속회사로 편입·통지된 것으로 보는 회사는 제외한다. 〈개정 2011. 7. 25, 2014. 1. 14, 2015. 2. 3, 2016. 1. 27, 2018. 8. 14, 2019. 12. 10, 2020. 10. 20, 2020. 12. 8, 2020. 12. 29〉

1. 다음 각 목의 요건을 모두 갖추고 영리를 목적으로 사업을 하는 기업
   가. 업종별로 매출액 또는 자산총액 등이 대통령령으로 정하는 기준에 맞을 것
   나. 지분 소유나 출자 관계 등 소유와 경영의 실질적인 독립성이 대통령령으로 정하는 기준에 맞을 것
2. '사회적기업육성법' 제2조 제1호에 따른 사회적기업 중에서 대통령령으로 정하는 사회적기업
3. '협동조합기본법' 제2조에 따른 협동조합, 협동조합연합회, 사회적협동조합, 사회적협동조합연합회, 이종(異種)협동조합연합회(이 법 제2조제1항 각 호에 따른 중소기업을 회원으로 하는 경우로 한정한다) 중 대통령령으로 정하는 자
4. '소비자생활협동조합법' 제2조에 따른 조합, 연합회, 전국연합회 중 대통령령으로 정하는 자
5. '중소기업협동조합법' 제3조에 따른 협동조합, 사업협동조합, 협동조합연합회 중 대통령령으로 정하는 자

② 중소기업은 대통령령으로 정하는 구분기준에 따라 소기업(小企業)과 중기업(中企業)으로 구분한다.

③ 제1항을 적용할 때 중소기업이 그 규모의 확대 등으로 중소기업에 해당하지 아니하게 된 경우 그 사유가 발생한 연도의 다음 연도부터 3년간은 중소기업으로 본다. 다만, 중소기업 외의 기업과 합병하거나 그 밖에 대통령령으로 정하는 사유로 중소기업에 해당하지 아니하게 된 경우에는 그러하지 아니하다.

④ 중소기업시책별 특성에 따라 특히 필요하다고 인정하면 해당 법률에서 정하는 바에 따라 법인·단체 등을 중소기업자로 할 수 있다. 〈개정 2020. 10. 20〉

또한, 중소기업기본법 시행령 제3조를 보면, 중소기업의 범위를 정하고 있습니다. 다음 법조문을 참고해주시기 바랍니다.

제3조(중소기업의 범위)

① '중소기업기본법'(이하 '법'이라 한다) 제2조 제1항 제1호에 따른 중소기업은 다음 각 호의 요건을 모두 갖춘 기업으로 한다. 〈개정 2014. 4. 14, 2015. 6. 30, 2016. 4. 5, 2016. 4. 26, 2017. 10. 17, 2021. 2. 17〉

1. 다음 각 목의 요건을 모두 갖춘 기업일 것

   가. 해당 기업이 영위하는 주된 업종과 해당 기업의 평균 매출액 또는 연간 매출액 (이하 '평균 매출액 등'이라 한다)이 별표 1의 기준에 맞을 것

   나. 자산총액이 5,000억 원 미만일 것

2. 소유와 경영의 실질적인 독립성이 다음 각 목의 어느 하나에 해당하지 아니하는 기업일 것

   가. 삭제 〈2020. 6. 9〉

   나. 자산총액이 5,000억 원 이상인 법인(외국법인을 포함하되, 비영리법인 및 제3조의 2 제3항 각 호의 어느 하나에 해당하는 자는 제외한다)이 주식 등의 100분의 30 이상을 직접적 또는 간접적으로 소유한 경우로서 최다출자자인 기업. 이 경우 최다출자자는 해당 기업의 주식 등을 소유한 법인 또는 개인으로서 단독으로 또는 다음의 어느 하나에 해당하는 자와 합산하여 해당 기업의 주식 등을 가장 많이 소유한 자를 말하며, 주식 등의 간접소유 비율에 관하여는 「국제조세조정에 관한 법률 시행령」 제2조 제3항을 준용한다.

      1) 주식 등을 소유한 자가 법인인 경우 : 그 법인의 임원

      2) 주식 등을 소유한 자가 1)에 해당하지 아니하는 개인인 경우 : 그 개인의 친족

   다. 관계기업에 속하는 기업의 경우에는 제7조의 4에 따라 산정한 평균매출액등이 별표 1의 기준에 맞지 아니하는 기업

   라. 삭제 〈2017. 12. 29〉

② 법 제2조 제1항 제2호에서 '대통령령으로 정하는 사회적기업'이란 영리를 주된 목적으로 하지 않는 사회적기업으로서 다음 각 호의 요건을 모두 갖춘 기업으로 한다. 〈개정 2014. 4. 14, 2016. 4. 26, 2021. 4. 20〉

1. 제1항 제1호 각 목의 요건을 모두 갖출 것
2. 삭제 〈2014. 4. 14〉
3. 제1항 제2호 나목에 해당하지 않을 것

③ 법 제2조 제1항 제3호에서 '대통령령으로 정하는 자'란 제2항 각 호의 요건을 모두 갖춘 협동조합, 협동조합연합회, 사회적협동조합, 사회적협동조합연합회 및 이종(異種) 협동조합연합회(법 제2조 제1항 각 호에 따른 중소기업을 회원으로 하는 경우로 한정한다)를 말한다. 〈개정 2016. 4. 26, 2021. 6. 8〉

④ 법 제2조 제1항 제4호에서 '대통령령으로 정하는 자'란 제2항 각 호의 요건을 모두 갖춘 조합, 연합회 및 전국연합회를 말한다. 〈신설 2019. 2. 12〉

⑤ 법 제2조 제1항 제5호에서 '대통령령으로 정하는 자'란 제2항 각 호의 요건을 모두 갖춘 협동조합, 사업협동조합 및 협동조합연합회를 말한다. 〈신설 2021. 4. 20〉

정리하면, 자산총액이 '5,000억 원 미만'의 중소기업은 대부분은 주임법을 적용받을 수 있다고 보면 됩니다. 중소기업 중에서도 일반인들이 혼동할 수 있는 부분이 있을 수가 있으므로, 인정 여부에 관해 표로 정리해드리겠습니다.

중소기업 인정	중소기업 불인정
① 사장 1명이 운영하는 음식점(개인사업자) ② 개인사업자가 운영하는 의원, 병원, 한의원 등 ③ 지역주민으로 구성된 마을기업(민법상 법인, 상법상 회사, 협동조합기본법에 다른 협동조합, 영농조합) ④ 특별법에 따라 국가나 지방자치단체 등이 출자하여 설립된 공기업, 지방공사(단, 영리를 목적으로 하고 중소기업범위 충족 시) ⑤ 특수목적회사(SPC)	① 의료법시행령 제20조에 따른 '의료법인' ② 교회 ③ 새마을금고, 신용협동조합 ④ 한국철도공사, 한국토지주택공사와 같이 개별법(한국철도공사법 제10조, 한국토지주택공사법 제11조) 또는 정관에서 이익분배를 금지하는 등 비영리성을 규정하고 있는 경우(한국토지주택공사는 아래 법 규정 적용) 주임법 제3조 ② 주택도시기금을 재원으로 하여 저소득층 무주택자에게 주거생활

⑥ 단위농협이 출자한 별도의 법인(도정공장)
(단 도정공장이 단위농협 내의 사업부서 운영 시는 불인정)
⑦ 지주회사
⑧ 영농조합법인, 영어조합법인, 농업회사법인
⑨ 외국인 또는 외국법인이 일부 또는 전부를 출자한 국내법인
⑩ 사업자등록을 한 특수형태근로종사자 (보험설계사, 학습지교사, 골프장경기보조원, 레미콘기사, 화물기사, 덤프기사, 대리운전자 등)

안정을 목적으로 전세임대주택을 지원하는 법인이 주택을 임차한 후 지방자치단체의 장 또는 그 법인이 선정한 입주자가 그 주택을 인도받고 주민등록을 마쳤을 때에는 제1항을 준용한다. 이 경우 대항력이 인정되는 **법인**은 대통령령으로 정한다. 〈개정 2015. 1. 6〉
주임법시행령 제2조(대항력이 인정되는 법인)
1. 한국토지주택공사
2. 주택사업을 목적으로 설립된 지방공사
⑤ 농협중앙회 및 단위농협
⑥ 산학협력단이 운영하는 학교기업
⑦ 외국법인, 외국법인이 국내에 설치한 영업소나 연락사무소

지금까지 살펴본 것처럼 주임법에서는 주택임차인에게 대항력과 우선순위를 보장해줍니다. 이후 상가건물의 임차인들에게도 '상임법'이 제정됨으로 인해 이와 거의 동일하게 보장해주게 된 것입니다.

상가건물임대차보호법 제3조(대항력 등)
① 임대차는 그 등기가 없는 경우에도 임차인이 건물의 인도와 '부가가치세법' 제8조, '소득세법' 제168조 또는 '법인세법' 제111조에 따른 사업자등록을 신청하면 그 다음 날부터 제3자에 대하여 효력이 생긴다. 〈개정 2013. 6. 7〉
② 임차건물의 양수인(그 밖에 임대할 권리를 승계한 자를 포함한다)은 임대인의 지위를 승계한 것으로 본다.
③ 이 법에 따라 임대차의 목적이 된 건물이 매매 또는 경매의 목적물이 된 경우에는 '민법' 제575조 제1항, 제3항 및 제578조를 준용한다.
④ 제3항의 경우에는 '민법' 제536조를 준용한다.
[전문 개정 2009. 1. 30]

제4조(확정일자 부여 및 임대차정보의 제공 등)

① 제5조 제2항의 확정일자는 상가건물의 소재지 관할 세무서장이 부여한다.

② 관할 세무서장은 해당 상가건물의 소재지, 확정일자 부여일, 차임 및 보증금 등을 기재한 확정일자부를 작성하여야 한다. 이 경우 전산정보처리조직을 이용할 수 있다.

③ 상가건물의 임대차에 이해관계가 있는 자는 관할 세무서장에게 해당 상가건물의 확정일자 부여일, 차임 및 보증금 등 정보의 제공을 요청할 수 있다. 이 경우 요청을 받은 관할 세무서장은 정당한 사유 없이 이를 거부할 수 없다.

④ 임대차계약을 체결하려는 자는 임대인의 동의를 받아 관할 세무서장에게 제3항에 따른 정보제공을 요청할 수 있다.

⑤ 확정일자부에 기재하여야 할 사항, 상가건물의 임대차에 이해관계가 있는 자의 범위, 관할 세무서장에게 요청할 수 있는 정보의 범위 및 그 밖에 확정일자 부여사무와 정보제공 등에 필요한 사항은 대통령령으로 정한다.

[전문 개정 2015. 5. 13]

제5조(보증금의 회수)

① 임차인이 임차건물에 대하여 보증금반환청구소송의 확정판결, 그 밖에 이에 준하는 집행권원에 의하여 경매를 신청하는 경우에는 '민사집행법' 제41조에도 불구하고 반대의무의 이행이나 이행의 제공을 집행개시의 요건으로 하지 아니한다.

② 제3조 제1항의 대항요건을 갖추고 관할 세무서장으로부터 임대차계약서상의 확정일자를 받은 임차인은 '민사집행법'에 따른 경매 또는 '국세징수법'에 따른 공매 시 임차건물(임대인 소유의 대지를 포함한다)의 환가대금에서 후순위 권리자나 그 밖의 채권자보다 우선하여 보증금을 변제받을 권리가 있다.

③ 임차인은 임차건물을 양수인에게 인도하지 아니하면 제2항에 따른 보증금을 받을 수 없다.

④ 제2항 또는 제7항에 따른 우선변제의 순위와 보증금에 대하여 이의가 있는 이해관계인은 경매 법원 또는 체납처분청에 이의를 신청할 수 있다. 〈개정 2013. 8. 13〉

⑤ 제4항에 따라 경매 법원에 이의를 신청하는 경우에는 '민사집행법' 제152조부터 제161조까지의 규정을 준용한다.

⑥ 제4항에 따라 이의신청을 받은 체납처분청은 이해관계인이 이의신청일부터 7일 이내에 임차인 또는 제7항에 따라 우선변제권을 승계한 금융기관 등을 상대로 소(訴)를

제기한 것을 증명한 때에는 그 소송이 종결될 때까지 이의가 신청된 범위에서 임차인 또는 제7항에 따라 우선변제권을 승계한 금융기관 등에 대한 보증금의 변제를 유보(留保)하고 남은 금액을 배분하여야 한다. 이 경우 유보된 보증금은 소송 결과에 따라 배분한다. 〈개정 2013. 8. 13〉

⑦ 다음 각 호의 금융기관 등이 제2항, 제6조 제5항 또는 제7조 제1항에 따른 우선변제권을 취득한 임차인의 보증금반환채권을 계약으로 양수한 경우에는 양수한 금액의 범위에서 우선변제권을 승계한다. 〈신설 2013. 8. 13, 2016. 5. 29〉

1. '은행법'에 따른 은행

2. '중소기업은행법'에 따른 중소기업은행

3. '한국산업은행법'에 따른 한국산업은행

4. '농업협동조합법'에 따른 농협은행

5. '수산업협동조합법'에 따른 수협은행

6. '우체국예금·보험에 관한 법률'에 따른 체신관서

7. '보험업법' 제4조 제1항 제2호 가목의 보증보험을 보험 종목으로 허가받은 보험회사

8. 그 밖에 제1호부터 제7호까지에 준하는 것으로서 대통령령으로 정하는 기관

⑧ 제7항에 따라 우선변제권을 승계한 금융기관 등(이하 '금융기관 등'이라 한다)은 다음 각 호의 어느 하나에 해당하는 경우에는 우선변제권을 행사할 수 없다. 〈신설 2013. 8. 13〉

1. 임차인이 제3조 제1항의 대항요건을 상실한 경우

2. 제6조 제5항에 따른 임차권등기가 말소된 경우

3. '민법' 제621조에 따른 임대차등기가 말소된 경우

⑨ 금융기관 등은 우선변제권을 행사하기 위하여 임차인을 대리하거나 대위하여 임대차를 해지할 수 없다. 〈신설 2013. 8. 13〉

[전문 개정 2009. 1. 30]

따라서 주임법과 상임법의 이 법조문들은 거의 유사하다고 할 것입니다. 그 법 제정의 목적도 거의 동일함을 잘 알 수가 있습니다.

주택임대차보호법 제3조의 6(확정일자 부여 및 임대차 정보제공 등)

① 제3조의 2 제2항의 확정일자는 주택 소재지의 읍·면사무소, 동 주민센터 또는 시(특별시·광역시·특별자치시는 제외하고, 특별자치도는 포함한다)·군·구(자치구를 말한다)의 출장소, 지방법원 및 그 지원과 등기소 또는 '공증인법'에 따른 공증인(이하 이 조에서 '확정일자 부여기관'이라 한다)이 부여한다.

② 확정일자 부여기관은 해당 주택의 소재지, 확정일자 부여일, 차임 및 보증금 등을 기재한 확정일자부를 작성하여야 한다. 이 경우 전산처리정보조직을 이용할 수 있다.

③ 주택의 임대차에 이해관계가 있는 자는 확정일자 부여기관에 해당 주택의 확정일자 부여일, 차임 및 보증금 등 정보의 제공을 요청할 수 있다. 이 경우 요청을 받은 확정일자 부여기관은 정당한 사유 없이 이를 거부할 수 없다.

④ 임대차계약을 체결하려는 자는 임대인의 동의를 받아 확정일자 부여기관에 제3항에 따른 정보제공을 요청할 수 있다.

⑤ 제1항, 제3항 또는 제4항에 따라 확정일자를 부여받거나 정보를 제공받으려는 자는 수수료를 내야 한다.

⑥ 확정일자부에 기재하여야 할 사항, 주택의 임대차에 이해관계가 있는 자의 범위, 확정일자 부여기관에 요청할 수 있는 정보의 범위 및 수수료, 그 밖에 확정일자 부여사무와 정보제공 등에 필요한 사항은 대통령령 또는 대법원규칙으로 정한다.

[본조 신설 2013. 8. 13]

여기까지 이 길고도 긴 법조문을 요약정리하자면, "주택, 상가건물 임차인들은 임차 부동산을 인도(이사)받은 후에 그 부동산 소재지 관공서(주택은 주민센터, 상가건물은 세무서)에 전입신고 또는 사업자등록 신청을 하게 되면 물권과 비슷한 효력인 '대항력'을 인정받을 수 있다. 거기에 상임법의 경우는 환산보증금 한도내(주임법은 이러한 제한 없이 전부 다 적용됨)라면 추가로 확정일자를 임대차계약서에 받게 된다면 그다음 날부터 등기부상 우선순위 효력까지 발생하게 된다"라는 것입니다.

그 외의 법조문들은 좀 더 상임법에서 다루고 있는 세부적인 내용으로서 보호받을 수 있는 임차인의 추가 권리 등을 담고 있습니다. 그러나 필자가 이에 대해 자세히 설명하기보다는 전체적으로 한번 읽어 보는 것으로 충분할 것 같습니다.

민법 임대차의
대항력 인정방법

[민법] 제621조(임대차의 등기)

① 부동산 임차인은 당사자 간에 반대약정이 없으면 임대인에 대하여 그 임대차등기절차에 협력할 것을 청구할 수 있다.

② 부동산 임대차를 등기한 때에는 그때부터 제3자에 대하여 효력이 생긴다.

제622조(건물등기 있는 차지권의 대항력)

① 건물의 소유를 목적으로 한 토지 임대차는 이를 등기하지 아니한 경우에도 임차인이 그 지상건물을 등기한 때에는 제3자에 대하여 임대차의 효력이 생긴다.

② 건물이 임대차기간 만료 전에 멸실 또는 후폐한 때에는 전항의 효력을 잃는다.

이 법조문은 주임법, 상임법을 통해 세입자들이 대항력을 인정받기 전까지 '민법 임대차'에서 제3자에 대한 대항력을 가질 수 있는 방법을 알려주고 있습니다. 임대인의 동의를 얻어서 '임차권등기'를 하는 경우와 건물의 소유를 목적으로 한 토지임대차는 임차인 명의로 그 지상건물을 소유권보존등기를 경료했다면, 그때부터 새롭게 소유권을 취득한 제3자에 대해 대항력을 주장할 수 있음을 나타냅니다.

하지만 현실에서는 임차권등기에 협력하는 임대인과 토지 임차인이 그 지상에 건축물을 짓기 위해 동의해주는 임대인을 찾아보기는 거의 힘들다고 봐야 합니다. 그러므로 법조문은 있지만, 약자인 세입자들에게는 유명무실한 것입니다.

강제집행(경매 등)에서는 대항력을 인정받지 못한다?

주임법과 상임법에서의 대항력은 '임차인'이 매매를 통해 임대인의 지위를 승계한 '제3자'에 대해 대항(기간보장 및 기간 만료 이후 보증금 반환청구도 가능)할 수 있는 권리입니다. 법원의 강제집행(부동산 강제 또는 임의경매)에서의 대항력을 인정받는다는 것은 '말소기준권리'보다 임차인이 선순위로 대항요건(대항력)을 갖추었다는 것입니다. 반대로 말소기준권리보다 후순위로 대항요건을 갖추었다면 대항력을 인정받을 수가 없습니다.

조금 어려울 수 있지만, 이 부분은 '매매'와 '경매'의 차이를 알면 바로 알 수 있습니다. 매매는 정상적으로 집주인이 자신의 소유 부동산을 제3자에게 매매대금을 받고 매도하는 것입니다. 한편 경매는 집주인을 배제한 채 국가에서 부동산을 강제집행을 통한 경매 절차에 따라서 합법적으로 최종 매수인(과거에는 '경락인'이라고 했는데, 법원 경매 물건을 낙찰을 받은 자입니다)이 소유권을 취득하는 큰 차이가 있습니다.

만일 경매 절차에서도 어떤 세입자든지 대항요건을 갖추고, 무조건 경매 매수인에게 대항할 수 있다고 한다면, 경매 절차의 법적 안정성은 바닥에 떨어질 것이 분명하며, 어떠한 경매 진행도 불가능할 것은 불을 보듯 뻔합니다.

그렇다고 해서 법원 경매 절차에 의한다면 어떤 세입자이든지 전부 다 대항하지 못하게 된다면 이 또한 세입자의 권리를 부정하는 것이 됩니다. 앞서 설명한 바와 같이 경매 절차에서 대항력을 인정받기 위해서는 말소기준권리보다 선순위로 대항요건을 갖추어야 합니다. 그러면 세입자는 경매 매수인에게 대항해 계약기간 내 계속 거주할 수도 있고, 기간이 만료된다면 보증금반환청구도 가능할 뿐 아니라, 그 경매 절차에 따른 경매 절차 종료 후, 매각대금에서 배당금을 수령할 수도 있습니다.

자! 이렇게 강력한 권리를 인정받기 위해서는 '말소기준권리'보다 선순위로 대항요건을 갖추어야 한다고 했습니다. 도대체 말소기준권리라는 것이 무엇일까요? 다음 도표를 보면 잘 알 수 있습니다.

경매 매수인이 인수하는 권리	① 지상권 ② 지역권 ③ 전세권 ④ 소유권이전청구권 가등기 ⑤ 가처분 ⑥ 환매등기 ⑦ 임차권등기 ⑧ 대항력 갖춘 주택(상가건물)임차권
	선순위 전세권의 경우 **[2002. 7. 1. 이후 민사집행법(제91조) 적용의 예]** ㉠ 배당요구를 하지 않으면 인수 ㉡ 배당요구를 하면 소멸(말소)

↑(선순위)

말소기준권리(담보가등기, 근저당권, 가압류)

↓(후순위)

경매 매수인이 말소 가능한 권리	① 저당권 ② 압류, 가압류 ③ 담보가등기 ④ 지상권 ⑤ 지역권 ⑥ 전세권 ⑦ 가등기 ⑧ 가처분 ⑨ 환매등기 ⑩ 임차권

경매 매수인이 말소 가능한 권리	선순위 전세권의 경우 **[2002. 7. 1 민사소송법(제608조) 적용의 예]** ㉠ 전세권자가 경매 신청한 경우 ㉡ 존속기간 정함이 없는 전세권 ㉢ 경매개시결정등기 후 6개월 이내에 기간이 만료되는 경우

※ 1. 말소기준권리가 없는 경우(강제경매) : 경매개시결정 기입등기가 말소기준이 됩니다.
  2. 말소기준권리 등기연월일 : 해당연도 최우선변제대상 임차인 범위 및 보호금액이 적용됩니다.

그래서 우리는 항상 임대차계약서를 작성하기 전에 반드시 법원등기소('대법원 인터넷등기소 www.iros.go.kr'에서도 인터넷으로 열람, 발급 가능함)에서 등기부등본을 발급받아서 등기부상의 권리사항을 분석해야 합니다.

등기부등본은 쉽게 말하면, 우리나라 법원에서 부동산에 관한 법적 권리관계를 누구든지 알 수 있도록 공개하는 장부입니다. 이 장부를 새로 만들거나(건물신축으로 인한 소유권보존등기), 이미 만들어진 장부 내용을 변경(소유권이전등기, 근저당권설정등기, 전세권설정등기 등)하려면 법원등기소에 부동산의 소유자 및 관계자들은 자신들이 원하는 등기신청을 하여야 합니다(**대부분 '법무사사무소'에서 대행하고 있습니다**).

이러한 등기신청이 들어오게 되면, 법원등기소 직원이 그에 따르는 제반서류 등을 확인한 후, 등기소에 보관된 장부를 새롭게 만들거나, 장부 내용을 변경해주는 것입니다.

등기부등본의 내용을 간단히 설명드리자면, 먼저 첫 페이지는 그 부동산의 '표제부'라고 합니다. 표제부의 내용은 그 부동산에 대한 자세한 설명입니다. 부동산의 주소와 면적, 지목 등, 즉 부동산이 어떻게 생겼는지 나타내는 것으로 생각하면 됩니다.

그다음 장은 '갑구'라고 해서 그 부동산의 '소유자'와 '소유권에 관련된 내용'이 기재되어 있습니다.

마지막 장인 '을구'는 '소유권 이외의 권리 사항'입니다. 예를 들면, 은행에서 대출해주면서 그 담보로써 근저당권설정등기를 해서, 부동산 소유에 대해 담보권행사를 하는 것으로 생각하면 됩니다. 바로 이 근저당권설정등기(담보가등기, 가압류)가 가장 대표적인 '말소기준권리'라고 생각하셔도 무관하십니다.

그런데 우리나라 대부분의 임차 부동산(아파트, 주택, 원룸 등)은 근저당권설정등기가 되어 있습니다. 이러한 위험부담을 안고 세입자 대부분은 임대차계약을 체결하고 있는 것이 안타까운 현실입니다.

따라서 필자는 부동산 경매에 관해 세입자들이 스스로 그 내용을 파악하고, 어느 정도 판단할 수 있는 능력은 갖추고 있어야 한다고 생각됩니다. 따라서 독자분들이 경매에 대해 반드시 알아야 할 부분만 쏙쏙 뽑아서 정리한 다음 임대차법에 대해 다시 정리해드리겠습니다.

04

부동산 경매!
세입자가 반드시 알아야 할 간단한 상식

부동산 경매를 예를 들어 설명드리겠습니다. 은행(채권자)이 채무자에게 채무자 소유 부동산을 담보로 돈을 빌려줬는데, 채무자가 이자를 수차례 연체하거나, 변제기한을 넘어서도 원금을 변제하지 않는다면, 은행은 법원에 근저당권설정 등기된 것을 가지고 부동산 경매(임의경매)를 넣습니다. 경매에서 최종 낙찰받은 매수인이 납부한 매각대금에서 빌려준 돈(이자 포함)을 배당받습니다.

또, 은행이 아닌 일반인이 채무자에게 돈을 빌려준 후, 돈을 갚지 않는다면 법원에 소송을 통해서 '판결정본'이라는 것을 받은 후, 판결정본을 가지고 부동산 경매(강제경매)를 넣습니다. 역시 임의경매 절차와 동일하게 배당을 받을 수 있습니다.

이에 채권자는 근저당권설정등기 또는 법원판결정본을 국가기관인 법원의 힘을 빌려 강제집행이라는 일정한 법적 절차인 법원 경매를 통해서 최종 자신의 채권 만족을 얻을 수 있는 것입니다.

그렇다면 법원 경매 절차는 어떻게 이루어지는지 알아야 할 것입니다. 다음 도표에 나온 내용 중에서 현실적으로 세입자가 알아야 할 가장 중요한 부분을 설명하겠습니다.

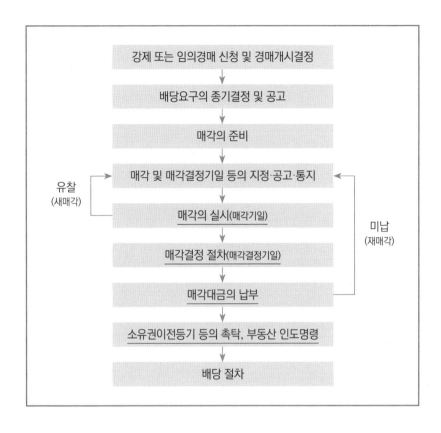

강제 또는 임의경매 신청 및 경매개시결정

배당요구의 종기결정 및 공고

매각의 준비

매각 및 매각결정기일 등의 지정·공고·통지

유찰
(새매각)

매각의 실시(매각기일)

미납
(재매각)

매각결정 절차(매각결정기일)

매각대금의 납부

소유권이전등기 등의 촉탁, 부동산 인도명령

배당 절차

위의 도표를 위에서 아랫부분까지 자세히 봐도, 경매를 처음 접하시는 분들은 무수 말인지 도통 이해가 가지 않을 것입니다. 하지만 이미 말씀드린대로, 세입자가 꼭 알아야만 할 부분만 알면 됩니다. 나머지 부분은 이런 식으로 법원 경매가 진행된다는 흐름 정도만 아신다면 별문제가 없을 것입니다.

먼저, 제일 첫 번째 네모박스는 앞서 예를 든 것처럼 은행이나 개인이 법원에 경매를 진행해달라고 신청(경매 신청)하는 것입니다. 법원은 서류를 검토해서 별다른 하자가 없다면 경매를 시작(경매개시결정)하게 됩니다. 그다음 절차가 바로 우리에게는 너무도 중요한 '배당요구의 종기결정 및 공고' 절차입니다. 이 부분 때문에 경매 절차를 꼭 알아야 한다고 해도 과언이 아닐 만큼 중요합니다.

왜냐하면, 원래는 과거에는 이 절차가 따로 있지도 않았을 뿐 아니라, 한참 아랫부분에 있는 '매각기일'과 함께 묶어갔습니다.

무슨 말이냐면, 법원에서 경매 절차가 진행되면 세입자가 법원에 '내가 세입자이고, 얼마의 전세금을 받아야 한다'라는 사실을 알려야 (배당요구신청) 하는데, 이 배당요구를 할 수 있는 기간이 과거에는 매각 기일(보통 매각기일은 경매 시작하고 6개월 이상 걸림)까지였습니다. 그런데 경매를 진행하다 보니, 마지막에는 채권자가 자신의 채권, 즉 돈을 회수하기 위해서 경매를 넣은 것인데도 장장 6개월 넘도록 끊임없이 예상하지도 못한 채권자들이 계속 나오게 되었습니다. 게다가 아예 채무자와 짜고 허위로 배당을 받기 위한 허위채권자까지 생겼습니다. 경매가 끝난 후 막상 경매 신청인이 배당받으려고 하면 자신은 가져갈 돈이 얼마 없어져 버리는 모순이 발생하게 되었습니다. 이에 우리 법원은 이러한 문제를 차단하기 위해, 경매 시작한 후 2~3개월 이내에 배당요구종기일을 정하고, 그 기일 내에 배당요구를 한 채권자만 향후 배당절차에서 배당을 받을 수 있게 법을 바꾼 것입니다.

물론 이 취지는 백번 이해하지만, 이렇게 되면 진짜 어렵게 사는 분들이 법적 지식이 없어서 배당요구종기일이 지난 후에 배당요구를 하거나, 아예 배당요구 신청을 안 해버린다면 평생을 살면서 이렇게 억

울하고 원통한 일이 또 어디에 있겠습니까?

　우리 법원도 이러한 부분을 충분히 알고 있습니다. 경매개시결정 이후에 법원 집행관을 통해 경매 부동산에 실제 거주하는 세입자 또는 점유자를 파악한 후에 현장에서 경매 사실 알리고 배당요구신청을 해야 한다는 사실도 알려줍니다.

　하지만 아침부터 밤늦게까지 일하는 사람들이라든지, 문맹자라든지 어쨌든 이런저런 사유로 법원의 통지를 받지 못하거나 법적 지식이 없는 세입자들이 있을 수 있습니다. 법원은 이 부분에 관해 충분한 이유가 있고, 그 이유를 증명할 수 있는 세입자에게는 배당요구종기일을 연기할 수 있는 제도를 운용하고 있습니다. 이 부분은 꼭 법률 전문가의 조력을 꼭 받아보시길 바랍니다.

　참고하시라고 법원에 신청하는 '권리신고 겸 배당요구신청서' 서식을 올려드립니다.

권리신고 겸 배당요구신청서

사건번호 2023 타경 10000호 부동산 강제(임의)경매
채권자 홍길동
채무자 무사시
소유자 오정오

본인은 이 사건 경매 절차에서 임대보증금을 우선변제받기 위하여 아래와 같이 권리신고 겸 배당요구를 하오니 매각대금에서 우선배당을 하여주시기 바랍니다.

아래

1. 계 약 일 : 2021. 9. 1
2. 계약당사자 : 임대인(소유자) 오정오
                     임차인 최병우
3. 임대차기간 : 2021. 9. 1부터 2023. 9. 1까지(2년)
4. 임대보증금 : 전세금   원
                     보증금 50,000,000원 월세 20만 원
5. 임 차 부 분 : 전부(방   칸), 일부(층 방   칸)
   (※ 뒷면에 임차 부분을 특정한 내부구조도를 그려주시기 바랍니다)
6. 주택인도일(입주한 날) : 2021. 9. 2
7. 주민등록전입신고일 : 2021. 9. 2
8. 확정일자 유무 : ■ 유(2021. 9. 2), □ 무
9. 전세권(주택임차권)등기 유무 : □ 유(.   .   .), □ 무

[첨부서류]
1. 임대차계약서 사본 1통
2. 주민등록등본 1통

2023년 12월 31일
권리신고 겸 배당요구자 최병우 (인)
연락처(☎) 010-6226-0972
부산지방법원   귀중

경매 절차에 관해 이어서 이야기하자면, 법원은 '민사집행법'에 따라서 해당 부동산의 감정평가기관에 의뢰한 후에 경매 가격을 산정하고, 부동산에 관련된 권리자들을 조사한 후에 '대법원경매사이트(http://www.courtauction.go.kr)'와 일정기간 공고(신문이나 게시판 등을 통해 사람들에게 알림)한 후에 '매각기일'이라는 날을 정하게 됩니다.

이날 이 부동산에 관심을 두고 온 사람들은 매입금액(10%)을 봉투에 넣어서 제출하게 되면, 법원은 이 중에서 가장 많은 금액을 제시한 사람을 매수인(낙찰인)으로 최종적으로 결정하게 됩니다. 이 매수인이 나머지 잔금을 납입하면 그 돈으로 채권자들에게 돈을 나누어(배당) 주는 방식입니다.

임차인은 이날(배당기일)에 법원에 참석해, 법원에서 배당해주는 돈을 받게 됩니다. 이때 돈을 받기 위해서는 임대차계약서 원본과 신분증 그리고 이 부동산을 낙찰받은 매수인의 명도확인서(보통 명도확인서는 매수인이 먼저 연락이 와서 집을 비워주면 명도확인서를 적어주겠다고 합니다)를 제출하셔야만 합니다.

05

확정일자부 임차인의 우선변제권과 경매 배당순위

　이미 앞서 수십 번 이상 나왔던 '대항력'을 다시 한번 정의하면, 임차인이 임차 부동산을 인도(이사)받고, 전입신고(상가는 '사업자등록' 신청)까지 하면, 대항요건을 갖추게 되어 제3자에게 대항할 수 있습니다(경매는 '말소기준권리' 이전과 이후가 다름을 이미 설명드렸습니다). 여기에 임대차계약서에 확정일자(지역별 행정복지센터, 세무서 등)를 받으면, 만약 이 부동산에 경매가 진행되었다고 할 때, 향후 배당금에서 임차인의 순위가 인정되어서 후순위 권리자들보다 우선해 보증금을 변제받을 수 있습니다.

　여기서 '확정일자'라 함은 통상 임대차계약을 체결한 그 날짜에 그 문서가 존재한다는 사실을 증명하기 위해 관공서 등에서 임대차계약서의 빈 곳에 확정일자인(도장)을 찍어주는 것을 말합니다.

　따라서 타인의 부동산을 빌려 쓰기 위해 집주인에게 보증금을 준 임차인은 반드시 그 부동산에 이사한 후, 전입신고와 동시에 확정일자를 받아야만 합니다(전입신고서류 내에 '확정일자 여부'가 기재가 되어 있습니다).

　또한, 혹여나 이 확정일자를 받은 임대차계약서를 분실하게 되면, 배당금을 받지 못하는 경우가 생기므로 반드시 계약서를 잘 챙겨야 합니다. 혹시나 불안하다고 생각하시면 '휴대전화 카메라'로라도 사진을 찍어놓아서 반드시 증거자료를 남겨놓기를 바랍니다.

　이처럼 중요한 확정일자를 통한 우선변제권에 관해, 이제부터 좀 더 세부적인 법적 근거와 여러 가지 사례를 들어서 정리를 한번 해드리겠습니다.

　먼저 '우선변제권'은 민법 '임대차' 법조문 그 어디에도 찾아볼 수가 없는 권리이며, 임대차보호법이 만들어지면서, 임차인들이 가지게 된 '제3자 취득자', 즉 임차 부동산을 매수한 새로운 집주인에게 대항할 수 있는 권리인 대항력이 부동산 경매 절차에 오게 되면 아무런 힘을 발휘하지 못하는 것을 보완하는 권리라고 생각하면 딱 맞을 것 같습니다.

　또한, 채권인 임대차를 물권화('물권'이라고 말하기 좀 뭐하니까, 물권'화'라고 지칭해서 정체가 좀 모호합니다) 되었다고 하면서, 물권의 특징 중 하나인 우선적 효력을 인정해줍니다. 그러나 등기능력은 없으므로 등기부등본상에는 우선변제권을 가지는 임차인이 있다는 사실을 전혀 알 수가 없습니다.

　이 때문에 선의의 피해자가 발생할 수도 있습니다. 법적으로 확실하게 우선변제권을 가지고 있는 임차인이라고 해도, 눈에 보이지 않기 때문에 아직도 불안해하는 임차인들이 상당히 많습니다.

　이 심리적 불안감 때문에 현장에서는 별도의 돈을 들여서 '전세권 설정등기'를 하는 임차인이 꽤 많다고 알고 있습니다.

이 부분에 관해, 정부나 국회에서도 하루 빨리 확정일자를 받은 임차인의 임차권등기(민법의 임차권등기와는 다른)를 관공서 촉탁(관공서끼리 등기 신청하는 것)하는 것으로 해서, 그 권리에 대한 확실한 심리적 안정성을 주는 것을 심각하게 고려해야 할 때가 온 것 같습니다.

한편, 우선변제권과 관련해 조금 더 깊이 들여다보겠습니다.

가장 중요한 부분이 '우선순위'라고 할 것입니다. 현행법상 우선변제권은 등기와는 별개로 인정받기 때문에 한 가지 문제가 발생하는 것이 바로 우선변제 효력 발생 시점입니다. 보통 임차인이 부동산에 이사하고 전입신고와 동시에 확정일자를 받는다고 볼 때, 그 효력이 그 즉시 발생하는 것이 아니라, 그다음 날 0시부터 효력이 발생합니다. 이 부분은 또 다른 선의의 피해자, 즉 그 등기부상의 내용을 신뢰하고 등기한 근저당권자(예 : 은행)도 정당한 권리자로서 피해를 볼 수 있기 때문입니다.

다음 예를 잠시 본다면, 이 내용의 파악이 훨씬 쉬울 것입니다.

(예) 임차인과 저당권자의 우선변제 등의 판단기준

구분	임차인					저당권 등기일	우선변제
	인도	전입 신고	확정 일자	대항력 발생	우선변제권		
①	5월 1일	5월 1일	5월 1일	5월 2일 0시	5월 2일 0시 〈 5월 1일		저당권자 우선순위
②	5월 1일	5월 1일	5월 2일	5월 2일 0시	5월 2일 = = 5월 2일		둘 다 순위가 같음.
③	5월 1일	5월 1일	5월 1일	5월 2일 0시	5월 2일 0시 〉〉 5월 2일		임차인 우선순위

06

대항력,
우선변제권 관련 법적 사례

① 주택의 방 4칸 중 2칸을 인도받으면 보증금 전액에 대한 대항력이 인정될까요?

주택의 일부만 인도받은 경우에도 전입신고하고, 확정일자를 갖추었다면 보증금 전액에 대한 대항력과 우선변제권이 인정됩니다. (서울고등법원 1999. 12. 28, 선고 99나45729 판결)

② 세입자가 전입신고하면서 임차 부동산의 번지 '260-3'을 '206-3'으로 잘못 기재한 경우에 그 주민등록은 임차권의 유효한 공시방법으로 볼 수 있을까요?

번지 '260-3'과 '206-3'은 다르므로, 세입자는 주민등록을 제대로 마친 것으로 볼 수 없습니다. (대법원 1997. 7. 11, 선고 97다10024 판결)

③ 임차인이 대항력을 취득한 후에 토지 분할 등의 사정으로 지번이 변경된 경우에 대항력을 '상실'할까요?

전입신고 당시에 지번(37-86 하나빌라 B동 301호)과 맞게 대항력을 취득했다면, 그 이후 토지 분할 등으로 지번이 변경(37-175 하나빌라 B동 301호)되었다고 해서, 이미 취득한 대항력을 상실하는 것은 아닙니다. (대법원 1999. 12. 7, 선고 99다44762, 44779 판결)

④ 임차인은 전입신고하지 않고, 임차인의 배우자나 자녀 등만 전입신고한 경우에 대항력이 있을까요?

주민등록이라는 대항요건은 임차인 본인뿐만 아니라 그 배우자나 자녀 등 '가족의 주민등록'도 포함됩니다. **(대법원 1987. 10. 26, 선고 87다카14, 1988. 6. 17, 선고 87다카3093, 3094 판결)**

⑤ 임차인과 세대를 달리하는 아들이 입주하고 전입신고한 경우에 임차인은 대항력을 취득할까요?

임차인 아버지와 아들이 주민등록상 같은 '세대'이고, 또 임차인도 임차주택에 '거주'하는 경우에만 아들의 전입신고로 임차인이 대항력을 취득할 수 있습니다. 그렇지 않은 경우에는 임차인은 대항력을 취득하지 못합니다. **(대법원 1981. 1. 23, 선고 97다43468, 서울지방법원 1998. 12. 17, 선고 98나25022 각 판결)**

⑥ 임차인이 대항요건을 구비함이 없이 임대인의 승낙을 받아서 임차주택을 전대하고, 그 전차인이 대항요건을 갖춘 경우에 임차인은 대항력을 취득할까요?

임대인의 승낙을 받아서 적법히 전차한 전차인이 주택의 인도와 주민등록을 마친 때는 그때부터 임차인은 제3자에 대해 대항력을 취득합니다. **(대법원 1994. 6. 24, 선고 94다3155 판결)**

⑦ 주민등록에 다가구주택의 동, 호수를 기재하지 않거나 잘못 기재한 경우에 대항요건을 갖춘 것으로 볼 수 있을까요?

'다세대주택'은 동, 호수의 정확한 기재를 필요로 하지만, 다가구주택은 동, 호수의 기재를 필요로 하지 않으므로 동, 호수를 기재하지 않거나 잘못 기재해도 대항요건을 갖춘 것으로 봅니다. (대법원 1997. 11. 14, 선고 97다29530 판결)

⑧ 임차인이 임차주택에서 일단 다른 곳으로 옮겼다가 다시 임차주택으로 되돌아와도 종전의 대항력은 계속될까요?

종전의 대항력은 계속되지 않으며, 다시 전입한 때로부터 새롭게 대항요건을 갖추게 됩니다. (대법원 1987. 2. 24, 선고 86다카1695 판결)

⑨ 주택에 대한 점유는 계속하면서 가족의 주민등록은 그대로 둔 채 임차인만 주민등록을 일시 다른 곳으로 옮기면 임차인은 대항력을 잃게 되는가요?

대항요건은 대항력의 취득 시에만 구비하면 족한 것이 아니고, 그 대항력을 유지하기 위해서도 계속 존속해야 합니다. 그러나 가족의 주민등록은 그대로 두고 임차인만 일시 다른 곳으로 옮겨도 전체적으로 종국적으로 '주민등록의 이탈'이라고 볼 수 없으므로 대항력이 있습니다. (대법원 1989. 1. 17, 선고 88다카143 판결)

⑩ 주택의 소유자가 제3자에게 주택을 매도한 후, 그 주택의 임차인으로 계속 거주하고 있는 경우, 언제부터 대항력을 취득하는가?

주택의 소유자는 소유권이전등기가 된 이후부터 그 지위가 임차인이 되는 것이므로, 소유자는 임대차계약일 또는 소유권이전등기일이 아니라, 소유권이전등기일의 다음 날 0시에 대항력을 취득합니다. (대법원 2000. 2. 11, 선고 99다59306, 2000. 4. 1, 선고 99다70556 각 판결)

⑪ 주택임차권과 전세권을 겸유하고 있는 임차인 겸 전세권자가, 전세권자로 경매 배당에 참여해 배당을 받지 못한 잔액에 대해 대항력 있는 임차인으로서 경매 매수인에게 대항할 수 있을까요?

주택임차권이나 전세권은 모두 세입자의 지위를 강화시키기 위한 것이므로 전세권자로서 배당받지 못한 잔액에 대해 임차인으로서 경매 매수인에게 대항할 수 있습니다. (대법원 1993. 11. 23, 선고 93다10552, 10569 판결)

⑫ 임대인이 소유권을 취득했다가 계약해제로 소유권을 상실한 경우에 그 계약해제 전에 대항요건을 갖춘 임차인은 대항력이 있습니까?

계약해제로 소유권을 상실한 경우에도 매매대금을 완불한 때에는 제3자인 임차인의 권리를 해하지 못하므로 대항할 수 있습니다. 그러나 만약 매매대금을 완불하지 않은 때에는 임대권한을 '해제조건부로 부여한 것'으로 해제조건이 성취되어 대항할 수 없습니다. (대법원 1995. 12. 12, 선고 95다32307, 1996. 8. 20, 선고 96다17653 각 판결)

07

최우선변제권

주택임대차보호법 제8조(보증금 중 일정액의 보호)

① 임차인은 보증금 중 일정액을 다른 담보물권자(擔保物權者)보다 우선하여 변제받을 권리가 있다. 이 경우 임차인은 주택에 대한 경매 신청의 등기 전에 제3조 제1항의 요건을 갖추어야 한다.

② 제1항의 경우에는 제3조의 2 제4항부터 제6항까지의 규정을 준용한다.

③ 제1항에 따라 우선변제를 받을 임차인 및 보증금 중 일정액의 범위와 기준은 제8조의 2에 따른 주택임대차위원회의 심의를 거쳐 대통령령으로 정한다. 다만, 보증금 중 일정액의 범위와 기준은 주택가액(대지의 가액을 포함한다)의 2분의 1을 넘지 못한다.

〈개정 2009. 5. 8〉 [전문 개정 2008. 3. 21]

주택임대차보호법 시행령 제10조(보증금 중 일정액의 범위 등)

① 법 제8조에 따라 우선변제를 받을 보증금 중 일정액의 범위는 다음 각 호의 구분에 의한 금액 이하로 한다. 〈개정 2010. 7. 21, 2013. 12. 30, 2016. 3. 31, 2018. 9. 18, 2021. 5. 11〉

1. 서울특별시 : 5,000만 원

2. '수도권정비계획법'에 따른 과밀억제권역(서울특별시는 제외한다), 세종특별자치시, 용인시, 화성시 및 김포시 : 4,300만 원

3. 광역시('수도권정비계획법'에 따른 과밀억제권역에 포함된 지역과 군지역은 제외한다), 안산시, 광주시, 파주시, 이천시 및 평택시 : 2,300만 원

4. 그 밖의 지역 : 2,000만 원

② 임차인의 보증금 중 일정액이 주택가액의 2분의 1을 초과하는 경우에는 주택가액의 2분의 1에 해당하는 금액까지만 우선변제권이 있다.

③ 하나의 주택에 임차인이 2명 이상이고, 그 각 보증금 중 일정액을 모두 합한 금액이

주택가액의 2분의 1을 초과하는 경우에는 그 각 보증금 중 일정액을 모두 합한 금액에 대한 각 임차인의 보증금 중 일정액의 비율로 그 주택가액의 2분의 1에 해당하는 금액을 분할한 금액을 각 임차인의 보증금 중 일정액으로 본다.

④ 하나의 주택에 임차인이 2명 이상이고 이들이 그 주택에서 가정공동생활을 하는 경우에는 이들을 1명의 임차인으로 보아 이들의 각 보증금을 합산한다.

[전문 개정 2008. 8. 21]

[제3조에서 이동, 종전 제10조는 제17조로 이동 〈2013. 12. 30〉]

제11조(우선변제를 받을 임차인의 범위)

법 제8조에 따라 우선변제를 받을 임차인은 보증금이 다음 각 호의 구분에 의한 금액 이하인 임차인으로 한다. 〈개정 2010. 7. 21, 2013. 12. 30, 2016. 3. 31, 2018. 9. 18, 2021. 5. 11〉

1. 서울특별시 : 1억 5,000만 원
2. '수도권정비계획법'에 따른 과밀억제권역(서울특별시는 제외한다), 세종특별자치시, 용인시, 화성시 및 김포시 : 1억 3,000만 원
3. 광역시('수도권정비계획법'에 따른 과밀억제권역에 포함된 지역과 군지역은 제외한다), 안산시, 광주시, 파주시, 이천시 및 평택시 : 7,000만 원
4. 그 밖의 지역 : 6,000만 원

[전문 개정 2008. 8. 21]

[제4조에서 이동, 종전 제11조는 제18조로 이동 〈2013. 12. 30〉]

소액임차인의 '최우선변제권'은 주임법에서도 가장 강력하게 소액임차인의 권리를 보장해주는 법조문 중의 하나입니다. 소액임차인(지역별 우선변제금액이 다름)이 확정일자를 받지 않고, **대항요건**(주택인도 + 전입신고)만 갖추어도 인정해주는 권리입니다.

하지만 법원에 배당요구신청은 해야 인정되는 권리입니다. 그러므

로 반드시 '배당요구종기일' 내에 배당요구신청을 해야 한다는 것은 앞서 충분히 설명드렸다고 생각됩니다.

한편 최우선변제권은 임차인이 대항요건을 갖추고 임차보증금이 소액인 경우에 임차주택이 경매되더라도 보증금 중에서 일정액을 그 임차인보다 선순위 담보물권자, 후순위 담보권자, 일반채권자보다 최우선으로 변제받을 수 있는 강력한 권리입니다. 그러나 일반인들이 혼동할 수 있는 부분이 이와 같이 현재의 법조문만을 보고 단순히 자신이 최우선변제권을 가지는지 여부를 판단한다면 오판하게 됩니다. 반드시 등기부등본상의 **선순위 담보물권의 설정일을 반드시 확인**해야 합니다. 다음 '주임법 시행령 부칙'을 살펴보겠습니다.

주택임대차보호법 시행령 부칙 〈대통령령 제31673호, 2021. 5. 11〉
제1조(시행일) 이 영은 공포한 날부터 시행한다.
제2조(소액보증금 보호에 관한 적용례 등) 제10조 제1항 및 제11조의 개정 규정은 이 영 시행 당시 존속 중인 임대차계약에 대해서도 적용하되, 이 영 시행 전에 임차주택에 대하여 담보물권을 취득한 자에 대해서는 종전의 규정에 따른다.

위 부칙 제2조에 따라서 보증금 중 일정액의 범위는 "이 영(시행령)시행당시 존속 중인 임대차계약에 대해서도 적용하되, 이 영 시행 전에 임차주택에 대해 담보물권을 취득한 자에 대해서는 종전의 규정에 따른다"(이 **담보물권**'에는 근저당권, 담보가등기, 건물 전부에 설정된 전세권이 포함되며, 가압류는 포함되지 않는다)라고 규정하고 있습니다.

이 규정은 선순위 담보물권자(은행)가 소유자 부동산에 소액임차인 여부를 확인하고 대출해준 것인데, 법이 변경(법 개정 시마다 최우선변제대상 임차인 범위와 보호금액이 커짐) 적용되어 갑자기 자신보다 우선순위의 채권자가 생긴다면, 그 당시 법을 믿고 금전을 대출했던 담보물권자는 불측의 손해를 입을 수 있습니다. 이런 이유 때문이라고 생각한다면 이해가 쉬울 것입니다.

따라서 임차인이 최우선변제권을 가지는지 여부를 파악하기 위해서는 첫 번째 법원의 등기부등본을 발급받아야 하며, 만약 등기부등본상에 담보물권이 있다면, 두 번째로는 반드시 그 담보물권의 설정일을 확인한 후에 다음 표의 선순위설정일과 그에 따르는 적용 범위를 확인해야만 할 것입니다.

예를 들어, 등기부등본상에 첫 '근저당권설정 등기일'이 2014. 1. 2로 되어 있다면, 도표상의 **2014. 1. 1 ~ 2016. 3. 30**에 해당됩니다. 그에 따라 자신이 사는 지역이 '서울특별시'라면 보증금 9,500만 원까지는 최우선변제대상 임차인에 해당되어서, 3,200만 원을 최우선으로 변제받을 수 있는 것입니다.

[주택임대차보호법] 제10조(보증금 중 일정액의 범위 등)
② 임차인의 보증금 중 일정액이 주택가액의 2분의 1을 초과하는 경우에는 주택가액의 2분의 1에 해당하는 금액까지만 우선변제권이 있다.
③ 하나의 주택에 임차인이 2명 이상이고, 그 각 보증금 중 일정액을 모두 합한 금액이 주택가액의 2분의 1을 초과하는 경우에는 그 각 보증금 중 일정액을 모두 합한 금액에

대한 각 임차인의 보증금 중 일정액의 비율로 그 주택가액의 2분의 1에 해당하는 금액을 분할한 금액을 각 임차인의 보증금 중 일정액으로 본다.
④ 하나의 주택에 임차인이 2명 이상이고 이들이 그 주택에서 가정공동생활을 하는 경우에는 이들을 1명의 임차인으로 보아 이들의 각 보증금을 합산한다.

물론 이러한 법 규정에 의해서 그 법적 상황에 따라서 전액을 받거나, 받지 못하는 경우도 종종 있지만 말입니다.

[주임법] 최우선변제대상 임차인 범위 및 보호금액 일람표

선순위저당설정일	지역	소액임차금의 범위	최우선변제액
1995. 10. 19 ~ 2001. 9. 14	서울, 광역시	3,000만 원	1,200만 원
	기타지역	2,000만 원	800만 원
2001. 9. 15 ~ 2008. 8. 20	서울, 과밀억제권	4,000만 원	1,600만 원
	광역시	3,500만 원	1,400만 원
	기타 시, 군	3,000만 원	1,200만 원
2008. 8. 21 ~ 2010. 7. 25	서울, 과밀억제권	6,000만 원	2,000만 원
	광역시	5,000만 원	1,700만 원
	기타 시, 군	4,000만 원	1,400만 원
2010. 7. 26 ~ 2013. 12. 31	서울특별시	7,500만 원	2,500만 원
	'수도권정비계획법'에 따른 과밀억제권역 (서울특별시는 제외)	6,500만 원	2,200만 원
	광역시('수도권정비계획법'에 따른 과밀억제권역에 포함된 지역과군지역은 제외), **안산시, 용인시, 김포시 및 광주시**	5,500만 원	1,900만 원
	그 밖의 지역	4,000만 원	1,400만 원

선순위저당설정일	지역	소액임차금의 범위	최우선변제액
2014. 1. 1 ~ 2016. 3. 30	서울특별시	1억 원	3,400만 원
	'수도권정비계획법'에 따른 과밀억제권역 (서울특별시는제외)	8,000만 원	2,700만 원
	광역시('수도권정비계획법'에 따른 과밀억제권역에 포함된 지역과 군지역은 제외), 안산시, 용인시, 김포시 및 광주시	6,000만 원	2,000만 원
	그 밖의 지역	5,000만 원	1,700만 원
2016. 3. 31 ~ 2018. 9. 17	서울특별시	1억 원	3,400만 원
	'수도권정비계획법'에 따른 과밀억제권역 (서울특별시는 제외)	8,000만 원	2,700만 원
	광역시('수도권정비계획법'에 따른 과밀억제권역에 포함된 지역과 군지역은 제외), **세종특별자치시**, 안산시, 용인시, 김포시 및 광주시	6,000만 원	2,000만 원
	그 밖의 지역	5,000만 원	1,700만 원
2018. 9. 18 ~ 2021. 5. 10	서울특별시	1억 1,000만 원	3,700만 원
	'수도권정비계획법'에 따른 과밀 억제권역(서울특별시는 제외) **세종특별자치시, 용인시 및 화성시**	1억 원	3,400만 원
	광역시('수도권정비계획법'에 따른 과밀억제권역에 포함된 지역과 군지역은 제외), 안산시, 김포시, 광주시 및 **파주시**	6,000만 원	2,000만 원
	그밖의 지역	5,000만 원	1,700만 원

선순위저당설정일	지역	소액임차금의 범위	최우선변제액
2021. 5. 11 ~ 2023. 2. 20	서울특별시	1억 5,000만 원	5,000만 원
	'수도권정비계획법'에 따른 과밀억제권역(서울특별시는 제외) 세종특별자치시, 용인시, 화성시 및 **김포시**	1억 3,000만 원	4,300만 원
	광역시('수도권정비계획법'에 따른 과밀억제권역에 포함된 지역과 군지역은 제외), 안산시, 광주시, 파주시, **이천시 및 평택시**	7,000만 원	2,300만 원
	그 밖의 지역	6,000만 원	2,000만 원
2023. 2. 21 ~ 현행법	**서울특별시**	**1억 6,500만 원**	**5,500만 원**
	'수도권정비계획법'에 따른 과밀억제권역(서울특별시는 제외한다), 세종특별자치시, 용인시, 화성시 및 김포시	**1억 4,500만 원**	**4,800만 원**
	광역시('수도권정비계획법'에 따른 과밀억제권역에 포함된 지역과 군지역은 제외한다), 안산시, 광주시, 파주시, 이천시 및 평택시	**8,500만 원**	**2,800만 원**
	그 밖의 지역	**7,500만 원**	**2,500만 원**

[과밀억제권역은 어디일까요?]

1. 서울특별시

2. 인천광역시[강화군, 옹진군, 서구 대곡동·불로동·마전동·금곡동·오류동·왕길동·당하동·원당동, 인천경제자유구역(경제자유구역에서 해제된 지역을 포함한다) 및 남동 국가산업단지는 제외한다.]

3. 의정부시

4. 구리시

5. 남양주시(호평동, 평내동, 금곡동, 일패동, 이패동, 삼패동, 가운동, 수석동, 지금동 및 도농동만 해

당한다)

6. 하남시

7. 고양시

8. 수원시

9. 성남시

10. 안양시

11. 부천시

12. 광명시

13. 과천시

14. 의왕시

15. 군포시

16. 시흥시[반월특수지역(반월특수지역에서 해제된 지역을 포함한다)은 제외한다]

　　지금까지 주임법의 최우선변제권을 살펴봤습니다. 상임법도 마찬가지로 최우선변제권이 규정되어 있지만, 주임법과는 지역별 범위와 보호금액이 다르게 규정되어 있습니다. 다음으로 정리해보도록 하겠습니다.

상가건물임대차보호법 제14조(보증금 중 일정액의 보호)

① 임차인은 보증금 중 일정액을 다른 담보물권자보다 우선하여 변제받을 권리가 있다. 이 경우 임차인은 건물에 대한 경매 신청의 등기 전에 제3조 제1항의 요건을 갖추어야 한다.

② 제1항의 경우에 제5조 제4항부터 제6항까지의 규정을 준용한다.

③ 제1항에 따라 우선변제를 받을 임차인 및 보증금 중 일정액의 범위와 기준은 임대건물가액(임대인 소유의 대지가액을 포함한다)의 2분의 1 범위에서 해당 지역의 경제 여건, 보증금 및 차임 등을 고려하여 대통령령으로 정한다. 〈개정 2013. 8. 13〉 [전문 개정 2009. 1. 30]

상가건물임대차보호법 시행령 제6조(우선변제를 받을 임차인의 범위)

법 제14조의 규정에 의하여 우선변제를 받을 임차인은 보증금과 차임이 있는 경우 법 제2조 제2항의 규정에 의하여 환산한 금액의 합계가 다음 각 호의 구분에 의한 금액 이하인 임차인으로 한다. 〈개정 2008. 8. 21, 2010. 7. 21, 2013. 12. 30〉

1. 서울특별시 : 6,500만 원

2. '수도권정비계획법'에 따른 과밀억제권역(서울특별시는 제외한다) : 5,500만 원

3. 광역시('수도권정비계획법'에 따른 과밀억제권역에 포함된 지역과 군지역은 제외한다), 안산시, 용인시, 김포시 및 광주시: 3,800만 원

4. 그 밖의 지역 : 3,000만 원

제7조(우선변제를 받을 보증금의 범위 등)

① 법 제14조의 규정에 의하여 우선변제를 받을 보증금중 일정액의 범위는 다음 각 호의 구분에 의한 금액 이하로 한다. 〈개정 2008. 8. 21, 2010. 7. 21, 2013. 12. 30〉

1. 서울특별시 : 2,200만 원

2. '수도권정비계획법'에 따른 과밀억제권역(서울특별시는 제외한다) : 1,900만 원

3. 광역시('수도권정비계획법'에 따른 과밀억제권역에 포함된 지역과 군지역은 제외한다), 안산시, 용인시, 김포시 및 광주시: 1,300만 원

4. 그 밖의 지역 : 1,000만 원

② 임차인의 보증금 중 일정액이 상가건물의 가액의 2분의 1을 초과하는 경우에는 상가건물의 가액의 2분의 1에 해당하는 금액에 한하여 우선변제권이 있다. 〈개정 2013. 12. 30〉

③ 하나의 상가건물에 임차인이 2인 이상이고, 그 각 보증금 중 일정액의 합산액이 상가건물의 가액의 2분의 1을 초과하는 경우에는 그 각 보증금 중 일정액의 합산액에 대한 각 임차인의 보증금 중 일정액의 비율로 그 상가건물의 가액의 2분의 1에 해당하는 금액을 분할한 금액을 각 임차인의 보증금 중 일정액으로 본다. 〈개정 2013. 12. 30〉

[상임법] 최우선변제대상 상가 임차인 범위 및 보호금액 일람표

선순위저당설정일	지역	소액임차금의 범위	최우선변제액
2002. 11. 1 ~ 2010. 7. 25	서울특별시	4,500만 원	1,350만 원
	'수도권정비계획법'에 따른 과밀억제권역(서울특별시는제외)	3,800만 원	1,170만 원
	광역시(군지역과 인천광역시 지역을 제외한다)	3,000만 원	900만 원
	그 밖의 지역	2,500만 원	750만 원
2010. 7. 26 ~ 2013. 12. 31	서울특별시	**5,000만 원**	**1,500만 원**
	'수도권정비계획법'에 따른 과밀억제권역(서울특별시는 제외)	4,500만 원	1,350만 원
	광역시(수도권정비계획법에 따른 과밀억제권역에 포함된 지역과 군지역은 제외), **안산시, 용인시, 김포시 및 광주시**	3,000만 원	900만 원
	그 밖의 지역(세종시,제주도포함)	2,500만 원	750만 원
2014. 1. 1 ~ 현행법	서울특별시	6,500만 원	2,200만 원
	'수도권정비계획법'에 따른 과밀억제권역(서울특별시는제외)	5,500만 원	1,900만 원
	광역시('수도권정비계획법'에 따른 과밀억제권역에 포함된 지역과 군지역은 제외), **안산시, 용인시, 김포시 및 광주시**	3,800만 원	1,300만 원
	그 밖의 지역(세종시, 제주도 포함)	3,000만 원	1,000만 원

이처럼 적용 범위 및 보호금액이 다를 뿐 상임법상의 '최우선변제권'은 주임법 법리를 그대로 복사해서 붙였다고 해도 과언이 아닐 정도입니다. 거의 모든 법리가 동일하다고 보시면 됩니다.

따라서, 주임법과 동일하게 등기부등본상의 선순위 담보물권의 설정일자를 반드시 확인하셔야 합니다.

주택임대차보호법 시행령 부칙 〈대통령령 제25036호, 2013. 12. 30〉

제4조(소액보증금 보호에 관한 적용례) 제6조 및 제7조의 개정 규정은 이 영 시행 당시 존속 중인 상가건물임대차계약에 대해서도 적용하되, 이 영 시행 전에 담보물권을 취득한 자에 대해서는 종전의 규정에 따른다.

상임법상의 최우선변제대상
임차인 보호금액 법 개정의 필요성!

　'주택임대차보호법(이하 주임법이라 함)'상에는 '임차인은 보증금 중 일정액을 담보물권자보다 우선하여 변제받을 권리가 있다'(주임법 제8조)라고 규정하고 있습니다. 월차임이 얼마든지 상관없이, 단순히 보증금액에 따라서, 소액임차인으로서 최우선변제를 받을 수 있지만, '상가건물임대차보호법(이하 상임법이라 함)'상에는 다음과 같이 "상임법 시행령 제6조(우선변제를 받을 임차인의 범위) 법 제14조의 규정에 의하여 우선변제를 받을 임차인은 보증금과 차임이 있는 경우 법 제2조 제2항의 규정에 의하여 환산한 금액의 합계가 다음 각 호의 구분에 의한 금액 이하인 임차인으로 한다"라고 규정하고 있습니다.

　즉, 환산보증금(보증금 + 월차임 × 100)으로 계산해야 하므로, 예를 들면, 지역이 경남 통영일 때, 보증금 1,000만 원 + 월차임 20만 원 × 100 = 3,000만 원입니다. 원룸보다 싼 20만 원짜리 상가는 눈을 씻고 찾아봐도 없으므로, 상임법상 소액임차인으로서 최우선변제를 받는다는 것은 현실적으로 '거의 불가능'하다고 봐야 할 것입니다.

　또한, 주임법상의 최우선변제대상 임차인 범위 및 보호금액 및 해당 지역을 거의 2~3년에 한 번씩 현실에 맞도록 상향조정해 법 개정을 하는 반면에, 상가임차인에 대한 최우선변제대상 임차인 범위 및 보호금액은 2014년 1월 1일 이후부터 현재까지 법 개정을 전혀 하지 않고 있습니다.

이에 대해, 정부나 국회에서는 안 그래도 코로나19로 절체절명의 위기에 빠진 우리의 소상공인들의 마지막 남은 재산(보증금)의 보호를 위해 시급히 법 개정을 통해서, 현실에 맞는 '최우선변제대상 임차인 범위 및 보호금액'을 상향조정해야만 할 것입니다.

PART
03

임대차기간 관련
법조문 비교

01

민법 임대차의
존속기간

민법 제651조(임대차존속기간) 삭제 〈2016. 1. 6〉 [2016. 1. 6 법률 제13710호에 의하여 2013. 12. 26 헌법재판소에서 위헌결정된 이 조를 삭제함.]
제635조(기간의 약정 없는 임대차의 해지통고)
①임대차기간의 약정이 없는 때에는 당사자는 언제든지 계약해지의 통고를 할 수 있다.
②상대방이 전항의 통고를 받은 날로부터 다음 각 호의 기간이 경과하면 해지의 효력이 생긴다.
1. 토지, 건물 기타 공작물에 대하여는 임대인이 해지를 통고한 경우에는 6월, 임차인이 해지를 통고한 경우에는 1월
2. 동산에 대하여는 5일

임대차의 존속기간(임대차를 유지하는 기간)은 20년을 초과할 수 없다는 제651조 규정이 임대인의 재산권과 계약자유를 제한하는 수단으로 적합하지 않아서 헌법재판소에서 위헌으로 결정되어, 이 규정은 삭제되었습니다. 따라서 임대차 존속기간 최장기의 제한은 현행법상에는 없습니다.

그렇다면 임대차 존속기간의 최단기 제한은 있을까요? 민법상에는 최단기 제한이 없습니다.

주택임대차보호법 제4조(임대차기간 등)

① 기간을 정하지 아니하거나 2년 미만으로 정한 임대차는 그 기간을 2년으로 본다. 다만, 임차인은 2년 미만으로 정한 기간이 유효함을 주장할 수 있다.

② 임대차기간이 끝난 경우에도 임차인이 보증금을 반환받을 때까지는 임대차관계가 존속되는 것으로 본다.

[전문 개정 2008. 3. 21]

상가건물임대차보호법 제9조(임대차기간 등)

① 기간을 정하지 아니하거나 기간을 1년 미만으로 정한 임대차는 그 기간을 1년으로 본다. 다만, 임차인은 1년 미만으로 정한 기간이 유효함을 주장할 수 있다.

② 임대차가 종료한 경우에도 임차인이 보증금을 돌려받을 때까지는 임대차 관계는 존속하는 것으로 본다.

[전문 개정 2009. 1. 30]

　주임법, 상임법의 규정을 보게 되면, 주임법에서는 2년간, 상임법에서는 1년간으로 최단기 기간이 보장되어 있습니다. 더구나 임차인은 양 법 모두다 2년, 1년 미만으로 정한 기간이 유효함을 주장할 수도 있습니다.

　또한, 민법에서는 임대차기간의 약정이 없는 때는 **'양 당사자(임대인, 임차인)는 언제든지 임대차계약 해지의 통고를 할 수 있다'**라고 명시하고 있습니다. 토지와 건물(기타 공작물)에 대한 임대차의 경우 '임대인이 해지 통고' 한 때는 6월 후에 해지효력이 발생하고, 임차인이 해지 통고를 한때는 1월 후에 해지효력이 발생합니다(동산의 경우는 5일 후 효력 발생합니다).

현장에서는 '임대차기간의 약정이 없는 때'의 법 규정은 실제로 '약정을 하지 않는 경우'보다는 임대차기간 만료 전에 법에서 정해놓은 기한 안에 양 당사자 간 '계약연장' 또는 '해지의 의사표시' 없이 그 기한을 넘겼을 때, 즉 '묵시의 갱신(서로 간에 아무 말 없이 기간이 지났을 때, 자동으로 계약이 연장됨)'을 통해 전 임대차와 동일한 조건으로 다시 임차한 것으로 보게 됩니다. 해지 통고에 있어서는 민법의 '임대차기간의 약정이 없는 때'와 동일하게 그 법 규정을 적용하고 있습니다.

특히, 이 부분은 '대항력 PART'와 버금가게 임대차에서 상당히 중요한 법리입니다. 현실에서 가장 빈번하게 일어나는 분쟁으로써 법률 전문가들도 한 번씩 혼동할 수 있는 부분입니다. 필자는 이에 대해 지금부터 상세히 알기 쉽게 정리해드리려 합니다.

02

임대차의
계약갱신

민법 제639조(묵시의 갱신)
① 임대차기간이 만료한 후 임차인이 임차물의 사용, 수익을 계속하는 경우에 임대인이 상당한 기간 내에 이의를 하지 아니한 때에는 전 임대차와 동일한 조건으로 다시 임대차한 것으로 본다. 그러나 당사자는 제635조의 규정에 의하여 해지의 통고를 할 수 있다.
② 전항의 경우에 전 임대차에 대하여 제3자가 제공한 담보는 기간의 만료로 인하여 소멸한다.

법조문에서 본 것처럼, **민법 제639조(묵시의 갱신)**은 제635조와 연결되어 있음을 알 수 있습니다. 이 또한 주임법과 상임법에 그대로 이어져 있는 법리입니다.

주임법 제6조(계약의 갱신)
① 임대인이 임대차기간이 끝나기 6개월 전부터 2개월 전까지의 기간에 임차인에게 갱신거절(更新拒絶)의 통지를 하지 아니하거나 계약조건을 변경하지 아니하면 갱신하지 아니한다는 뜻의 통지를 하지 아니한 경우에는 그 기간이 끝난 때에 전 임대차와 동일한 조건으로 다시 임대차한 것으로 본다. 임차인이 임대차기간이 끝나기 2개월 전까지 통지하지 아니한 경우에도 또한 같다. 〈개정 2020. 6. 9〉 [시행일 : 2020. 12. 10]
② 제1항의 경우 임대차의 존속기간은 2년으로 본다. 〈개정 2009. 5. 8〉
③ 2기(期)의 차임액(借賃額)에 달하도록 연체하거나 그 밖에 임차인으로서의 의무를 현

저히 위반한 임차인에 대하여는 제1항을 적용하지 아니한다. [전문 개정 2008. 3. 21]
제6조의 2(묵시적 갱신의 경우 계약의 해지)
① 제6조 제1항에 따라 계약이 갱신된 경우 같은 조 제2항에도 불구하고 임차인은 언제든지 임대인에게 계약해지(契約解止)를 통지할 수 있다. 〈개정 2009. 5. 8〉
② 제1항에 따른 해지는 임대인이 그 통지를 받은 날부터 3개월이 지나면 그 효력이 발생한다. [전문 개정 2008. 3. 21]

먼저, 주임법을 보겠습니다. 주임법 제6조(계약의 갱신)은 민법 제635조(기간의 약정이 없는 임대차의 해지 통고)를 지금의 현실에 맞추어 변경한 법조문입니다. 어느 정도는 그 내용이 민법 조문과 유사합니다. 결국 제6조의 2(묵시적 갱신의 경우 계약의 해지)와 자연스럽게 연결된 것으로 볼 때, 민법 제 635조와 제 639조와 비슷한 법리라고 생각하면 쉽게 이해되실 것입니다.

정리하자면, 민법에서는 '묵시의 갱신', 즉 임대인, 임차인이 임대차 계약 만료 전까지 계약갱신에 대해 서로 간에 아무런 이야기를 하지 않은 상태에서 계약이 만료되었을 때는 전 임대차와 동일한 조건으로 계약한 것으로 봅니다(묵시적 갱신). 이러한 부분이 법률적으로는 명확성이 조금 부족했다고 판단했는지 '기간의 약정이 없는 임대차'와 동일시해서 양 당사자 누구든지 만료 전이라도 해지 통고를 할 수 있게 만들었습니다. 반면, 해지 통고하고 임대인은 6월, 임차인은 1월 후에 효력이 발생하게 했습니다.

이러한 법리에서 조금 더 나아가 주임법은 이 법리를 그대로 인용하기는 했지만, 주임법의 제정 목적에 맞게 철저히 '임차인의 중심'에서 제정했습니다. 먼저 임대인에게 임대차계약기간 만료 전 '6월에서 2월까지' 계약조건변경 또는 계약거절 등의 통지해야 함과 만료 전 2월까지 임차인에게도 변경 또는 거절의 통지 의무를 주었습니다. 만약에 양당자간에 이러한 의사표현 없이 기한을 넘겼을 때는 전 임대차와 동일한 조건으로 다시 임대차한 것으로 볼 뿐만 아니라, 존속기간도 2년으로 보게 됩니다.

하지만 이 경우에 임차인은 2년간 존속기간을 주장할 수도 있고, 임대차기간 중에 임대인에게 언제라도 계약해지 통고를 할 수 있으며, 통고 후 3월이 경과한 후에 그 해지 효력이 발생하도록 했습니다. 그에 비해 임대인은 민법처럼 해지 통고할 수 있는 권한이 전혀 없어서, 그냥 2년 동안 꿀 먹은 병아리처럼 임차인의 입만 바라보고 있게 됩니다. 언제든지 임차인이 '계약을 해지하겠다'라고 말한다면 임대인은 그대로 따라야 할 뿐입니다.

따라서 임대인의 입장에서 보면 주임법은 너무나도 임차인에게만 편파적인 법입니다. 하지만 이 법이 만들어진 목적을 봐도 알 수 있듯이 임대인은 조금이라도 가진 자라고 판단하고 있는 주임법의 법리를 이해하지 않을 수 없습니다. 이에 대해 자신의 권리를 조금이라도 찾고 싶은 **임대인이라면 임차인에게 반드시 임대차계약기간 만료 전 6월부터 2월 전까지 해지 또는 조건변경의 내용을 통지해야 합니다. 만일 임차인이 재계약하자고 한다면 '재계약서'를 반드시 작성해야만 할 것입니다.**

03

상가건물임대차의 계약갱신요구권

상가건물임대차보호법 제9조(임대차기간 등)

① 기간을 정하지 아니하거나 기간을 1년 미만으로 정한 임대차는 그 기간을 1년으로 본다. 다만, 임차인은 1년 미만으로 정한 기간이 유효함을 주장할 수 있다.

② 임대차가 종료한 경우에도 임차인이 보증금을 돌려받을 때까지는 임대차 관계는 존속하는 것으로 본다. [전문 개정 2009. 1. 30]

제10조(계약갱신 요구 등)

① 임대인은 임차인이 임대차기간이 만료되기 6개월 전부터 1개월 전까지 사이에 계약 갱신을 요구할 경우 정당한 사유 없이 거절하지 못한다. 다만, 다음 각 호의 어느 하나의 경우에는 그러하지 아니하다. 〈개정 2013. 8. 13〉

<u>1. 임차인이 3기의 차임액에 해당하는 금액에 이르도록 차임을 연체한 사실이 있는 경우</u>

2. 임차인이 거짓이나 그 밖의 부정한 방법으로 임차한 경우

3. 서로 합의하여 임대인이 임차인에게 상당한 보상을 제공한 경우

4. 임차인이 임대인의 동의 없이 목적 건물의 전부 또는 일부를 전대(轉貸)한 경우

5. 임차인이 임차한 건물의 전부 또는 일부를 고의나 중대한 과실로 파손한 경우

6. 임차한 건물의 전부 또는 일부가 멸실되어 임대차의 목적을 달성하지 못할 경우

7. 임대인이 다음 각 목의 어느 하나에 해당하는 사유로 목적 건물의 전부 또는 대부분을 철거하거나 재건축하기 위하여 목적 건물의 점유를 회복할 필요가 있는 경우

    가. 임대차계약 체결 당시 공사시기 및 소요기간 등을 포함한 철거 또는 재건축 계획을 임차인에게 구체적으로 고지하고 그 계획에 따르는 경우

    나. 건물이 노후·훼손 또는 일부 멸실되는 등 안전사고의 우려가 있는 경우

    다. 다른 법령에 따라 철거 또는 재건축이 이루어지는 경우

8. 그 밖에 임차인이 임차인으로서의 의무를 현저히 위반하거나 임대차를 계속하기 어려운 중대한 사유가 있는 경우

② 임차인의 계약갱신요구권은 최초의 임대차기간을 포함한 전체 임대차기간이 10년을 초과하지 아니하는 범위에서만 행사할 수 있다.

③ 갱신되는 임대차는 전 임대차와 동일한 조건으로 다시 계약된 것으로 본다. 다만, 차임과 보증금은 제11조에 따른 범위에서 증감할 수 있다.

④ 임대인이 제1항의 기간 이내에 임차인에게 갱신 거절의 통지 또는 조건 변경의 통지를 하지 아니한 경우에는 그 기간이 만료된 때에 전 임대차와 동일한 조건으로 다시 임대차한 것으로 본다. 이 경우에 임대차의 존속기간은 1년으로 본다. 〈개정 2009. 5. 8〉

⑤ 제4항의 경우 임차인은 언제든지 임대인에게 계약해지의 통고를 할 수 있고, 임대인이 통고를 받은 날부터 3개월이 지나면 효력이 발생한다. [전문 개정 2009. 1. 30]

제10조의 2(계약갱신의 특례)

제2조제1항 단서에 따른 **보증금액을 초과하는 임대차의 계약갱신의 경우**에는 당사자는 상가건물에 관한 조세, 공과금, 주변 상가건물의 차임 및 보증금, 그 밖의 부담이나 경제사정의 변동 등을 고려하여 차임과 보증금의 증감을 청구할 수 있다. [본조 신설 2013. 8. 13]

여기까지 법조문을 읽게 되면, 지금까지 우리 임대차법은 세월의 변화에 따라 한 단계씩 진화하고 있다는 사실을 알 수 있습니다. 상임법의 '계약갱신요구권'은 단순히 진화라기 보다는 한마디로 너무나도 파격적인 법률제정이라고까지 말할 수 있을 것입니다. 2018년 9월 20일 국회를 통과해 개정된 내용에서는 계약갱신요구권 기간을 5년에서 10년으로 변경했습니다. 앞으로는 '조물주 위에 건물주'라는 말도 이러한 사회적 분위기에 편승해서 조만간 사라질 말이라고 예상됩니다.

거두절미하고 우리가 지금 이 시점에서 가장 중요한 것은 지금 현행법 중에서 상임법의 계약갱신에 관한 법리 해석입니다. 주임법과 상임법을 다음과 같이 잠시 비교해보겠습니다.

구분	주택임대차보호법	상가건물임대차보호법
계약의 갱신	① 임대인 : 존속기간 만료 6월 ~ 2월 전까지 갱신거절 등을 통지하지 않은때 → 전 임대차와 동일조건으로 임대차한 것으로 본다. ② 임차인 : 존속기간 만료 2월 전까지 통지 안 한 때 → 전 임대차와 동일조건으로 임대차한 것으로 본다.	임대인 : 존속기간 만료 6월 ~ 1월전까지 갱신거절 등을 통지하지 않은 때 → 전 임대차와 동일한 조건으로 임대차한 것으로 본다. ※ 상임법에는 임차인의 통지에 관한 법조문이 별도 없음.
묵시적 갱신의 경우 임대차의 존속기간	2년	1년
묵시적 갱신의 경우 계약의 해지	**임차인**은 언제든지 계약해지 가능 → 임대인이 그 통지받은 날부터 3개월 후 효력 발생	**임차인**은 언제든지 계약해지 가능 → 임대인이 그 통지받은 날부터 3개월 후 효력 발생

비교표상의 내용과 같이 양 법은 두 가지의 차이가 있습니다.

첫 번째는 '계약의 갱신' 부분에 있어서 상임법은 임차인의 통지 의무를 두지 않고 있다는 사실입니다.

두 번째는 묵시적으로 계약이 갱신되었을 때 주임법에서는 2년의 존속기간을 규정하고 있지만, 상임법은 1년으로 존속기간을 짧게 두고 있다는 사실입니다.

여기에서 다시 한번 눈여겨봐야 할 부분은 주임법에서는 존속기간의 만료 전에 임차인의 통지 의무 규정이 있지만, **상임법에서 임차인의 통지 의무가 없다는 것입니다.** 이를 실제 사례에 그대로 적용해보면, 주임법을 적용받는 주택임차인 甲(갑)이 존속기간 만료 2개월 전에 별다른 의사표시 없이 존속기간이 만료되었다면 법 규정에 따라서 묵시적 갱신으로써 계약은 전 임대차와 동일한 조건으로 임대차한 것으로 되는데, 갑자기 계약만료일 하루 전에 甲이 피치 못한 사정으로 수일 내에 다른 지역으로 이사를 가야 하는 상황이라고 한다면 과연 어떻게 될까요?

정답은 법 규정에 따라서 甲은 임대인에게 임대차계약해지 통지를 할 수는 있겠지만, 그 효력은 임대인이 그 통지를 받은 날부터 3개월 후에 발생하므로 甲은 꼼짝없이 3개월 동안의 월세를 주던지, 그게 싫다면 서둘러서 다른 임차인을 구하는 수밖에 없습니다.

하지만 상임법상에서는 임차인의 통지 의무가 없기 때문에 마찬가지로 실제상황에 적용해보겠습니다. 상가를 임차한 임차인 乙(을)은 임대차계약 만료일까지 아무 말 하지 않고 가만히 있다가, 만일 계약 만료일 하루 전이라도 갑자기 계약해지의 사유가 발생했다면, 임차인 乙은 임대인에게 계약 만료를 원인으로 그 즉시 계약해지를 할 수 있습니다.

쉽게 말하면 계약은 정상적으로 만료일까지 끝난 것이고, 임대인은 이에 대해 어떠한 이의도 제기할 수 없으며, 나아가 임차인 乙은 계약 만료일까지 특별한 일이 발생하지 않는다면 그다음 날에 '묵시적 갱신'도 주장할 수 있습니다.

따라서 이런 불합리한 모순에 대해 불만을 품기 싫은 상가임대인은 반드시 계약 만료 6월에서 1월 전까지 '계약갱신거절 등'의 통고를 해야 하지만, 이 또한 상가임차인이 계약갱신요구권을 주장한다면 아무런 의미가 없다는 데서 상가임대인들은 할 말을 잃을 것입니다.

※ 계약갱신요구권은 상임법에서 가장 중요한 법리 중에서 하나라서 뒷부분에서 조금 더 상세하게 정리해드리겠습니다.

따라서 상가임대인들도 이러한 법 규정을 잘 알고 제대로 된 임차인과 계약을 체결해야 합니다. 급하다고 대충 아무나 임차인을 들인다면 10년 동안은 어떠한 일이 있어도 현행법상으로는 내보낼 방법이 거의 없다는 현실적인 문제가 있기 때문입니다.

물론, 상임법 제10조 1~8호까지의 사유가 발생한다면 임대인은 계약갱신요구권을 거절할 수 있습니다. 그러나 차임 3기를 연체하는 것 빼고는 다른 규정들은 양 당사자 간에 상당한 분쟁이 있을 수 있는 법 규정이 대부분이라서 결국 최종 판단을 얻기 위해서는 법원의 재판을 통해야 합니다. 다들 아시겠지만, 우리나라 재판과정이 일반인들에게는 결코 쉬운 과정이라고는 볼 수 없습니다. 일반인들은 법으로 처리하기보다는 조금은 자신이 손해를 보더라도 그냥 좋은 게 좋은 것이라고 생각하고 넘어가는 것이 다반사입니다.

결론적으로 이야기한다면 우리나라 상가임차인들은 큰 무리 없이 10년간은 특별히 임대인의 눈치를 볼 필요 없이 영업하면 된다는 것입니다.

계약갱신요구권에서 몇 가지 꼭 짚고 넘어가야 할 부분은 다음 파트에서 다룰 부분인 '임차인의 차임연체가 발생할 시에 임대인이 계약해지'를 할 수 있습니다. 계약해지를 위해서는 반드시 계약해지 시점까지 2기에서 3기(각 임대차법 규정마다 조금씩 다름)의 차임전액이 연체되어야만 합니다. 하지만 계약갱신요구권을 거절할 수 있는 사유 중에 3기의 차임연체는 그 연체한 사실만으로도 거절할 수 있다는 차이가 있습니다.

다시 말하면, 계약해지는 그 계약을 해지하기 위한 요건으로 2기 또는 3기에 달하는 차임(금액)이 연체되어야 합니다. 하지만 계약갱신요구권의 거절 사유로의 3기 차임 연체는 금액과는 관계없이 임대차 기간 동안 총 3기의 차임을 연체한 사실만 있으면 된다는 것입니다.

또한, 계약갱신요구 기간은 10년인데, 이는 최초의 임대차기간을 포함한 임대차기간이 10년을 초과하지 않는 범위 내에서만 행사할 수 있는 것입니다. 예를 들어 2년의 존속기간을 약정한 양 당사자가 존속기간 만료 전에 재계약서를 작성하면서, 새롭게 전세보증금 등을 변경했다고 해서 이전의 2년산의 기간을 없는 것으로 할 수 없습니다. 2년을 포함한 나머지 8년의 계약갱신을 요구할 수 있을 뿐입니다. 여기에서 만약 편법으로 임차인을 자신의 부인 또는 지인 등의 명의를 빌려서 계약을 체결했다고 하더라도 역시 최초 임차인이 임대할 수 있는 기간은 10년을 넘어갈 수는 없습니다.

다만, 10년이 지나서 법정 갱신(묵시적 갱신)된 경우에는 이 제한 규정을 받지 않는다고 할 것입니다.

마지막으로 정리할 부분이 상임법 제10조의 2(계약갱신의 특례)인데, 법조문을 그대로 옮기자면, **"보증금액을 초과하는 임대차의 계약갱신 경우에**는 당사자는 상가건물에 관한 조세, 공과금, 주변 상가건물의 차임 및 보증금, 그 밖의 부담이나 경제 사정의 변동 등을 고려하여 차임과 보증금의 증감을 청구할 수 있다"라고 하고 있습니다.

이 규정을 언뜻 보면 당사자(임대인, 임차인)는 위 사정에 따라서 차임을 올리거나 내려달라고 할 수 있다고 해석할 수도 있습니다. 하지만 사실은 이 법 규정이 너무나도 현실과 동떨어진 규정입니다. 이 법 규정에 맞게 임대인이나 임차인이 경제 사정의 변동까지 고려해 차임 등을 올리거나 내려달라고 한다면 과연 어느 누가 순순히 받아들일 것인지가 의문입니다. 결국에는 이 부분도 당사자 간에 법적 분쟁거리가 됩니다. 최종 판단을 얻기 위해서는 법원의 문을 두드려야만 할 것으로 보입니다.

따라서 주택임대차보호법 시행령 제8조에 따른 '20분의 1(5%)'과 상가건물임대차보호법 시행령 제4조에 따른 '100분의 5(5%)' 등의 법 규정과 같이 이에 맞는 법률 제정이 시급히 뒤따라야만 할 것이라고 여겨집니다.

주택임대차의
계약갱신요구권

제6조의 3 (계약갱신 요구 등)

① 제6조에도 불구하고 임대인은 임차인이 제6조 제1항 전단의 기간 이내에 계약갱신을 요구할 경우 정당한 사유 없이 거절하지 못한다. 다만, 다음 각 호의 어느 하나의 경우에는 그러하지 아니하다.

1. **임차인이 2기의 차임액에 해당하는 금액에 이르도록 차임을 연체한 사실이 있는 경우**

2. 임차인이 거짓이나 그 밖의 부정한 방법으로 임차한 경우

3. 서로 합의하여 임대인이 임차인에게 상당한 보상을 제공한 경우

4. 임차인이 임대인의 동의 없이 목적 건물의 전부 또는 일부를 전대(轉貸)한 경우

5. 임차인이 임차한 주택의 전부 또는 일부를 고의나 중대한 과실로 파손한 경우

6. 임차한 주택의 전부 또는 일부가 멸실되어 임대차의 목적을 달성하지 못할 경우

7. 임대인이 다음 각 목의 어느 하나에 해당하는 사유로 목적 주택의 전부 또는 대부분을 철거하거나 재건축하기 위하여 목적 주택의 점유를 회복할 필요가 있는 경우

   가. 임대차계약 체결 당시 공사시기 및 소요기간 등을 포함한 철거 또는 재건축 계획을 임차인에게 구체적으로 고지하고 그 계획에 따르는 경우

   나. 건물이 노후·훼손 또는 일부 멸실되는 등 안전사고의 우려가 있는 경우

   다. 다른 법령에 따라 철거 또는 재건축이 이루어지는 경우

8. 임대인(임대인의 직계존속, 직계비속을 포함한다)이 목적 주택에 실제 거주하려는 경우

9. 그 밖에 임차인이 임차인으로서의 의무를 현저히 위반하거나 임대차를 계속하기 어려운 중대한 사유가 있는 경우

② **임차인은 제1항에 따른 계약갱신요구권을 1회에 한하여 행사할 수 있다. 이 경우 갱신되는 임대차의 존속기간은 2년으로 본다.**

③ 갱신되는 임대차는 전 임대차와 동일한 조건으로 다시 계약된 것으로 본다. 다만, 차임과 보증금은 제 7조에 따른 범위에서 증감할 수 있다.

④ 제1항에 따라 갱신되는 임대차의 해지에 관하여는 제6조의 2를 준용한다.

⑤ 임대인이 제1항 제8호의 사유로 갱신을 거절하였음에도 불구하고 갱신요구가 거절되지 아니하였더라면 갱신되었을 기간이 만료되기 전에 정당한 사유 없이 제3자에게 목적 주택을 임대한 경우 임대인은 갱신거절로 인하여 임차인이 입은 손해를 배상하여야 한다.

⑥ 제5항에 따른 손해배상액은 거절 당시 당사자 간에 손해배상액의 예정에 관한 합의가 이루어지지 않는 한 다음 각 호의 금액 중 큰 금액으로 한다.

1. 갱신거절 당시 월차임(차임 외에 보증금이 있는 경우에는 그 보증금을 제7조의 2 각 호 중 낮은 비율에 따라 월 단위의 차임으로 전환한 금액을 포함한다. 이하 '환산월차임'이라 한다)의 3개월분에 해당하는 금액

2. 임대인이 제3자에게 임대하여 얻은 환산월차임과 갱신거절 당시 환산월차임 간 차액의 2년분에 해당하는 금액

3. 제1항 제8호의 사유로 인한 갱신거절로 인하여 임차인이 입은 손해액

[본조 신설 2020. 7. 31]

이 개정법을 보면 상임법의 계약갱신요구권을 그대로 주임법에 가져왔습니다. 상임법은 횟수 제한 없이 10년간 계약기간을 연장할 수 있습니다. 주임법은 단 1회(2년)에 한해서만 행사할 수 있습니다.

법조문을 그대로 가져왔기 때문에, 임대인이 계약갱신요구권을 거절할 수 있는 사유는 거의 동일합니다. 그러나 '임대인(임대인의 직계존속, 직계비속을 포함한다)이 목적주택에 실제 거주하려는 경우'라는 특별한 거절 사유로 거절해놓고, 제3자에게 목적 주택을 임대한 경우에는 임대인은 임차인에게 손해배상을(⑥ 1 ~ 3) 해야 합니다.

한편, 주임법의 계약갱신요구권으로 인해서, 앞으로 임차인은 임대

인 눈치 볼 필요 없이 최장 4년간은 전셋집에서 살 수 있게 되었습니다. 하지만 요즘은 전세보증금이 많게는 10억 원을 훌쩍 넘는 세입자도 많아서, 예전처럼 세입자가 약자이기만 한 세상은 아닌데도, 너무도 국가에서 임대인과 임차인의 지위에 대해 과도하게 개입하는 것 같습니다. 이것은 '시장 경제' 논리와도 맞지 않고, 이러한 법 개정으로 인해 오히려 이 시대의 진정한 약자인 소액임차인들의 삶의 터전까지 빼앗을 수도 있다는 사실을 위정자들이 반드시 알아야 할 것입니다.

　고사성어 '과유불급(過猶不及)'은 지나친 것은 부족한 것과 같고, 무엇이든 한쪽이 지나치면 부작용이 커진다는 것을 반드시 명심해야만 할 것입니다.

　※ '주택임대차보호법' 개정으로 인한 관계관청의 보도자료를 권말 부록으로 수록했으니 참고하시길 바랍니다.

1) 세입자가 거주 중인 주택을 매매하려면(국토교통부의 유권 해석)

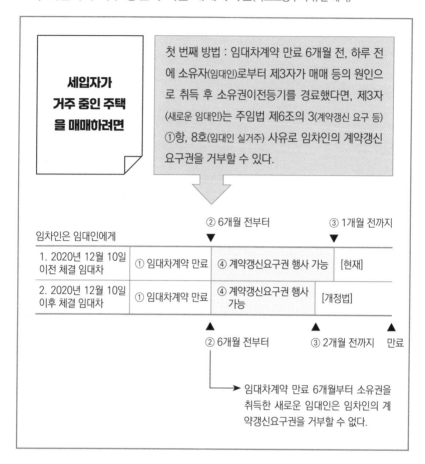

★ **두 번째 방법** : 임차인이 계약갱신요구권을 임대인에게 청구할 수 있음에도 '**계약 만료일에 퇴거하기로 임대인과 합의**'함에 따라, 기존 임대인이 제3자와 매매(실거주를 위한 새로운 계약)계약을 체결한 경우는 제3자(신규 임대인)에게 정당한 계약갱신거절 사유가 있다.

2) '실거주' 목적으로 임차인의 계약갱신요구를 거절 후, 2년 내 제3자에게 '매도' 시 법적 문제

Q. 집주인이 실거주 목적으로 임차인의 계약갱신요구를 거절한 이후, 거주하다가 2년 이내에 정당한 이유 없이 단순변심 등으로 제3자에게 매도하게 되면 법적으로 어떻게 될까요?

먼저, 주택임대차보호법 제6조의 3을 보겠습니다.

[주택임대차보호법] 제6조의 3(계약갱신 요구 등)

① 제6조에도 불구하고 임대인은 임차인이 제6조 제1항 전단의 기간 이내에 계약갱신을 요구할 경우 정당한 사유 없이 거절하지 못한다. 다만, 다음 각 호의 어느 하나에 해당하는 경우에는 그러하지 아니하다.

8. 임대인(임대인의 직계존속·직계비속을 포함한다)이 목적 주택에 실제 거주하려는 경우

9. 그 밖에 임차인이 임차인으로서의 의무를 현저히 위반하거나 임대차를 계속하기 어려운 중대한 사유가 있는 경우

⑤ 임대인이 제1항 제8호의 사유로 갱신을 거절하였음에도 불구하고 갱신요구가 거절되지 아니하였더라면 갱신되었을 기간이 만료되기 전에 정당한 사유 없이 제3자에게 목적 주택을 '임대한 경우' 임대인은 갱신거절로 인하여 임차인이 입은 손해를 배상하여야 한다.

[본조 신설 2020. 7. 31]

이와 같이 제3자에게 목적 주택을 임대한 경우는 임차인에게 손해배상을 해야 한다고 명시되어 있으나, 매도한 경우는 법조문에 없습니다.

이에 관해, 임대차분쟁조정위원회, 법무부, 국토교통부는 임대인이 실거주 목적으로 임차인의 계약갱신요구권을 거절한 이후, 거주하다가 2년 이내에 정당한 이유 없이 단순변심 등으로 제3자에게 매도하게 되면, 민법상 일반불법행위인 허위계약갱신요구 거절로 판단해, 기존 세입자에게 손해배상을 해야 한다고 유권 해석을 했습니다.

단, 예외적으로 매도가 허용되는 경우(손해배상책임을 면할 수 있는 정당한 사유)는 다음과 같습니다.

① 실거주하던 집주인이나 그의 직계존비속 사망 시
② 실거주 중 갑작스러운 해외 발령
③ 해당 지역의 주택구매 자금을 확보하기 위해 집을 팔아야만 하는 경우

이처럼 계약갱신요구 거절 당시에 예측할 수 없었던 '부득이한 사유'가 있는 경우에는 집주인은 손해배상책임을 면할 수 있습니다.

하지만 이렇게 되면 계약이 종료됩니다. 따라서 상당기간이 지난 후에 부득이한 사유로 제3자에게 매도했더라도, 세입자는 임대인이 허위로 계약갱신요구를 거절했다고 해서, 임대인을 상대로 손해배상금을 청구 소송을 할 수 있습니다. 이로 인해서 향후 양자간에 이러한 법적분쟁이 생기는 경우가 빈번해질 것이라 보입니다.

따라서, 중개업자는 실거주를 택한 집주인에게는 2년간은 특별한 사정이 없는 한 제3자에게 매도, 임대를 절대 할 수 없다는 사실을 사전에 고지해야 할 것입니다.

3) 계약갱신요구 거절로 인한 손해배상금 계산방식

최근 개정된 임대차보호법으로 인해 임대인과 임차인간에 분쟁이 많고, 그로 인해 임대인으로부터 많은 문의가 있습니다.

특히, 임대인이 집을 타인에게 팔아야 되는데, 임차인의 계약갱신요구권 때문에 집을 팔지 못하는 상황으로 인해, 기존 임차인에게 손해배상을 해주더라도 내보내고 싶다는 임대인들도 있습니다. 이에 손해배상과 관련해 내용을 다음과 같이 정리해보겠습니다.

먼저, 주임법의 제6조의 3을 보겠습니다.

제6조의 3(계약갱신 요구 등)
① 제6조에도 불구하고 임대인은 임차인이 제6조제1항 전단의 기간 이내에 계약갱신을 요구할 경우 정당한 사유 없이 거절하지 못한다. 다만, 다음 각 호의 어느 하나에 해당하는 경우에는 그러하지 아니하다.
8. 임대인(임내인의 직계존속·직계비속을 포함한다)이 목적 주택에 실제 거주하려는 경우
⑤ 임대인이 제1항 제8호의 사유로 갱신을 거절하였음에도 불구하고 갱신요구가 거절되지 아니하였더라면 갱신되었을 기간이 만료되기 전에 정당한 사유 없이 제3자에게 목적 주택을 임대한 경우 임대인은 갱신거절로 인하여 임차인이 입은 손해를 배상하여야 한다.

또한 다음처럼 임대인은 임차인에게 손해배상을 해주어야 합니다.

"주임법 제6조의 3(계약갱신 요구 등) ⑥ 제5항에 따른 손해배상액은 거절 당시 당사자 간에 손해배상액의 예정에 관한 합의가 이루어지지 않는 한 다음 각 호의 금액 중 큰 금액으로 한다"라고 되어 있으므로, 다음 1 ~ 3호의 금액 중 큰 금액으로 손해배상을 청구하면 됩니다.

> **1. 갱신거절 당시 월차임**(차임 외에 보증금이 있는 경우에는 그 보증금을 제7조의 2 각 호 중 낮은 비율에 따라 월 단위의 차임으로 전환한 금액을 포함한다. 이하 '환산월차임'이라 한다)**의 3개월 분에 해당하는 금액**

[사례 1] 임차인 A의 보증금이 2억 5,000만 원인 경우

→ 2억 5,000만 원 × 5.5%(2023. 7. 7, 한국은행 기준금리 3.5%, 대통령령으로 정한 이율 2%를 더함) = 13,750,000원 ÷ 12개월 = 1,145,833원 × 3개월

= **3,437,499원 [손해배상 산정금1]**

※ 다음 '월차임 전환 시' 계산방식 참조

> **2. 임대인이 제3자에게 임대하여 얻은 환산월차임과 갱신거절 당시 환산월차임 간 차액의 2년분에 해당하는 금액**

[사례 2] 사례 1의 예에서 임대인이 임차인 A의 계약갱신요구를 거절하고, 새로운 임차인 B와 보증금 3억 원으로 새로운 임대차계약을 체결한 경우

① 임차인 B에게 임대해, 얻은 환산월차임 3억 원 × 5.5% = 16,500,000원 ÷ 12 = 1,375,000원

② 사례 1의 예에서 임차인 A의 계약갱신요구 거절 당시 환산월차임
은 1,145,833원
→ 1,375,000원 - 1,145,833원 = 229,167 × 24개월(2년)
= **5,500,008원 [손해배상 산정금 2]**

3. 제1항 제8호의 사유로 인한 갱신거절로 인하여 임차인이 입은 손해액

→ 임차인 A가 임대인의 계약갱신거절로 인해 실제로 입은 손해와 관
련, 임차인 A는 재판과정에서 충분히 입증해야 합니다. 일반적으로
실제로 입은 손해액은 이사비(200~300만 원 내외), 중개보수(100~200만 원
내외)가 있을 수 있으므로, 약 400~500만 원 정도로 예상됩니다. **[손
해배상 산정금 3]**

[월차임 전환 시 계산방식]

1. 주택임대차보호법

[주택임대차보호법 시행령] 제9조(월차임 전환 시 산정률)
① 법 제7조의 2 제1호에서 '대통령령으로 정하는 비율'이란 연 1할을 말한다.
② 법 제7조의 2 제2호에서 '대통령령으로 정하는 이율'이란 연 2퍼센트를 말한다.
〈개정 2016. 11. 29, 2020. 9. 29〉

이처럼 주택임대차보호법 시행령에서 대통령령으로 정하는 이율은 연 2%라고 규정하고 있습니다.

또한, 시행령 제9조 제2항에서 말하는 주택임대차보호법 제7조의 2 제2호의 내용은 다음과 같습니다.

[주택임대차보호법] 제7조의 2(월차임 전환 시 산정률의 제한)
보증금의 전부 또는 일부를 월 단위의 차임으로 전환하는 경우에는 그 전환되는 금액에 다음 각 호 중 낮은 비율을 곱한 월차임(月借賃)의 범위를 초과할 수 없다. 〈개정 2010. 5. 17, 2013. 8. 13, 2016. 5. 29〉
1. '은행법에 따른 은행에서 적용하는 대출금리와 해당 지역의 경제 여건 등을 고려하여 대통령령으로 정하는 비율
2. 한국은행에서 공시한 기준금리에 대통령령으로 정하는 이율을 더한 비율

이 주임법 시행령에 따라서 월차임 전환 시 산정률은 연 10%(제7조2 1호)와 현재(2023. 7. 7 기준) 한국은행에서 공시한 기준금리는 3.5%입니다. 대통령령으로 정하는 이율 2%를 더한 5.5%(제7조2 2호) 중 낮은 비율을 곱한 월차임의 범위를 초과할 수 없습니다. 최종 주택의 월차임 전환 시

산정률은 5.5%가 됩니다.

[사례] 전세보증금이 3억 원일 때, 전세보증금 1억 원을 월세로 전환할 경우

① 연간 : 1억 원 × 5.5% = 5,500,000원

② 월간 : 연간 5,500,000원 ÷ 12 = 458,333원

→ 전세보증금 2억 원, 월세 458,333원

2. 상가건물임대차보호법

[상가건물임대차보호법 시행령] 제5조(월차임 전환 시 산정률)
① 법 제12조 제1호에서 '대통령령으로 정하는 비율'이란 연 1할 2푼을 말한다.
② 법 제12조 제2호에서 '대통령령으로 정하는 배수'란 4.5배를 말한다.
[전문 개정 2013. 12. 30]

상임법 시행령에 따라서 월차임 전환 시 산정률은 연 12%(제12조 2 1호)와 현재(2023. 7. 7 기준) 한국은행에서 공시한 기준금리 3.5%의 4.5배(15.75%) 중 낮은 비율을 곱한 월차임의 범위를 초과할 수 없습니다. 최종 상가의 월차임 전환 시 산정률은 12%가 됩니다.

[사례] 전세보증금이 3억 원일 때, 전세보증금 1억 원을 월세로 전환할 경우

① 연간 : 1억 원 × 12% = 12,000,000원

② 월간 : 연간 12,000,000원 ÷ 12 = 1,000,000원

→ 전세보증금 2억 원, 월세 1,000,000원

[상가건물임대차보호법] 제12조(월차임 전환 시 산정률의 제한)

보증금의 전부 또는 일부를 월 단위의 차임으로 전환하는 경우에는 그 전환되는 금액에 다음 각 호 중 낮은 비율을 곱한 월차임의 범위를 초과할 수 없다. 〈개정 2010. 5. 17, 2013. 8. 13〉

1. '은행법에 따른 은행의 대출금리 및 해당 지역의 경제 여건 등을 고려하여 대통령령으로 정하는 비율
2. 한국은행에서 공시한 기준금리에 대통령령으로 정하는 배수를 곱한 비율 [전문 개정 2009. 1. 30]

4) 임차인의 계약갱신요구를 거절한 후 2년 내 매도 시 법적 문제와 관련한 분석

(1) 법조문 유, 무와 관련

개정 임대차보호법상에 '임대한 경우'에는 손해배상해주어야 한다고 명시되어 있습니다.

⑤ 임대인이 제1항 제8호의 사유로 갱신을 거절하였음에도 불구하고 갱신요구가 거절되지 아니하였더라면 갱신되었을 기간이 만료되기 전에 **정당한 사유 없이** 제3자에게 목적 주택을 **임대한 경우** 임대인은 갱신거절로 인하여 임차인이 입은 손해를 배상하여야 한다.

그러나 '매도한 경우'에는 손해배상해야 한다는 조문은 '입법불비' 상태입니다. 이와 관련해 행정청의 유권 해석은 '임대와 매도'는 동일한 개념으로 보고 있습니다. 따라서 현재까지 대법원 판례가 없는 한은 유권 해석에 따라야 할 것으로 판단됩니다.

(2) '정당한 사유'와 관련

정당한 사유와 관련해서, 시행령 등 법조문에 나와 있지 않습니다. 행정청의 유권 해석에 따라야 할 것입니다. 지금까지 국토교통부와 법무부는 정당한 사유와 관련, 임대인이 계속 거주할 의사가 없었다는 고의성이 인정되면(임대인, 그의 직계존비속의 사망, 해외 발령 등의 사유 제외) 임차인에게 손해를 배상해야 한다는 유권 해석을 하고 있습니다.

(3) 결론

행정청의 유권 해석은 대법원 판례가 나오게 되면, 판례에 따르게 되므로, 향후 변경될 가능성이 큽니다. 판례가 나오기 이전에 제대로 된 법조문이 나온다면, 그로 인한 법적 분쟁은 사라질 것이라고 보입니다. 하지만 언제쯤 법조문과 판례가 나올지 알 수 없습니다. 따라서 공인중개사가 법적 분쟁에 휘말리지 않으려면, 임차인이 계약갱신요구를 임대인이 실거주를 목적으로 거절했다면, 2년 내에는 매도, 임대는 할 수 없다고 확실히 알리는 것이 지금 현재까지의 최고의 방법이라고 할 것입니다.

※ 행정청(국토교통부, 법무부)**의 유권 해석에 관해, 보도 및 설명, 안내 자료를 확인해봤지만, 찾을 수 없었습니다. 결국 언론기관의 기자가 행정청을 상대로 질의의 답변내용 신문기사를 통해서 관련 내용을 파악했습니다**(한국일보 2020. 11. 11, '실거주 목적 계약갱신 거절했다면 2년간 집 못 판다' 강진구 기자 / 신문기사 참조).

참고

2020. 7. 31 개정된 주택임대차보호법이 시행된 지 벌써 2년이라는 시간이 지났습니다!

그동안은 법원에서 특별한 판례가 없어서, 국토교통부의 유권 해석에 따라서 업무를 진행하였는데, 이번에 유권 해석에 반하는 법원의 판례가 나왔습니다.

1. 기존 '국토교통부의 유권 해석'

2020년 9월 11일 국토교통부의 보도설명자료(주택매매 시 임차인 잔여 거주기간을 보장하는 것은 주택임대차보호법의 일관된 원칙입니다)를 보겠습니다(부록, 주택임대차보호법 개정 관련 보도자료 참조, 265p)

- 임차인이 주거권 강화를 위한 개정법의 취지와 계약갱신요구권의 법적 성격을 고려할 때, 실거주를 이유로 한 갱신거절 가능 여부는 임차인의 계약갱신요구 당신의 임대인을 기준으로 판단해야 합니다.

- 따라서, 매수인이 임차주택의 소유권을 이전받은 후에 임차인이 갱신요구를 한 경우에는 매수인이 임대인의 지위에서 실거주를 이유로 갱신거절이 가능합니다.

임차인이 갱신거절 사유가 없는 기존 임대인에게 계약갱신요구권을 행사한 후 소유권을 이전받은 매수인은 본인의 실거주를 이유로 갱신거절을 할 수 없습니다.

- 특히, 임대차보호법 제6조의 3 제1항은 제1호부터 제8호까지 각각의 갱신거절 사유를 정하고 있는 외에 개별 사안의 구체적 사정을 고려할 수 있도록, 제9호에 "그 밖에 임차인이 임차인의 의무를 현저히 위반하거나 임대차를 계속하기 어려운 중대한 사유가 있는 경우"를 갱신거절 사유로 정하고 있습니다.

임차인이 계약갱신요구권을 취득해 행사할 수 있음에도 계약만료일에 퇴거하기로 합의함에 따라 임대인이 제3자와 실거주를 위한 새로운 계약관계를 맺은 경우 등 임대차 종료와 관련한 당사자 간 논의 경과 및 제3자와의 새로운 계약체결 여부 등 제반사정을 고려해보겠습니다. 이때 계약갱신이 부당하다고 볼 수 있는 특별한 사정이 인정될 수 있는 경우라면 임대인에게 정당한 갱신거절 사유가 있는 것으로 판단될 수 있을 것입니다.

'국토교통부의 유권 해석'을 다시 한번 알기 쉽게 정리해보겠습니다.

① 임차인의 계약갱신요구권 행사기간(임대차기간이 끝나기 6개월 전부터 2개월 전까지) 전에 매수인이 임차주택의 소유권을 이전받았으면 그 후에 임차인이 계약갱신요구권을 행사하더라도, 매수인은 본인의 실거주를 이유로 갱신거절이 가능합니다.

② 임차인이 계약갱신요구권을 행사한 이후에 소유권을 이전받은 매수인은 본인의 실거주를 이유로 갱신거절이 불가능하지만, 임차인이 계약갱신요구권을 포기하고, 계약만료일에 퇴거하기로 합의함에

따라, 임대인이 제3자와 매매계약을 체결했다면, 매수인은 임차인의 계약갱신요구권을 거절할 수 있습니다.

2. 최근 판례(서울동부지방법원, 항소심)

① 사건 관계

❶ 임대인 A는 임차인 B와 계약기간 2019. 4. 8 ~ 2021. 4. 9 임대차계약 체결

❷ 임대인 A는 매수인 C와 2020. 8. 12. 매매계약 체결

❸ 2020. 10. 9, 임차인 B는 임대인 A에게 계약갱신요구권 행사한다는 문자발송

❹ 2020. 10. 29, 임대인 A는 임차인 B의 갱신거절한다고 답함.

❺ 2020. 10. 29, 매수인 C는 소유권이전등기 경료함.

❻ 2020. 11. 2, 매수인 C는 임차인 B에게 "매매계약 교섭 중에 실거주 목적으로 매수하는 것이며, 임차인 B도 이에 동의한 바 있으므로, 2021. 4. 9까지 목적물을 인도해달라"고 통보함.

❼ 임차인 B는 2022년 1월 또는 2월에 이사할 수 있다고 거절함.

② 재판부의 판단

- 재판부는 "주택임대차보호법 제3조 제4항은 임차주택의 양수인은 임대인의 지위를 승계한 것으로 본다고 규정한 바, (이 사건에서도) 법률상의 당연승계 규정으로 보아야 한다"라면서, "해당 임대차를 놓고 보면, 상속이나 합병과 마찬가지의 법률효과가 발생한다. 승계되는 권리, 의무의 범위는 임대차 관계에 한해서 포괄적으로 승계된다"라고 판단했습니다.

- 또한, 재판부는 "(실거주를 목적으로 매매가 이뤄질 경우) 임차인 주장대로 예기치 않은 불이익을 입을 우려가 있다"면서도 "하지만 이는 임차인을 보호하고자 하는 방편으로 임대인 지위를 주택의 소유권과 결합시킨 주택임대차보호법의 근본 구조상 '부득이한 결과'로 판단되는 바, 개정 임대차보호법이 주로 임차인의 주거생활 안정을 목적으로 한다고 해서 쟁점이 되는 모든 국면에서 법 전체의 체계를 무시하고, 임차인에게 유리한 결론만을 도출할 수는 없다고 할 것"이라고 판단했습니다.

- "매수인 C가 소유권이전등기를 마치기 전, 이미 계약갱신요구권이 행사됐다는 점에서 임대인 A와 매수인 C 모두 계약갱신요구권을 행사할 수 없다"라는 주장에 대해서는 "만약 이를 인정한다면 임차건물 소유자의 처분권을 계약갱신요구권 행사 가능기간동안 사실상 제한하는 결과가 초래될 수 있다"고 지적했습니다. "매수인 C는 2020. 10. 29, 소유권이전등기를 마침으로써 임대인 지위를 승계했고, 임대차보호법 제6조의 3(계약갱신요구 등) 8호 요건(실거주 목적)을 갖추고 있었다고 보는 것이 타당하므로 매수인 C의 갱신거절권 행사는 적법하다"라고 판단했습니다.

- 또한, 법원은 정부의 유권 해석에 대해서 "행정청의 해석이 법원의 해석 권한을 기속하지 않고, 행정해석의 내용을 살펴봐도 법리적 근거가 제시돼 있지 않아 따를 것이 되지 않는다"라고 밝혔습니다.

3. 이에 관한 '국토교통부의 답변'(국민신문고)
- 정부는 출범 이후 계약갱신요구권과 전월세상한제 도입을 국정과

제로 정하고, 각계의 다양한 의견을 폭넓게 수렴하는 등 제도 도입을 위해 다양한 노력을 기울여왔으며, 21대 국회를 통해서 국정과제인 계약갱신요구권과 전월세상한제 도입을 담은 주택임대차보호법 개정이 시행되었습니다.

- 계약갱신요구권과 전월세상한제 도입으로 임대인은 임차인이 임대차기간이 끝나기 6개월 전부터 1개월 전까지 계약갱신을 요구하는 경우 정당한 사유 없이 거절하지 못하며, 계약갱신 시 임대료 상한도 5% 범위로 제한됩니다(2020년 12월 10일 이후 새로운 임대차계약을 체결하거나, 갱신된 계약은 개정된 규정을 적용받아 계약 만료 6개월 전부터 2개월 전까지 계약갱신을 요구).

이때, 임차인은 기존계약의 연수에 상관없이 1회 갱신을 요구할 수 있으며, 계약갱신요구권 등은 이 법 시행 당시 존속 중인 임대차에 대해서도 적용(단, 계약기간이 1개월 이상 남아 있어야 함) 됩니다.

다만, 이 법 시행 전에 임대인이 갱신을 거절하고 제3자와 임대차계약을 체결한 경우에는 적용되지 않음을 알려드립니다.

- 한편, 집주인은 목적 주택의 매도를 이유로 임차인의 계약갱신요구를 거절할 수 없습니다.

임차인의 갱신요구에 대한 거절은 주택임대차보호법 제6조의 3, 제1호부터 제9호까지의 사유에 해당되는 경우에만 가능합니다. 같은 법 제6조의 3 제1항 제8호에 따라 임대인(임대인의 직계존속, 직계비속을 포함

^{한다)}이 목적 주택에 실제 거주하려는 경우에 대해서는 임대인의 갱신거절 사유로 규정되어 있습니다.

이 경우 실거주를 이유로 한 갱신거절 가능 여부는 임차인의 계약갱신요구 당시의 임대인을 기준으로 판단해야 합니다.

따라서, 주택매매(소유권이전등기를 기준으로 함)를 통해 집주인이 바뀌고 기존 임차인이 새로운 집주인(매수자)에게 최초로 계약갱신을 요구한 경우라면, 새로운 집주인(매수) 실거주를 사유로 기존 임차인의 계약갱신요구를 거절할 수 있습니다.

그러나, 임차인이 실거주 사유가 없는 기존 집주인(매도자)에게 이미 계약갱신요구권을 행사한 후 소유권을 이전받은 새로운 집주인(매수자)은 본인의 실거주를 이유로 갱신거절을 할 수 없습니다.

다만, 임차인이 계약갱신요구권을 취득해 행사할 수 있음에도 계약만료일에 퇴거하기로 합의함에 따라 임대인이 제3자와 실거주를 위한 새로운 계약관계를 맺은 경우 등을 보겠습니다. 임대차 종료와 관련한 당사자 간 논의결과 및 제3자와의 새로운 계약체결 여부 등 제반사정을 고려해볼 때, 계약갱신이 부당하다고 볼 수 있는 특별한 사정이 인정될 수 있는 경우는 임대인에게 정당한 사유가 있는 것으로 판단될 수 있습니다.

- 실거주 주택매매와 관련해 재판부의 판결은 각 당사자의 주장 및 증명과정 등 구체적인 사실관계에 따라서 달라질 수 있습니다. 법원

이 정부의 유권 해석을 뒤집었다거나 배치되는 판단을 했다고 보기는 어려울 것입니다.

4. 판례와 유권 해석에 대한 개인적인 내용분석

- 이번 판례는 명백히 국토교통부의 유권 해석을 뒤집은 판례입니다. 판결 요지에도 나타나듯이 법원은 행정청의 해석에 기속되지 않고, 본 사안에 대한 법리적 근거가 제시되어 있지 않아서 따를 수가 없다고 하고 있습니다. 재판부는 본 재판의 쟁점을 아무리 임차인의 주거생활 안정을 목적으로 한다고 해도 '임차건물 소유자의 소유권 제한'을 할 수 없다고 판단한 것이라고 할 수 있습니다.

- 나아가 위와 같은 계약갱신요구권의 행정청 유권 해석이 소유자의 소유권(처분권, 사용권, 수익권)에 대한 자유로운 권리를 제한하게 된다면, 이는 우리 헌법 제23조 3항에서 재산권을 제한할 경우 법률로써 하도록 정해져 있습니다. 이러한 심각한 개인의 재산권을 침해할 수 있는 내용을 법률에 따르지 않고, 단순히 행정청의 유권 해석으로 새롭게 추가한 것과 다름없으므로, 이는 명백한 헌법 위반이라고 할 수 있을 것입니다.

- 한편, 개정된 임대차보호법 제6조의 3(계약갱신요구 등) 5항에서 (임대인이) 정당한 사유 없이 제3자에게 목적 주택을 '임대'한 경우 임대인은 갱신거절로 인해 입은 손해를 배상해야 한다고 명시되어 있습니다. 그러나 제3자에게 매매한 경우는 법조문에 없습니다. 이에 관해, 행정청 등은 "임대인이 실거주 목적으로 임차인의 계약갱신요구권을 거절한 이

후, 거주하다가 2년 이내에 정당한 이유 없이 단순 변심 등으로 제3자에게 매매하게 되면, 민법상 일반불법행위인 허위갱신거절로 판단하여, 기존 세입자에게 손해배상을 하여야 한다"라고 유권 해석하고 있습니다.

- 그렇다면, 이 또한, 소유자의 재산권을 법률로써 제한하는 것이 아니라, 단순히 행정청의 유권 해석으로 제한하고 있다고 보입니다. 이 사안도 우리 헌법을 정면으로 위반하고 있는 것으로 보이며, 향후 이와 관련된 법적 분쟁이 발생한 때에는 행정청의 헌법위반 사실을 주장해야 할 것입니다.

5. 최종 결론

지금까지 행정청의 유권 해석과 그 유권 해석을 뒤집는 법원의 판례, 그리고 판단근거 등을 상세히 알아봤습니다.

현재로서는 행정청, 법원 중에서 그 누구의 판단이 옳은지가 중요한 사실이 아니라, 최종 대법원 판례가 나올 때까지는 현행 법조문에 나오는 그대로만 적용해야 할 것입니다. 만약에 판례나 유권 해석을 곧바로 실생활에 적용하는 것은 상당한 주의가 필요합니다.

이러한 계속되는 법적 분쟁을 하루빨리 막기 위해서는 입법기관에서 임차인의 계약갱신요구권에 대한 실거주 목적으로 갱신거절할 수 있는 임대인의 범위(① 임차인이 계약갱신요구권을 행사할 수 있는 기간 전에 소유권을 취득한 자를 포함한다) 및 "② 제3자에게 목적 주택을 임대 또는 '매매'한 경우"를 시급하게 '입법화'해야만 할 것입니다.

참고

[대법원이 주목하는 판결] 임차인이 계약갱신 요구했어도 갱신거절권 기간 내라면 임대인은 실거주 이유로 거절 가능!

"임대인 지위 승계한 임차주택 양수인도 갱신거절 기간 내라면 실거주 이유 갱신거절 할 수 있어"

[대법원 판결]

임차인이 임대차계약 갱신을 요구했더라도 임대인은 주택임대차보호법 제6조 제1항 전단에서 정한 기간(임대차 종료 6개월 전 ~ 종료 2개월 전) 내라면 제6조의 3 제1항 단서 제8호에 따라 임대인이 실제 거주하려고 한다는 사유를 들어 임차인의 갱신요구를 거절할 수 있고, 임대인의 지위를 승계한 임차주택의 양수인도 갱신거절 기간 내라면 제8호에 따라 실제 거주를 이유로 한 갱신거절을 할 수 있다는 대법원 첫 판단.

대법원 민사 3부(주심 노정희 대법관), 2021다266631(2022년 12월 1일 판결)

[판결 결과]

A 씨 등이 B 씨 등을 상대로 낸 건물인도소송에서 원고패소로 판결한 원심을 파기하고 사건을 서울중앙지법으로 환송

[쟁점]

임차인의 계약갱신 요구 이후에 임차주택을 양수해 임대인의 지위를 승계한 자가 주택임대차보호법 제6조의 3 제1항 단서 제8호에 따라 임대인이 목적 주택에 실제 거주하려고 한다는 사유를 들어 임차인의 계약갱신 요구를 거절하는 것이 허용되기 위한 요건

[사실관계와 1, 2심]

임차인인 B 씨 등은 개정 주택임대차보호법에 따라 임대인에게 갱신요구권을 행사했다. 이후 제3자인 A 씨 등은 임대인으로부터 해당 임대주택을 양수했다. A 씨 등은 임대인 지위를 승계한 뒤 자신의 실거주를 이유로 B 씨 등의 갱신요구를 거절하고, B 씨 등을 상대로 인도를 구하는 소송을 냈다. 1심은 원고 일부승소 판결했지만 2심은 원고패소 판결을 했다.

[참고 조항]

주택임대차보호법 제6조 제1항

대인이 임대차기간이 끝나기 6개월 전부터 2개월 전까지의 기간에 임차인에게 갱신거절(更新拒絶)의 통지를 하지 아니하거나 계약조건을 변경하지 아니하면 갱신하지 아니한다는 뜻의 통지를 하지 아니한 경우에는 그 기간이 끝난 때에 전 임대차와 동일한 조건으로 다시 임대차한 것으로 본다. 임차인이 임대차기간이 끝나기 2개월 전까지 통지하지 아니한 경우에도 또한 같다.

같은 법 제6조의 3 제1항 제8호

제6조에도 불구하고 임대인은 임자인이 제6조 제1항 전단의 기간 이내에 계약갱신을 요구할 경우 정당한 사유 없이 거절하지 못하지만, 임대인(임대인의 직계존속·직계비속 포함)이 목적 주택에 실제 거주하려는 경우에는 그러하지 아니하다.

[대법원 판단 요지]

"주택임대차보호법 제6조의 3 제1항의 문언, 계약갱신요구권과 갱신거절권의 관계, 계약갱신제도의 통일적 해석의 필요성 등에 비춰 볼 때, 주택임대차보호법 제6조의 3 제1항 단서 각 호에 따른 정당한 사유가 있는 경우 임대인은 같은 법 제6조 제1항 전단에서 정한 기간에 임차인의 계약갱신 요구를 거절할 수 있다고 봄이 타당하다. 그렇다면 각 호의 사유가 임차인의 계약갱신요구권 행사 후에 발생한 때에도 임대인은 위 기간 내라면 갱신거절권을 행사할 수 있다. 주택임대차보호법 제6조의 3 제1항 단서 제8호가 정한 '임대인'을 임차인이 갱신을 요구할 당시의 임대인만으로 제한해 해석하기 어렵고, 구 임대인이 갱신거절 기간 내에서 실거주 여부를 결정할 수 있다면 그 기간 내에 실거주가 필요한 새로운 임대인에게 매각할 수도 있다고 보아야 할 것인 점 등을 고려하면 위 기간 내에 주택임대차보호법 제3조 제4항에 의해 임대인의 지위를 승계한 양수인이 목적 주택에 실제 거주하려는 경우에는 제8호의 사유를 주장할 수 있다고 보아야 한다."

[대법원 관계자]

"임대주택 양수인(임대인 지위 승계인)은 종전 임대인과 별도로 독자적으로 갱신거절권을 행사할 수 있다. 그러한 양수인의 실거주를 이유로 한 갱신거절이 정당한지 여부는 그 갱신거절이 주택임대차보호법상 적법한 갱신거절기간(임대차 종료 전 6개월 ~ 종료 전 2개월) 내에 이루어졌는지 여부에 따라 판단하며, 이는 양수인이 임대인 지위를 승계한 시점이 임차인의 종전 임대인에 대한 갱신요구권 행사 이후인 경우도 마찬가지라는 것이 이 판결의 결론이다.

따라서 임대인의 갱신거절권이 소멸한 이후에 임대인 지위를 승계한 양수인 또는 갱신거절권이 소멸하기 전에 임대인 지위를 승계한 양수인이라도 갱신거절기간 내에 갱신거절권을 행사하지 않은 경우에는 실거주를 이유로 인도를 구할 수 없을 것이다. 이 쟁점에 대해 상반된 하급심 판결이 다수 있었는데 앞으로는 임대인의 지위를 승계한 임차주택의 양수인이 주택임대차보호법 제6조의 3 제1항 단서 제8호에 따라 임대인이 목적 주택에 실제 거주하려고 한다는 사유를 들어 임차인의 계약갱신 요구를 거절할 수 있는지 여부에 관해 이 판결이 재판실무처리의 기준이 될 것으로 기대한다."

[결어]

이 판례 이전의 실무에서는 '국토교통부의 유권 해석'에 따라서, 임차인이 계약갱신요구권을 행사할 시에 실거주를 이유로 거부할 수 있는 임대인(소유자)은 임차인이 계약갱신요구권을 행사할 수 있는 기간 전(임대차 종료 전 6개월 ~ 종료 전 2개월)에 소유권이전등기를 완료한 소유자로 한정했습니다. 그러나 이 판례로 인해 임차인의 계약갱신요권 발생 전에 매매계약을 체결하고, 임차인의 계약갱신요구권 행사기간 내에 잔금지급과 동시에 소유권이전등기를 완료한 소유자는 임차인이 계약갱신요구권을 행사한다고 해도, 실거주를 이유로 거절할 수 있게 되었습니다.

참고

최근 계약갱신요구권 대법원 판례(이하 대법원 판례라 함)에 관한 저자의 소고(小考)

앞서 밝힌 바와 같이, 계약갱신요구권 판례 이전에는 임차인의 계약갱신요구권 행사기간(계약기간 만료 6월 ~ 2월) 전까지 새로운 소유자가 소유권이전등기를 경료해야만, 임차인의 계약갱신요구권을 행사 시에, 실거주를 이유로 거절할 수 있었습니다(국토교통부 유권 해석 등).

하지만 이번 계약갱신요구권 판례로 인해 임차인의 계약갱신요구권 행사기간 내에 임대인 또한 임차인의 계약갱신요구권을 실거주를 이유로 거절할 수 있는 권한을 가지게 되었습니다. 새롭게 바뀐 소유자도 그 권한을 승계했으므로, 실거주를 이유로 거절할 수 있게 되었습니다.

그렇다면, 여기에서 법률의 개정 없이, 아무리 대법원 판례라고 해도, 주택임차인의 보호를 위해 만들어진 계약갱신요구권을 임차인이 행사할 수 있는 기간에 합법적으로 제3자에게 매도한 후, 새로운 소유자가 임차인의 계약갱신요구권을 거절할 수 있느냐의 의문이 남게 됩니다.

대법원 판례는 어떠한 법적 사안에 대한 법정 해석을 내린 것이며, 엄밀하게 따지면 대부분의 사안은 각기 다른 특수성을 가지므로, 법의 해석과 적용 또한 매번 다를 수 있습니다. 헌법에서 법을 해석하는 권한을 법관들 개개인에게 부여했기 때문에, 사안에 따라서 법관마다 자유롭게 판단할 수 있다고 할 것입니다.

따라서 계약갱신요구권 판례가 절대적으로 이와 관련된 법적 사안의 해답이 되지 않지만, 앞으로 이와 유사한 법적 판단 사안이 있을 때는 어느 정도의 기준점은 될 것이라고 판단됩니다.

그렇다면, 실무에서 직접 계약갱신요구권 판례를 사용해야 할 개업 공인중개사 등은 계약갱신요구권 판례를 현실에 어떻게 적용해야 할까요?

그 판단을 하기에 앞서서, 계약갱신요구권 판례 이전의 이와 관련한 국토교통부의 유권 해석은 임차인을 보호하기 위한 취지에서 만들어진 임차인의 계약갱신요구권을 무력화시킬 방법을 사전에 차단하기 위한 일종의 미봉책이었습니다. 이러한 잔꾀는 임대인의 권리를 인정한 계약갱신요구권 판례로 인해 산산이 부서지게 된 것이라고 국토교통부도 인정하지 않을 수 없는 사실일 것이지만, 단 아무리 대법원이라고 해서, 법률의 규정도 없이 전적으로 임대인의 손을 들어줄 수는 없다고 여겨집니다. 이 계약갱신요구권 판례의 사안은 국토교통부의 해석처럼 무조건 제한을 가하는 것이 아닌, 어느 정도의 임대인으로서의 최소한의 의무(계약갱신요구권 행사 전에 매매계약 체결, 계약갱신요구권에 대한 거절권 행사 등)를 행했음을 전제로 한, 임대인의 권리 불행사에 대한 부당함을 인정했다고 판단됩니다.

만일에 임차인의 계약갱신요구권 행사기간에 임대인이 언제라도 제3자에게 매도하고, 실거주를 이유로 거절할 수 있다면 어떨까요? 앞으로 어떤 임대인이라도 임차인이 계약갱신요구권을 행사하겠다고 하면, 임대인은 제3자에게 매매할 예정이고, 제3자의 실거주 여부는 매도 후 이야기해주겠다고 해서, 임차인의 법적 권리는 한마디로 무용지물이 되어버리는 결과가 도출되게 됩니다.

따라서, 계약갱신요구권 판례를 적용하려면, 최소한 임대인은 임차인의 계약갱신요구권 행사기간 전에 제3자와 매매계약은 체결해야만, 임차인에게 새로운 매수인의 실거주를 이유로 계약갱신요구권 판례에 따라서 정상적으로 거절할 수 있게 된다고 판단됩니다.

이에, 계약갱신요구권 판례는 임차인의 계약갱신요구권 행사기간 전에 임대인의 제3자에 대한 매매계약의 체결 등의 법적 확신이 전제된 판례라고 생각됩니다. 이에 대해 향후 계약갱신요구권 판례에 대한 국가기관의 명확한 판단을 기다려보겠습니다.

참고

계약갱신요구권 관련한 '대법원 2021다266631' 건물인도 판례에 관한 국토교통부의 유권 해석 안내

앞서, 이 대법원 판례를 현장에서 적용할 때에 이 판례를 믿고 계약을 체결한 개업공인중개사의 책임 문제가 발생할 수 있다고 말씀드렸습니다. 판례의 확대해석을 경계해서, 최소한의 안전장치를 만들어 놓는 것이 향후 분쟁이 발생할 시에 원활한 대처를 할 수 있다고 판단했습니다. 이 계약갱신요구권 판례의 실제 사실관계에 따라서 업무를 하시기를 바라는 마음에 부족하지만, 제 생각을 남긴 것이었습니다.

같은 내용을 여러 번 공유해왔기 때문에 길게 적지 않고, 간단하게 정리해드리겠습니다. 이 계약갱신요구권 판례는 임차인의 계약갱신요구권 행사 전에 이미 임대인은 제3자와 매매계약을 체결했습니다. 그 후 임차인의 계약갱신요구권 행사기간 내에 소유권이전등기를 경료한 제3자도 소유자로서 임차인에 대해 실거주를 이유로 한 계약갱신요구권을 거절할 수 있다고 판단됩니다.

따라서, 필자는 이 사안으로 2022년 12월 26일 국토교통부에 질의했습니다. 국토교통부에서는 "대법원은 사건의 원인이 되는 사실관계를 바탕으로 임대인 지위 승계 시점이 임차인의 종전 임대인에 대한 갱신요구권 행사 이후라도 갱신거절권을 행사할 수 있는 기간 내에는 갱신거절권을 행사할 수 있다고 보았습니다. 따라서 대법원에서 판시했던 사건의 원인이 되었던 상황에서는 이와 동일하게 적용하는 것이 바람직해 보입니다"라는 답변을 했습니다.

결론적으로 이 국토교통부의 답변에 따라서, 대법원에서 판시했던 사건의 원인이 되었던 상황, 즉 임차인의 계약갱신요구권 행사기간 전에 임대인은 제3자와 매매계약을 체결해야만 합니다. 그 후 임차인의 계약갱신요구권 행사 시에 소유권이전등기를 경료한 후, 실거주를 이유로 임차인의 계약갱신요구권을 거절할 수 있다고 판단됨을 알려 드립니다.

📢 TIP! 임대인은 임차인의 계약갱신요구권을 무조건 사용하게 만들어야 합니다!

개정 임대차보호법에 의해 임차인은 계약기간 만료 전에 임대인에게 계약갱신요구권을 행사하면 계약기간을 2년 더 연장할 수 있습니다.

하지만 계약기간 만료 전에 임대인, 임차인 양자 간에 계약연장에 대한 아무런 의사표시가 없으면, 묵시적 갱신으로 인해 계약갱신요구권과는 별개로 전 계약과 동일하게 계약이 자동연장됩니다. 이렇게 되면 임차인의 계약갱신요구권은 사용하지 않은 것으로서, 언제든지 임차인의 선택에 따라 행사할 수 있게 됩니다.

따라서 임대인은 임차인에게 임대차계약 만료 전에 계약갱신요구권 행사 여부를 확인해, 기왕이면 새로운 계약서를 작성한 후, 특약사항에 '임차인은 계약갱신요구권을 행사하였음'이라는 문구를 넣어야 합니다.

※ 다음 '국토교통부의 유권 해석' 내용 참조하시기 바랍니다!

이 누리집은 대한민국 공식 전자정부 누리집입니다.

국민권익위원회가 운영하는
국민신문고

나의 신문고   **민원**

민원

국민신문고에서 신청하신 모든 민원에 대한
진행상황 및 처리결과를 확인하실 수 있습니다.

보안 설정된 민원은 조회하기 위해 민원신청번호 또는
본인인증수단(아이핀, 휴대전화, 공인인증서 등)을 통한 인증이
필요합니다.

1 신청·접 수	2 실과 분배	3 담당자 배정	4 완료

신청 정보

민원 신청 내용

처리기관 정보

처리기관	국토교통부 (국토교통부 주택토지실 주택정책관 주택임대차지 원팀)
처리기관 접수번호	2AA-2212-0737019
접수일	2022-12-26 16:42:00
담당자(연락처)	전재█ (044-201-4178)

처리예정일	2023-01-12 23:59:59

1회 연장 연장이력 열기 ▾

※ 민원처리기간은 최종 민원 처리기관의 접수일로부터 보통 7일
또는 14 일입니다. (해당 민원을 처리하는 소관 법령에 따라 달라질
수 있습니다.)

답변 내용

답변일	2023-01-09 22:31:42
처리결과 (답변내용)	안녕하십니까? 평소 국토교통행정에 관심 가져주신 점 깊이 감사드리 며, 귀하께서 우리 부에 질의하신 사항에 대하여 아래와 같이 답변 드 립니다.

(1) 민원요지

○ 대법원 2021다2666631 건물 인도 사건의 판례에 대한 해석

(2) 답변내용

○ 대법원은 임차인의 계약갱신 요구 이후에 임차주택을 양수하여 임
대인의 지위를 승계한 자가 목적 주택에 실제 거주하려고 한다는 사
유(주택임대차보호법 제6조의3 제1항 단서 제8호의 갱신거절사유)를
들어 임차인의 계약갱신 요구를 거절할 수 있는지 여부를 판시 하였
습니다.

○ 대법원은 사건의 원인이되는 사실관계를 바탕으로 임대인 지위 승
계 시점이 임차인의 종전 임대인에 대한 갱신요구권 행사 이후라도
갱신거절권을 행사할 수 있는 기간 내에는 갱신거절권을 행사할 수
있다고 보았습니다.

○ 따라서, 대법원에서 판시했던 사건의 원인이 되었던 상황에서는 이
와 동일하게 적용하는 것이 바람직해 보입니다. 다만, 판시사항에 대
한 해석은 구체적인 사실관계를 바탕으로 개별건에 대해 적용여부를
판단해야 할 것으로 추후 종합적인 법률적 검토와 다양한 판례가 축
적되어야 할 것으로 보입니다.

○ 답변내용과 관련하여 추가질문이 있을 경우에는 주택임대차지원팀

(전재█, ☎044-201-4178)으로 문의하여 주시기 바랍니다. 감사합니다.

[본 회신내용은 해당 질의에만 국한되며 개별 사실관계의 변동 등으로 인한 유사사례인 경우에 본 회신내용과 다른 해석이 있을 수 있습니다. 따라서 개별사안에 대한 별도의 증거자료로 활용하는 것은 국토교통부 견해와는 관련이 없음을 알려드리니 양해하시기 바랍니다.]

만족도평가 가능일자 2023-04-09 22:31:42

첨부 파일

만족도 평가하기

민원관련 정책정보

목록

https://www.epeople.go.kr/nep/utilHistory/mySmgPttn/mySmgPttnDetail.paid   2023-01-10

[임대차보호법 계약갱신요구권 비교정리 표]

	상가건물임대차보호법 제10조 (계약갱신요구 등)	주택임대차보호법 제6조의 3 (계약갱신요구 등)
①	임대인은 임차인이 임대차기간이 만료되기 **6개월 전부터 1개월 전까지** 사이에 계약갱신을 요구할 경우 정당한 사유 없이 거절하지 못한다. 다만, 다음 각 호의 어느 하나의 경우에는 그러하지 아니하다.	제6조(계약의 갱신)에도 불구하고 임대인은 임차인이 제6조 제1항 전단의 기간 이내(**계약 종료 6개월 전부터 2개월 전까지**)에 계약갱신을 요구할 경우 정당한 사유 없이 거절하지 못한다. 다만, 다음 각 호의 어느 하나의 경우에는 그러하지 아니하다.
1	임차인이 **3기**의 차임액에 해당하는 금액에 이르도록 차임을 연체한 사실이 있는 경우	임차인이 **2기**의 차임액에 해당하는 금액에 이르도록 차임을 연체한 사실이 있는 경우
	임차인이 월세를 2개월(3개월) 연체한 사실이 있는 경우	
2	임차인이 거짓이나 그 밖의 부정한 방법으로 임차한 경우	임차인이 거짓이나 그 밖의 부정한 방법으로 임차한 경우
	임차인이 허위신분으로 계약, 불법영업장 등의 사용	
3	서로 합의하여 임대인이 임차인에게 상당한 보상을 제공한 경우	서로 합의하여 임대인이 임차인에게 상당한 보상을 제공한 경우
	임대인과 임차인의 합의하에 이사비 등을 제공한 경우	
4	임차인이 임대인의 동의 없이 목적 건물의 전부 또는 일부를 전대(轉貸)한 경우	임차인이 임대인의 동의 없이 목적 건물의 전부 또는 일부를 전대(轉貸)한 경우
	민법제 629조(임차권의 양도, 전대의 제한) 인용	
5	임차인이 임차한 건물의 전부 또는 일부를 고의나 중대한 과실로 파손한 경우	임차인이 임차한 주택의 전부 또는 일부를 고의나 중대한 과실로 파손한 경우
	민법 제625조(임차인의 의사에 반하는 보존행위와 해지권) 인용	
6	임차한 건물의 전부 또는 일부가 멸실되어 임대차의 목적을 달성하지 못할 경우	임차한 주택의 전부 또는 일부가 멸실되어 임대차의 목적을 달성하지 못할 경우
	민법 제627조(일부 멸실 등과 감액청구, 해지권) 인용	
7	임대인이 다음 각 목의 어느 하나에 해당하는 사유로 목적 건물의 전부 또는 대부분을 철거하거나 재건축하기 위하여 목적 건물의 점유를 회복할 필요가 있는 경우 가. 임대차계약 체결 당시 공사시기 및 소요기간 등을 포함한 철거 또는 재건축 계획을 임차인에게 구체적으로 고지하고 그 계획에 따르는 경우 나. 건물이 노후·훼손 또는 일부 멸실되는 등 안전사고의 우려가 있는 경우 다. 다른 법령에 따라 철거 또는 재건축이 이루어지는 경우	임대인이 다음 각 목의 어느 하나에 해당하는 사유로 목적 주택의 전부 또는 대부분을 철거하거나 재건축하기 위하여 목적 주택의 점유를 회복할 필요가 있는 경우 가. 임대차계약 체결 당시 공사시기 및 소요기간 등을 포함한 철거 또는 재건축 계획을 임차인에게 구체적으로 고지하고 그 계획에 따르는 경우 나. 건물이 노후·훼손 또는 일부 멸실되는 등 안전사고의 우려가 있는 경우 다. 다른 법령에 따라 철거 또는 재건축이 이루어지는 경우

	민법 제624조(임대인의 보존행위, 인용 의무) 참조	
8	그 밖에 임차인이 임차인으로서의 의무를 현저히 위반하거나 임대차를 계속하기 어려운 중대한 사유가 있는 경우	임대인(임대인의 직계존속, 직계비속을 포함한다)이 목적 주택에 실제 거주하려는 경우
9		그 밖에 임차인이 임차인으로서의 의무를 현저히 위반하거나 임대차를 계속하기 어려운 중대한 사유가 있는 경우
	임대인 동의 없이 인테리어 공사를 하거나 원상회복이 불가능한 정도로 인테리어 공사를 한 경우	
②	임차인의 계약갱신요구권은 최초의 임대차기간을 포함한 전체 **임대차기간이 10년을 초과하지 아니하는 범위에서만 행사**할 수 있다.	임차인은 제1항에 따른 계약갱신요구권을 1회에 한하여 행사할 수 있다. 이 경우 갱신되는 **임대차의 존속기간은 2년으로 본다.**
③	갱신되는 임대차는 전 임대차와 동일한 조건으로 다시 계약된 것으로 본다. 다만, 차임과 보증금은 제11조(차임 등의 증감청구권)에 따른 범위에서 증감할 수 있다.	갱신되는 임대차는 전 임대차와 동일한 조건으로 다시 계약된 것으로 본다. 다만, 차임과 보증금은 제7조(차임 등의 증감청구권)에 따른 범위에서 증감할 수 있다.
④	임대인이 제1항의 기간 이내에 임차인에게 갱신 거절의 통지 또는 조건 변경의 통지를 하지 아니한 경우에는 그 기간이 만료된 때에 전 임대차와 동일한 조건으로 다시 임대차한 것으로 본다. 이 경우에 **임대차의 존속기간은 1년으로 본다.**	제1항에 따라 갱신되는 임대차의 해지에 관하여는 **제6조의 2(묵시적 갱신의 경우 계약의 해지)를 준용**한다.
⑤	제4항의 경우 임차인은 언제든지 임대인에게 계약해지의 통고를 할 수 있고, 임대인이 통고를 받은 날부터 **3개월이 지나면 효력이 발생한다.**	임대인이 제1항 제8호의 사유로 갱신을 거절하였음에도 불구하고 갱신 요구가 거절되지 아니하였더라면 갱신되었을 기간이 만료되기 전에 정당한 사유 없이 제3자에게 목적 주택을 **임대(매매가 포함된다는 유권해석이 있음)**한 경우 임대인은 갱신거절로 인하여 임차인이 입은 손해를 배상하여야 한다.
	※ 허위의 갱신 거절 시 손해배상액 산정방법	
⑥	제5항에 따른 손해배상액은 거절 당시 당사자 간에 손해배상액의 예정에 관한 합의가 이루어지지 않는 한 다음 각 호의 금액 중 큰 금액으로 한다.	
1	갱신거절 당시 월차임(차임 외에 보증금이 있는 경우에는 그 보증금을 제7조의 2 각 호 중 낮은 비율에 따라 월 단위의 차임으로 전환한 금액을 포함한다. 이하 '환산월차임'이라 한다)의 3개월분에 해당하는 금액	
	갱신 거절 당시 월단위 임대료(전세금은 전액 월세로 전환, 법정 전환율 5.25% 적용) 3개월분에 해당하는 금액	
2	임대인이 제3자에게 임대하여 얻은 환산월차임과 갱신거절 당시 환산월차임 간 차액의 2년분에 해당하는 금액	
	임대인이 새로운 임차인에게 임대하여 얻은 월단위 임대료 – 갱신 거절 당시 월단위 임대료의 2년 분에 해당하는 금액	
3	제1항 제8호의 사유로 인한 갱신거절로 인하여 임차인이 입은 손해액	

※ 제8호의 사유로 갱신거절한 후에 실거주하다가 제3자에게 매도한 경우에 손해배상책임을 면할 수 있는 정당한 사유	
1	실거주하던 집주인이나 그의 직계존비속 사망 시
2	실거주 중 갑작스러운 해외발령
3	기타 정당한 사유가 있을 경우
※ 세입자의 계약갱신요구권을 거절할 수 있는 임대인	

대법원 2021다2666631 판례에 따라서, 임대인은 임차인의 계약갱신요구권 행사기간 전에 제3자와 매매계약을 체결하고, 임차인의 계약갱신요구권 행사기간 내에 소유권이전등기를 경료하면, (임대인 실거주) 사유로 임차인의 계약갱신요구권을 거절할 수 있다.

참고 "대항력 있는 주택임대차에 있어 기간만료나 당사자의 합의 등으로 임대차가 종료된 상태에서 임차주택이 양도되었으나, 임차인이 임대인의 지위승계를 원하지 않는 경우, 임차인이 임차주택의 양도 사실을 안 때로부터 상당한 기간 내에 이의를 제기하면 양도인의 임차인에 대한 보증금 반환채무는 소멸하지 않게 되는지 여부(적극) 2001다64615 판례"에 관한 개인적인 생각을 적어보겠습니다.

개업공인중개사의 말 한마디는 향후 그 말에 대한 일정 부분의 책임을 요구하는 부분이 있습니다. 이 글은 가능하면 공인중개사 업무에 문제가 발생하지 않았으면 하는 마음에 쓰는 글이니, 이 부분을 충분히 참작해주시기 바랍니다.

필자에게 상담 전화 한 통이 왔습니다. 그 내용은 주택임차인이 계약기간이 남은 상태인데, 소유자가 바뀌었고, 주택임차인은 '2001다64615 판례'에 의거, 기존 임대차계약을 해지하려고 한다는 내용이었습니다.

필자는 이 판례 전에 '98마100 판례'를 통해서, '상가임대차는 공평의 원칙 및 신의성실의 원칙에 따라 임차인이 곧 이의를 제기함으로써 승계되는 임대차관계의 구속을 면할 수 있고, 임대인과의 임대차관계도 해지할 수 있다'라고는 알고 있었으나, 주택에 관해서는 불가능하다고 알고 있었습니다.

따라서, 2001다64615 판례를 나름의 기준으로 해석해보겠습니다.

1. 사건 개요

① 원고(임차인)과 피고(임대인)은 1996. 11.경 피고 소유 이 사건 부동산을 보증금 5,500만 원에 임대차계약체결

② 2000. 7. 31, 임대차계약 합의 해지, 피고는 원고에게 500만 원 반환하고, 2000. 8. 27, 나머지 5,000만 원 반환 약정함.

③ 2000. 8. 8, 피고는 제3자에게 이 사건 부동산을 매도하고, 원고에게 제3자와 반환약정금을 해결하라고 통지함.

④ 2000. 8. 25, 원고는 피고의 타 부동산에 위 반환약정금 청구하는 가압류를 함.

⑤ 이후 이 사건 부동산 임의경매 진행, 원고는 권리신고 및 배당요구신청(배당 여부 확인 안 됨)

⑥ 원고는 피고에 대해 임대차보증금반환 소송을 제기함.

⑦ 2심 원고승소했으나, 상고심에서 원고 패소함.

2. 판례 요지

임차인의 보호를 위한 임대차보호법의 입법 취지에 비추어 임차인이 임대인의 지위승계를 원하지 않는 경우는 임차인이 임차주택의 양

도 사실을 안 때부터 상당한 기간 내에 이의를 제기함으로써 임대차 관계의 구속에서 벗어날 수 있다고 봄이 상당하다. 그와 같은 경우에는 양도인의 임차인에 대한 보증금 반환채무는 소멸하지 않는다 하지만, 이 사건 부동산에 관한 임의경매사건에 배당요구신청하는 등의 사정을 비추어봐서, 원고가 임대인의 지위승계에 대해 이의를 제기한 것으로 단정하기 어렵다하여 원고패소 판결함.

3. 판례 평석

이 판례는 임대인과 임차인이 임대차계약을 합의해지한 이후에 임대인이 임차인에 대해, 반환받지 못한 보증금에 대해 지급약정까지 했습니다. 그런데도 임대인이 제3자에 대해 이 사건 부동산을 매도한 후, 임차인에게 제3자로부터 보증금을 반환받으라고 통지했습니다. 그러나 임차인은 임대인에게 보증금반환청구소송을 제기해 패소한 사건입니다.

따라서, 가장 중요한 논점인 과연 임대차계약이 남은 상태에서, 임차 부동산의 소유권변동 시에도 임차인은 임차주택의 양도사실을 안 때부터 상당한 기간 내에 이의를 제기함으로써 임대차계약을 해지할 수 있는지 여부입니다.

첫 번째, 이 판례의 사례(임대차계약 합의해지)와 임대차계약기간에 임의해지 사례는 엄연히 다른 판결이므로, 동일 판례로 적용할 수 없습니다.

두 번째, '주택임대차보호법 제3조 제4항 임차주택의 양수인은 임대인의 지위를 승계한 것으로 본다(임대차관계의 당연승계, 전 임대인의 보증금 반환 채무의 소멸)'라고 명시되어 있지만, 약자인 임차인을 보호하기 위해 제정된 주택임대차보호법의 취지에 따라서, 이미 선행된 계약해지 및 보증금반환이 우선효력이 있습니다. 판례를 보면 임차인이 '양도 사실을 안 때부터 상당한 기간 내 이의를 제기하면, 계약해지할 수가 있다'라고 판시한 것이 아니라, '임대차관계의 구속으로부터 벗어날 수 있다'라고 판시했습니다. 이는 임차인은 주임법 제3조 제4항 법 적용을 받지 않고, 선행된 계약해지 및 반환약정을 인정한 것일 뿐, 임차 부동산의 소유권 변동 시에 임대차계약기간 중 임차인의 임의해지권을 인정한 판례가 아니라고 판단됩니다.

4. 하급심 판례 및 결어

주택임대차보호법상의 임차주택에 대한 임대인의 지위승계에 대해 임차인이 이의를 함으로써 승계되는 임대차관계의 구속을 면할 수 있는지 여부(소극) (서울지법 2001. 3. 7, 선고 2000가단148507 임대차보증금 판결)

① 판결 요지

"임차주택에 대한 임대인의 지위승계에 대해 임차인이 이의를 함으로써 승계되는 임대차관계의 구속을 면할 수 있는지를 살피건대, 주택임대차보호법의 적용대상인 '주거용건물'이 아닌 '상가건물 등'의 임대차관계에서는 그러한 법리가 적용된다고 볼 것(대법원 1998. 9. 2, 자98마100 결정 등 참조)이다. 그러나 '주거용건물'의 임대차관계에서는 주택임대차보호법 제3조 1항, 2항에 의하여 임차주택의 양수인이 당연히 임대인의 지위를 승계한 것으로 보고, 양도인은 임차보증금 반환 채무를 면한다고 보아야 할 것(대법원 1994. 3. 11, 선고 93다29648 판결 등 참조)이지 임차인의 선택에 따라서 임대인의 지위에 대한 승계 여부가 달라지거나 임차인이 이의를 함으로써 승계되는 임대차관계의 구속을 면할 수 있다고 볼 수는 없다(대법원 1996. 2. 27, 선고 95다35616 판결 등 참조)고 할 것이다."

② 결어

이에 임대차보호법상에 임차주택에 대한 임대인의 지위승계 시 임차인의 해지권에 관한 명백한 법률이 제정되기 전까지는 고객들에게 대법원 판례에 따라서 해지할 수 있다는 상담을 하는 것은 향후 이처럼 하급심에서 패소가 가능할 수도 있는 바, 자세한 상담은 법률 전문가에게 맡기시는 것을 추천드립니다.

〈판례 평석〉
임차인이 임대인의 지위승계를 원하지 않는 경우에도 임차주택 양도인의 임차인에 대한 보증금반환채무는 소멸하는지 여부(= 소극) 【대법원 2002. 9. 4, 선고 2001다64615 판결】 [윤경 변호사 더리드(The Lead) 법률사무소]
【대법원 2002. 9. 4, 선고 2001다64615 판결】

◎ [요지]
[1] 대항력 있는 주택임대차에 있어 기간만료나 당사자의 합의 등으로 임대차가 종료된 경우에도 주택임대차보호법 제4조 제2항에 의하여 임차인은 보증금을 반환받을 때까지 임대차관계가 존속하는 것으로 의제되므로 그러한 상태에서 임대목적물인 부동산이 양도되는 경우에는 같은 법 제3조 제2항에 의하여 양수인에게 임대차가 종료된

상태에서의 임대인으로서의 지위가 당연히 승계되고, 양수인이 임대인의 지위를 승계하는 경우에는 임대차보증금 반환채무도 부동산의 소유권과 결합하여 일체로서 이전하는 것이므로 양도인의 임대인으로서의 지위나 보증금 반환채무는 소멸하는 것이지만, 임차인의 보호를 위한 임대차보호법의 입법 취지에 비추어 임차인이 임대인의 지위승계를 원하지 않는 경우에는 임차인이 임차주택의 양도사실을 안 때로부터 상당한 기간 내에 이의를 제기함으로써 승계되는 임대차관계의 구속으로부터 벗어날 수 있다고 봄이 상당하고, 그와 같은 경우에는 양도인의 임차인에 대한 보증금 반환채무는 소멸하지 않는다.

[2] 제반 사정에 비추어 임차인이 주택임대차보호법에 의하여 임차주택의 양수인이 임대인의 지위를 승계하는 것을 전제로 행동하였다고 봄이 상당하고 임대인의 지위승계에 대하여 이의를 제기한 것으로 단정하기는 어렵다고 한 사례.

제목 : 임차인이 임대인의 지위승계를 원하지 않는 경우에도 임차주택 양도인의 임차인에 대한 보증금반환채무는 소멸하는지 여부(= 소극)

1. 쟁점
이 사건의 쟁점은, 대항력 있는 주택임대차에 있어 기간만료나 당사자의 합의 등으로 임대차가 종료된 상태에서 임차주택이 양도되었으나 임차인이 임대인의 지위승계를 원하지 않는 경우, 임차인이 임차주택의 양도사실을 안 때로부터 상당한 기간 내에 이의를 제기하면 양도인의 임차인에 대한 보증금 반환채무는 소멸하지 않게 되는지 여부이다.

2. 대항력의 내용
가. 의미
대항력을 가진 임차인은 등기된 임대차와 동일한 권리, 즉 임대차가 종료될 때까지 주택을 사용·수익할 권리, 기타 임차인이 가지는 부수적인 모든 권리(보증금반환청구권, 부속물매수청구권 등)를 임대인 기타 제3자에 대하여 주장할 수 있다.

나. 대항력 발생 이후의 소유권이 변동된 경우

(1) 신소유자의 지위 (당연승계)

대항력 발생 이후의 소유권이 변동된 경우 신소유자는 임대인의 지위를 승계한다(주임법 제3조 제2항). 당연승계되는 것이고, 그 승계에 임차인의 동의가 필요한 것은 아니다(대법원 1996. 2. 27, 선고 95다35616 판결).

(2) 종전 임대인의 지위

① 주택임대차보호법상의 대항력을 갖춘 후 임대부동산의 소유권이 이전되어 그 양수인이 임대인의 지위를 승계하는 경우에는 임대차보증금반환채무도 부동산의 소유권과 결합하여 일체로서 이전하는 것이며 이에 따라 양도인의 보증금반환채무는 소멸한다(면책적 채무인수설 : 대법원 1987. 3. 10, 선고 86다카1114 판결, 1989. 10. 24, 선고 88다카13172 판결, 1996. 2. 27, 선고 95다35616 판결, 2005. 9. 15, 선고 2005다33039 판결). 그 이유는 만일 보증금반환채무가 양도인에게 남아 있다고 해석하면 임대차계약관계에서 발생하는 채권·채무 즉 목적물의 사용수익을 하게 하는 채무, 수선의무, 필요비, 유익비상환 의무 등은 모두 이전하는 데 오로지 보증금반환채무만이 남는 것이 되어 불합리할 뿐만 아니라 임대차계약의 위와 같은 여러 채권·채무는 임대인이 어떤 사람인가 하는 개인적 색채보다는 부동산 자체와 관련된 것이 대부분으로서 임대목적물의 소유자로서 거의 완전하게 이행할 수 있는 성질의 것이며, 임차인으로서는 동시이행의 항변, 유치권의 행사 등에 의하여 이행을 확보할 수 있기 때문에 임대인의 교체에 의하여 큰 영향을 받지 않는다는 데 있다.

② 신소유자가 임차인에게 보증금을 반환하였다 하더라도 그것은 자기 채무의 이행에 불과하므로 종전 임대인에게 부당이득반환을 구할 수는 없다(대법원 1993. 7. 16, 선고 93다17324 판결. 다만, 대법원 1985. 5. 28, 선고 84다카1890 판결은 구상금 또는 부당이득청구가 가능함을 전제로 한 듯한 판시를 하고 있으나, 법 제3조 제3항이 신설되기 전에 경락이 이루어진 사안에 관한 것이고 종전 임대인에게 보증금반환채무가 남아 있음을 전제로 하는 것이어서 주류적 판례의 취지와는 부합하지 않는다).

③ 대항력을 갖춘 임차인이 양수인이 되어 임차인의 보증금반환채권이 혼동으로 소멸된 경우에도 동일하다. 즉 대항력을 갖춘 임차인이 양수인이 된 경우에도 임대인의 보

증금반환채무는 소멸하고 양수인인 임차인이 임대인의 자신에 대한 보증금반환채무를 인수하게 되어, 결국 임차인의 보증금반환채권은 혼동으로 인하여 소멸하게 된다(대법원 1996. 11. 22, 선고 96다38216 판결).

3. 임차인의 이의가 있는 경우(= 이 사건의 쟁점)
가. 학설의 태도
일반적으로 대항력 있는 임대차 목적물의 소유권이 양도된 경우에 임차인의 승낙 없이도 양도인과 양수인 사이의 계약만으로 임대차는 승계되나, 임차인이 임대차관계의 승계를 원하지 아니하는 경우 즉시 이의함으로써 임대차관계의 구속을 벗어날 수 있다고 함이 우리나라와 일본의 다수설이다. 이는 결국 임차인에게 해지권을 인정하는 것이다.

나. 일본 판례의 입장
日本 最高裁判所 昭 46(1971). 4. 23. 判決은 "임대차의 목적물인 토지의 소유자가 그 소유권과 함께 임대인의 지위를 타에 양도한 경우에는 임대인의 의무도 신소유자에게 이전되는 것이고 특단의 사정이 없는 한 임차인의 승낙을 요하지 아니한다"고 판시하였는데, 위 판결에서 말하는 '특단의 사정'이란 '임차인의 이의'를 의미하는 것으로서 임차인에게 일종의 해지권으로서 이의를 인정하고 있다.

다. 우리나라 판례의 입장
대법원 판례도 이에 따라 "임대차계약에 있어 임대인의 지위의 양도는 임대인의 의무이 이전을 수반하는 것이지만 임대인의 의무는 임대인이 누구인가에 의하여 이행방법이 특별히 달라지는 것은 아니고, 목적물의 소유자의 지위에서 거의 완전히 이행할 수 있으며, 임차인의 입장에서 보아도 신 소유자에게 그 의무의 승계를 인정하는 것이 오히려 임차인에게 훨씬 유리할 수도 있으므로 임대인과 신 소유자와의 계약만으로써 그 지위의 양도를 할 수 있다 할 것이나, 이 경우에 임차인이 원하지 아니하면 임대차의 승계를 임차인에게 강요할 수는 없는 것이어서 스스로 임대차를 종료시킬 수 있어야 한다는 공평의 원칙 및 신의성실의 원칙에 따라 임차인이 곧 이의를 제기함으로써 승계되는 임대차관계의 구속을 면할 수 있고, 임대인과의 임대차관계도 해지할 수 있다고 보아야 한다"고 판시하고 있다(대법원 1998. 9. 2.자 98마100 결정, 1996. 7. 12, 선고 94다37646 판결 등 참조).

라. 대상판결의 태도(= 쟁점의 해결)

① 대상판결인 대법원 2002. 9. 4, 선고 2001다64615 판결도 같은 맥락에서, "대항력 있는 주택임대차에 있어 기간만료나 당사자의 합의 등으로 임대차가 종료된 경우에도 주택임대차보호법 제4조 제2항에 의하여 임차인은 보증금을 반환받을 때까지 임대차관계가 존속하는 것으로 의제되므로 그러한 상태에서 임차목적물인 부동산이 양도되는 경우에는 같은 법 제3조 제2항에 의하여 양수인에게 임대차가 종료된 상태에서의 임대인으로서의 지위가 당연히 승계되고, 양수인이 임대인의 지위를 승계하는 경우에는 임대차보증금 반환채무도 부동산의 소유권과 결합하여 일체로서 이전하는 것이므로 양도인의 임대인으로서의 지위나 보증금 반환채무는 소멸하는 것이지만, **임차인의 보호를 위한 임대차보호법의 입법 취지에 비추어 임차인이 임대인의 지위승계를 원하지 않는 경우에는 임차인이 임차주택의 양도사실을 안 때로부터 상당한 기간 내에 이의를 제기함으로써 승계되는 임대차관계의 구속으로부터 벗어날 수 있다**고 봄이 상당하고, 그와 같은 경우에는 양도인의 임차인에 대한 보증금 반환채무는 소멸하지 않는다"고 판시하고 있다.

② 결론적으로 임차인 보호를 위한 법의 입법취지에 비추어 임차인이 임대인의 지위승계를 원하지 않는 경우에는 임차인이 임차주택의 양도사실을 안 때로부터 상당한 기간 내에 이의를 제기함으로서 승계되는 임대차관계의 구속으로부터 벗어날 수 있다고 봄이 상당하고, 그와 같은 경우에는 양도인의 임차인에 대한 보증금반환채무는 소멸하지 않는다(대상판결인 대법원 2002. 9. 4, 선고 2001다64615 판결).

③ 그런데 위 판례의 법리는 기간만료나 당사자의 합의 등으로 임대차가 종료된 상태에서 임차주택의 양도가 이루어진 경우에만 적용되는 것이고, 아직 임대차가 종료되지 아니한 상태에서 임차주택의 양도가 이루어진 경우에는 적용되지 아니한다는 견해가 있으나, 두 경우 모두 위 판례의 법리가 적용된다.

[판례로 보는 '임대인의 계약갱신 거절' 및 '세입자의 계약갱신요구권 행사 번복 시' 법적인 관계]

사건 1(남부지법 2020가단 283343)

1. 집주인(원고)은 2020년 8월 주택을 매도하기 위하여 세입자(피고)
   에게 퇴거 요청함.
2. 2020. 9. 11, 피고가 계약갱신요구권을 통지하자 다음 날 원고
   는 실거주 이유로 거절함.

● 판결 결과 : 피고(세입자) 승

임대인이 실거주하지 않을 것이라는 신뢰형성 같은 특별한 사정이
있을 시에 추가적 요건이 필요함.

1. 계약갱신요구권 행사 전에 임대인이 퇴거 요청한 사실이 없음.
2. 임차인이 계약갱신요구권 행사하자 그때야 실거주 해지 통보
3. 임대인은 주로 외국에서 활동

사건 2(수원지법 2020가단 569230)

1. 임대인은 건물 매도에 앞시 기존 임차인에게 거주 의사를 확인함.
2. 임차인은 "이사할 집을 알아보고 있다"라고 함.
3. 임대인은 매수인에게 이 사실을 알린 후 매매계약을 체결함(매수
   인은 실거주하기 위해 매수함)
4. 임차인이 변심해서 계속 거주하겠다고 하자 매수인은 실거주 목
   적의 계약해지 통보

● 판결 결과 : 세입자 승

1. 임대인의 실거주 사유는 임차인 입장에서는 예측하기 어려운 주관적인 사유임.

2. 계약갱신요구권 미사용의 사전약정은 임차인에게 불리해서 효력이 없다.

3. 실거주 이유로 한 계약갱신요구권의 거절 가능 여부는 계약갱신요구 당시의 임대인(매도인) 기준으로 판단해야 함.

4. 피고는 원고가 이사건 부동산에 관한 소유권이전등기를 마치기 전에 계약갱신요구권을 행사했고, 당시 임대인인 B씨 측에는 개정된 주택임대차보호법 제6조의 3 제1항 단서 각 호의 정당한 거절 사유가 존재하지 않았다면, 따라서 계약은 갱신되었다고 할 것이고, 그 후 해당 주택을 양수한 원고는 실거주를 이유로 이를 거절할 수 없다.

5. 원고가 제출한 증거만으로 피고가 계약갱신요구권을 취득해 행사할 수 있는 것을 알고도 계약만료일에 퇴거하기로 합의해 신뢰를 주었다고 보기는 부족하다.

사건 3(서울동부지법 2021가단 131712)

1. 임대인의 계약갱신 여부 확인에 대해 임차인은 "없다"라고 답변함.

2. 임차인은 번복해 "10개월만 같은 조건으로 연장해달라, 이후 어떻게 할지는 추후 결정하겠다"라고 함.

3. 논의과정에서 다툼이 생기자 임대인은 실거주 이유로 계약갱신을 거절함.

4. 임차인이 계약갱신요구권을 통보하자 임대인은 "5% 임대료 올

려주면 계약갱신에 동의"하겠다고 함.

● 판결 결과 : 세입자 승
1. 임대인이 임차인에게 "아파트 실거주 의사 없음"을 확인해줌.
2. 실거주 의사가 없는데 "왜 거짓말했냐?"는 임차인의 항의를 받고 임대인은 "잘못했다. 사과한다"라고 답변함.
3. 법원에서는 실거주 의사 없음에도 차임인상이 수용되지 않자 갱신 거절한 것으로 판단함.

사건 4(서울동부지법 2021가단 150515)
1. 계약갱신 만료 2개월 전에 문자로 임대인이 임차인에게 계약갱신요구 의사를 확인함.
2. 임차인이 계약갱신요구권을 통보하자 임대인은 실거주 이유로 계약갱신 거절을 통보함.
3. 임대인은 계약갱신 거절의사를 계속 전달함.
4. 임차인은 집주인이 차임을 인상하려다 뜻대로 되지 않자, 실거주를 내세운 것이라고 주장함.

● 판결 결과 : 집주인 승
임대인이 허위갱신 거절했다고 볼 증거가 없다.
또한, 임대인이 차임증액에 대한 적극적, 구체적인 협상 시도가 없었다.

[임대인이 실거주를 인정받기 어려운 경우]

1. 임차인이 계약갱신요구권 행사 전에 집 매도를 이유로 퇴거 요청을 한 적이 있을 때
2. 임차인이 계약갱신요구권을 행사하자 그때야 실거주 이유로 해지 통지함.
3. 임대인이 외국 거주하는 등의 사정
4. 임대인이 임대료증액의 협상 실패한 후 실거주를 내세울 경우

Q. 임차인이 계약종료기간에 나가기로 했으나, 이를 번복하고 계약갱신요구권을 행사할 수 있나요?

A. 가능합니다! 임차인이 계약종료기간에 나가기로 사전에 합의했더라도, 계약만료 6개월 전부터 2개월 전까지 임대인에게 계약갱신을 요구할 수 있습니다. 단 번복하기 전에 다른 계약이 진행되지 않아야 할 것입니다.

2021년 4월 판결(임차인이 계약갱신청구권 행사 여부를 번복해도 계약갱신요구권을 주장할 수 있는지 여부가 쟁점이었던 사안)

법원은 임차인이 계약갱신요구권을 행사하지 않겠다는 의사표시를 보다 엄격하게 해석했습니다.

"임차인이 임대인에게 계약갱신요구권을 행사하지 않겠다는 의사를 명시적이고 종국적으로 표시한 경우에만 포기를 인정할 수 있다"라고 판시한 것입니다.

즉, 해당 사안에서 법원은 임차인의 진정한의사는 이사 갈 곳과 새로운 계약을 체결하는 경우에 임대차계약을 종료하겠다는 취지로 임대인에게 계약갱신요구권을 행사하지 않겠다고 말한 것일 뿐이지, 임대차계약을 체결하지 못해서 이주할 곳이 없게 되더라도 이사를 하겠다는 확정적인 의사를 표시한 것으로 볼 수 없다고 본 것입니다.

PART
04

임대인의
권리

01

민법상 차임지급청구권과 계약해지권

임대차보호법은 임차인의 보호를 위해 제정된 것이므로 임차인의 권리보호 법조문이 대부분입니다. 그러나 민법 임대차와 임대차보호법에도 몇 가지 임대인의 권리를 보호하는 법조문이 있는데, 그중에서 '차임지급청구권'과 '계약해지권'에 대해 이야기해보고자 합니다.

> **민법 제640조**(차임연체와 해지)
> 건물 기타 공작물의 임대차에는 임차인의 차임연체액이 2기의 차임액에 달하는 때에는 임대인은 계약을 해지할 수 있다.

'차임', 즉 월세는 임대차에서 결코 빼놓고 이야기할 수 없을 정도로 중요한 부분입니다. 물론 '올(ALL)전세'라고 해서, 월세는 한 푼도 주지 않는 경우도 있습니다. 하지만 대부분의 임대차에서는 집주인이 월세를 받고 있습니다. 그 이유는 당연히 주택이나 상가임대도 일종의 영리를 위한 수익창출의 방법의 하나고, 월세수익만으로 가게를 운영하는 분도 상당한 수가 된다고 알고 있습니다. 이분들에게서 월세수익은 삶에 있어 큰 몫을 차지할 것으로 생각됩니다.

이렇듯 중요한 것이 월세수익인데, 임차인이 월세를 지급하지 않을 경우에는 임대인은 심각한 피해를 볼 수밖에 없습니다. 이 때문에 임차인은 만일의 사태에 대비(월세를 연체하는 등)해, 미리 받아놓은 보증금에서 월세를 자동으로 차감할 수 있도록 하는 등, 어쩌면 복잡하고 시간이 오래 걸리는 법적 절차 진행 없이 간편하고 빠르게 법적 문제를 진행할 수 있도록 우리 경제가 원활하게 순환될 수 있게끔 만들어놓은 일종의 '사회자체적 자정제도'라고 말할 수도 있겠습니다.

하지만 아무리 그렇다 해도 만약에 월세를 1년 이상 받지 못한다면 그 금액이 결코 적은 돈이 아니라서, 받아놓은 보증금은 어느새 바닥을 드러낼 것입니다. 따라서 가능하다면 보증금은 많이 받아두는 것이 좋다 할 것입니다.

왜냐하면, 이와 같은 사정으로 임차인을 법적으로 건물에서 내보내려 한다면 '명도소송'비용뿐 아니라, 뒤이어 발생하는 법원의 명도 절차비용과 물품 보관비용 등의 상상할 수 없을 정도로 많은 법적 비용이 발생하게 되기 때문입니다. 이 돈은 법적 진행 시 임대인이 전액 선납해야 합니다. 또한 나중에 세입자에게 구상권청구를 한다고 해도 이미 세입자가 행방불명 상태라면 민사소송으로서 그 돈을 전부 받아낸다는 것은 현실적으로 불가능합니다.

이 때문에 세입자를 받을 때는 대충 공인중개사에게 맡겨서 아무에게나 임대해주지 마시고, 최소한 임차인의 '직업, 나이, 가족관계' 정도는 알고 임대해야만 합니다. 그래야 앞으로 발생할 수도 있는 여러 가지 문제에 조금이라도 대처가 가능할 것으로 생각됩니다.

민법에서도 이러한 임차인의 차임연체로 인한 임대인의 피해를 최소화하기 위해, 차임연체액이 2기에 달하는 때에는 임대인은 계약을 해지할 수 있다고 명시하고 있습니다.

여기에서 2기라는 말은 단순히 연체횟수라기보다는 2개월분의 월차임을 주지 않고 있는 것으로 해석해야 할 것입니다. 예를 들어 임차인이 월세 100만 원인 상황에서 1개월 29일(1개월을 30일이라 가정했을 때)까지 월세를 주지 않고 있다가, 2개월 되는 날에 월세의 일부금 50만 원이라도 주었다면, 이 법 규정에 해당하지 않는 것으로서 임대인이 임차인에게 계약을 해지하려면 2기 즉 2개월분의 차임을 주지 않은 상태여야만 해지할 수 있습니다.

이 부분은 다음으로 따로 정리할 주임법과 상임법에서 조금 다른 부분이오니 잊지 마시고 기억하고 있으셔야 합니다.

두 번째로 임대인이 가지는 권리는 '차임증감청구권'입니다.

민법 제628조(차임증감청구권)
임대물에 대한 공과 부담의 증감 기타 경제 사정의 변동으로 인하여 약정한 차임이 상당하지 아니하게 된 때에는 당사자는 장래에 대한 차임의 증감을 청구할 수 있다.

이 법조문을 보시면 알 수 있듯이 '공과 부담의 증감 기타 경제 사정의 변동'이라는 부분은 양 당사자 간에 분쟁이 많을 수 있는 내용입니다. 현실에서는 '궁중족발'(월차임을 300만 원에서 1,200만 원으로 인상해 임차인이 임대인을 둔기로 상해한 사건) 사건으로 상당한 쟁점이 된 상황입니다. 이 법이 제정된 이후부터 임대인과 임차인의 끊이지 않는 다툼과 분쟁이 이어져오고 있다고 해도 과언이 아닐 것입니다.

하지만 쉽사리 이해가 되지 않는 부분이 이러한 끝없는 분쟁이 있다고 해도 아직 이러한 법을 손대지 않고 있는 것입니다. 결론적으로 이야기하자면 임대인이 임차인을 내보려는 수단으로 이 법에 따라서 차임을 과다하게 인상한다고 해도 아무런 법적인 하자가 없고, 반대로 차임 또는 보증금이 소액이라서 재판까지 가지 않는 상황이라고 한다면 임대인이 월세를 인상한다고 해도 임차인으로서는 거부하거나 모른척한다고 해도 특별히 임대인이 강제할 수 없는 것이 현실입니다.

따라서 이 법에 관해서도 역시 주임법, 상임법(각 5%)처럼 상한선을 두는 등의 법 개정이 시급하다고 생각됩니다.

물론 상한선을 둔다고 해서, 모든 문제가 해결되지는 않을 것입니다. 하지만 법정한도가 없나는 불명확성은 결국에는 임대인이 하나의 무기로 사용할 수 있는 소지가 있습니다. 이를 막을 수 있는 최소한의 방어책은 되지 않을까 해서입니다.

02

주임법상 차임 등의 증감청구권과 계약해지권

애매하고도 광범위한 민법에서의 '차임 등의 증감청구권'은 주임법에서는 어쩌면 똑소리가 날 정도로 명확하게 규정하고 있는데, 그 내용은 1년에 5% 증액할 수 있다고 확실히 못을 박아놓은 부분입니다.

하지만 이렇게 명확한 법 규정도 현장에서는 절대 녹녹하지 않습니다. 임차인 대부분은 임대인이 증액하겠다고 해도 그 즉시 증액해주지 않고 있습니다. 이런 상황에서 약정기한이 만료된다면 임대인은 임차인과 연장계약을 하지 않는 식으로 처리되고 있습니다.

한편, 민법에서 임대인이 제640조(차임연체와 해지) 법 규정을 통해서 임차인이 월세를 2기를 연체한 때에 계약을 해지할 수 있는 권리를 가지고 있지만, 주임법에서는 그러한 법조문이 없습니다. 법 해석방법에 따라 특별법(주임법)에 없는 법 규정은 일반법(민법)을 적용하면 되는 것입니다. 주택임대인들은 민법 제640조에 따라 2기의 차임연체 시 계약해지권을 갖는다고 할 것입니다.

주택임대차보호법 제6조(계약의 갱신)

③ 2기(期)의 차임액(借賃額)에 달하도록 연체하거나 그 밖에 임차인으로서의 의무를 현저히 위반한 임차인에 대하여는 제1항을 적용하지 아니한다.

[전문 개정 2008. 3. 21]

또한, 이 법 규정에 따라서 만일 임차인이 2기의 차임을 주지 않거나, 임차인의 의무를 위반한 때는 임대인은 임차인에게 계약갱신에 따른 어떠한 통지를 하지 않는다고 하더라도 기한만료 이후에는 계약은 자동 연장되지 않습니다. 이에 대해 임차인은 계약갱신에 대해 어떠한 주장도 할 수 없습니다.

임대인, 임차인의 '월차임 증감'에 대한 오해와 대응 방법

일반적으로 계약기간 2년의 임대차계약을 체결하게 되면, 그 안에는 월차임을 인상하지 못한다고 알고 있습니다. 이것은 첫 번째 오해입니다. 법조문을 보게 되면, 임대인과 임차인의 계약기간이 2년이라고 해도, 1년 후에는 양 당사자는 월차임을 증감청구할 수 있습니다.

또한 임대인은 20분의 1(5%)을 무조건 올릴 수가 있다고 알고 있습니다. 이 부분이 두 번째 오해입니다. '임차주택에 관한 조세, 공과금, 그 밖의 부담 증감이나 경제 사정의 변동으로 인하여 적절하지 아니하게 된 때'에 청구를 할 수 있는 것을 알 수 있습니다.

따라서 임차인이 이러한 부분을 인정하지 않는다면, 월차임을 올려주지 않아도 되는 것입니다. 임대인 또한 월차임을 깎아주지 않아도 되는 것입니다.

그런데 만약에 임대인이 이 법조문의 '월차임이 적절하지 아니하게 된 때'를 증명해, 소송을 제기한다고 해도, 요즘 같은 국가재난위기 시기에 월차임을 증액해달라고 소송하는 강심장 임대인의 주장을 과연 받아들일 재판부는 없을 것이라고 보입니다.

이에 임대인이 월차임을 강제적으로 인상한다고, 임차인이 끝까지 주지 않고 버틴다면, 임대인으로서 법적 소송을 제기하는 방법 말고는 특별한 방법이 없게 됩니다. 이로 인한 실익도 없으므로, 임대인 입장에서는 계약기간이 끝나기를 기다릴 수밖에는 없습니다. 계약기간 만료 전에 임차인이 '계약갱신요구권'을 행사하게 된다면, 역시 임대차보호법 제7조를 적용받게 되므로, 역시나 양 당사자 간의 증감청구는 위와 같은 원리로 쉽지 않을 것으로 판단됩니다.

03

상임법상 차임 등의 증감청구권과 계약해지권

> **상가건물임대차보호법 제10조의 8(차임연체와 해지)**
> 임차인의 차임연체액이 3기의 차임액에 달하는 때에는 임대인은 계약을 해지할 수 있다. [본조 신설 2015. 5. 13]
>
> **제11조(차임 등의 증감청구권)**
> ① 차임 또는 보증금이 임차건물에 관한 조세, 공과금, 그 밖의 부담의 증감이나 경제사정의 변동으로 인하여 상당하지 아니하게 된 경우에는 당사자는 장래의 차임 또는 보증금에 대하여 증감을 청구할 수 있다. 그러나 증액의 경우에는 대통령령으로 정하는 기준에 따른 비율을 초과하지 못한다.
> ② 제1항에 따른 증액청구는 임대차계약 또는 약정한 차임 등의 증액이 있은 후 1년 이내에는 하지 못한다.
>
> **상가건물임대차보호법 시행령 제4조(차임 등 증액청구의 기준)**
> 법 제11조 제1항의 규정에 의한 차임 또는 보증금의 증액청구는 청구 당시의 차임 또는 보증금의 100분의 5의 금액을 초과하지 못한다. 〈개정 2008. 8. 21, 2018. 1. 26〉

이 법조문을 보면, 주임법 등의 '차임 등의 증감청구권' 법조문을 그대로 옮긴 것에 지나지 않습니다. 차임연체와 해지 규정은 민법 제640조의 법조문을 그대로 가져온 것입니다. (단 민법에서는 차임 2기이지만, 상임법에서는 차임 3기에 달할 때라고 규정되어 있습니다.)

민법과 주임법은 뭔가가 하나씩 부족하거나 약간은 흩어진 느낌이

지만, 그래도 마지막에 제정된 법이 상임법이라서 그런지 어느 정도 는 법이 명확성을 가지고 있는 것으로 보입니다(주임법과 동일하게 상임법은 1년에 5%의 증액이 가능합니다).

또한 상임법은 지역별 환산보증금에 따라서 상임법의 보호를 받거나 받지 못하는 법 규정으로 나뉘어 있습니다. 상임법 제11조(차임 등의 증감청구권)는 환산보증금을 초과하는 임대차에는 적용받지 않기 때문에, 자동으로 민법 제628조(증감청구권)의 규정에 따라야 합니다.

반복해서 이야기드렸듯이, 이러한 이유로 '궁중족발'의 임대인은 월세 400%를 인상할 수 있었고 소송을 통해 자기 뜻을 이룰 수 있었던 것입니다. 물론 그로 인해 임차인에게 심각한 피해를 봤지만 말입니다.

PART
05

임차인의
권리

앞서 본 바와 같이 임대인의 임차인에 대한 권리가 있듯이, 임차인의 대표적인 권리는 '비용상환청구권'과 '부속물매수청구권', '지상물매수청구권'이 있습니다.

민법 제626조(임차인의 상환청구권)
① 임차인이 임차물의 보존에 관한 필요비를 지출한 때에는 임대인에 대하여 그 상환을 청구할 수 있다.
② 임차인이 유익비를 지출한 경우에는 임대인은 임대차종료 시에 그 가액의 증가가 현존한 때에 한하여 임차인의 지출한 금액이나 그 증가액을 상환하여야 한다. 이 경우에 법원은 임대인의 청구에 의하여 상당한 상환기간을 허여할 수 있다.
③ 필요비 및 유익비상환청구권은 임대인이 목적물을 반환 받은 날로부터 6월 내에 행사하여야 한다.(제654조)

제646조(임차인의 부속물매수청구권)
① 건물 기타 공작물의 임차인이 그 사용의 편익을 위하여 임대인의 동의를 얻어 이에 부속한 물건이 있는 때에는 임대차의 종료 시에 임대인에 대하여 그 부속물의 매수를 청구할 수 있다.
② 임대인으로부터 매수한 부속물에 대하여도 전항과 같다.

제643조(임차인의 갱신청구권, 매수청구권)
건물 기타 공작물의 소유 또는 식목, 채염, 목축을 목적으로 한 토지임대차의 기간이 만료한 경우에 건물, 수목 기타 지상시설이 현존한 때에는 제283조(지상권의 갱신청구권, 매수청구권)의 규정을 준용한다.
[아래와 같이 법률을 수정함]
① 임차권이 소멸한 경우에 건물 기타 공작물이나 수목이 현존한 때에는 임차권자는 계약의 갱신을 청구할 수 있다.
② 임대인이 계약의 갱신을 원하지 아니하는 때에는 임차권자는 상당한 가액으로 전항의 공작물이나 수목의 매수를 청구할 수 있다.

비용상환청구권

임차인은 임대차기간 동안 임차물(주택, 상가 등)을 사용하면서, 필요비와 유익비를 지출할 수 있습니다. 먼저 필요비는 임대차관계에서 꼭 필요한 비용을 말합니다. 예를 들면 생활에 필수적인 전기나 수도설비, 냉난방시설(보일러) 등이 이에 포함됩니다. 유익비는 한마디로 임차물의 가치를 올리는데 사용한 비용이라고 보면 됩니다. 예를 들어 건물에 승강기를 설치한다든지, 베란다에 창틀을 설치하는 것입니다. 만일 임차인이 사용 또는 가게운영을 위해 발생한 인테리어비용은 유익비라고 볼 수 없습니다.

따라서 임차인이 필요비를 지출했다면 그 즉시 임대인에게 청구할 수 있습니다. 그 임대차기간 만료 후에도 임대인에게 청구할 수 있지만, 청구할 수 있는 기간은 임대인이 임대목적물을 반환받은 날로부터 6개월 이내에 행사해야 합니다. 유익비도 이와 같은 기간 내에 행사해야 하지만, 필요비처럼 그 즉시 청구할 수 없습니다. 그 가액의 증가가 현존할 때만 임차인이 지출한 금액이나 그 증가액을 청구할 수 있습니다.

말이 좀 어려울 수 있으므로, 이와 관련한 '대법원 판례 94다20389'를 보겠습니다.

"민법 제626조 제2항에서 임대인의 상환의무를 규정하고 있는 유익비란 임차인이 임차물의 객관적 가치를 증가시키기 위하여 투입한 비용을 말하는 것이므로 임차인이 임차건물 부분에서 간이음식점을 경영하기 위하여 부착시킨 시설물에 불과한 간판은 건물 부분의 객관적 가치를 증가시키기 위한 것이라고 보기 어려울 뿐만 아니라, 그로 인한 가액의 증가가 현존하는 것도 아니어서 그 간판설치비는 유익비라 할 수 없다.

또한, 임대차계약 체결 시 임차인이 임대인의 승인하에 임차목적물인 건물 부분을 개축 또는 변조할 수 있으나, 임차목적물을 임대인에게 내줄 때에는 임차인이 일체 비용을 부담하여 원상복구를 하기로 약정하였다면, 이는 임차인이 임차목적물에 지출한 각종 유익비의 상환청구권을 미리 포기한 약정으로 한 취지의 특약이라고 봄이 상당하다."

이와 같이 판시하고 있습니다. 이 판례만 봐도 어느 정도 유익비에 관해 쉽게 이해할 수 있다고 보입니다.

간단히 말하면 임차인이 임차물건에 자신을 위해 투입한 비용은 유익비로 인정될 수 없지만, 임대인 입장에서 임차물건의 가치가 상승했다면 그 부분은 유익비로 인정받을 수 있습니다.

가장 중요한 것은 본 법조문은 임의규정이므로 당사자 간에 다른 약정, 즉 임차인이 임대차물건에 금전을 투입해 어떠한 물건을 설치했을 때는 그 부분에 대해 임대차 만료 시에 전부 원상복구하기로 한다는 특약을 적는다면, 그 특약이 우선으로 적용됩니다. 따라서 임차인은 유치권 또는 필요비를 임대인에게 청구할 수 없다는 것입니다.

한편, 특약 없이 정상적으로 임차인이 비용상환청구권을 임대인에게 청구했는데, 이를 거절한다면 임차인은 유치권을 가지게 됩니다. 만약 임차인이 소송 중에 법원에서 유익비에 관한 상환기간을 주었을 때는 유치권은 성립하지 않게 됩니다.

민법 제320조(유치권의 내용)
① 타인의 물건 또는 유가증권을 점유한 자는 그 물건이나 유가증권에 관하여 생긴 채권이 변제기에 있는 경우에는 변제를 받을 때까지 그 물건 또는 유가증권을 유치할 권리가 있다.
② 전항의 규정은 그 점유가 불법행위로 인한 경우에 적용하지 아니한다.
제321조(유치권의 불가분성)
유치권자는 채권 전부의 변제를 받을 때까지 유치물 전부에 대하여 그 권리를 행사할 수 있다.
제325조(유치권자의 상환청구권)
① 유치권자가 유치물에 관하여 필요비를 지출한 때에는 소유자에게 그 상환을 청구할 수 있다.
② 유치권자가 유치물에 관하여 유익비를 지출한 때에는 그 가액의 증가가 현존한 경우에 한하여 소유자의 선택에 좇아 그 지출한 금액이나 증가액의 상환을 청구할 수 있다. 그러나 법원은 소유자의 청구에 의하여 상당한 상환기간을 허여할 수 있다.

유치권은 대표적으로 '공사대금채권'이 있는데, 공사업자가 건물을 신축한 후에 공사대금을 받지 못한다면, 그 건물을 유치(점유)할 수 있는 권리입니다. 향후 그 건물에 경매가 진행된다고 해도 그 건물을 낙찰(매각)받은 자에게 공사대금을 받지 않으면 계속 그 건물을 점유할 수 있습니다.

　임대차에 있어서 유익비의 내용을 가만히 보면, 이 내용과 많이 닮았음을 알 수 있습니다. 당연히 임차인에게도 유치권을 주는 것입니다. 민법 제325조 법조문 내용도 임대차의 비용상환청구권과 다르지 않다는 사실을 봐도 동일한 법 규정이라고 보면 될 것입니다.

02

부속물매수청구권과 지상물매수청구권

법조문대로 해석한다면, 임차인이 임대인의 동의를 얻어 임차건물에 설치한 부속물(사물에 딸려 붙어 있는 물건)은 임대차기간이 끝난 후에 임차인이 임대인에게 그 부속물을 구입하라고 요구할 수 있습니다. 또한 임대인으로부터 임차인이 구입한 부속물도 이와 동일한 법 적용을 받습니다.

여기에서 중요한 부분은 '부속물'이 어떤 것인지입니다.

판례에서는 "민법 제646조가 규정하는 건물임차인의 매수청구 대상이 되는 부속물이라 함은 **건물에 부속된 물건으로 임차인의 소유에 속하고, 건물의 구성 부분이 되지 아니한 것으로서 건물의 사용에 '객관적 편익'을 가져오게 하는 물건**이라 할 것이므로, 부속된 물건이 오로지 '임차인의 특수목적'에 사용하기 위하여 부속된 것일 때는 이를 부속물매수청구권의 대상이 되는 물건이라 할 수 없을 것이나, 이 경우 당해 건물의 객관적인 사용 목적은 건물 자체의 구조와 임대차계약 당시 당사자 사이에 합의된 사용 목적, 기타 건물의 위치, 주변 환경 등 제반사정을 참작하여 정하여지는 것이라 할 것이다(**대법원 판례 1993. 2. 26, 92다41627**)"라고 판시하고 있습니다.

정리하자면, 임차인이 특수목적(삼계탕집 영업을 위한 간판)을 위해 설치한 부속물은 임대인에게 임대차 끝난 후에 구입하라고 할 수 없을 것입니다. 반대로 그 건물에 누가 봐도 편익을 주고 있는 물건입니다. 더구나 임대인의 동의를 얻어서 설치한 물건이라면 임차인은 임대인에게 그 물건을 구입해달라고 요구할 수 있습니다. 이 법조문은 '강행규정(강행규정은 '임대차보호법'의 법리를 이해할 때, 반드시 필요한 법률용어이므로 후반부에 자세히 설명하겠습니다)이라서, 임대인과 임차인이 본 법조문과 다른 내용의 특약을 하였다고 해도 그 특약은 인정되지 않습니다(예를 들면, 민법 제646조의 부속물매수청구권을 임차인이 포기하는 약정은 무효입니다).

마지막으로 토지 임차인의 '지상물매수청구권'은 앞서 부속물매수청구권과 유사한 법조문이라서 별도의 해석을 달지 않을 것입니다. 단, 지상물매수청구권은 토지라서 '식목, 채염, 목축을 목적으로 한 토지 임대차'에 임대인의 동의 불문하고 설치한 부속물입니다. 또한 임차인은 이 부속물이 있다면 계약갱신을 청구할 수 있습니다. 이때 임대인이 계약갱신을 거절한다면 임차인은 임대인에게 매수청구할 수 있는 부분이 다르다 할 것입니다.

한편, 주임법과 상임법에는 이와 같은 임차인의 권리에 관한 규정이 없으므로, 당연히 이 법조문은 주임법과 상임법을 적용받는 임차인들에게 준용된다고 할 것입니다.

비용상환청구권	부속물매수청구권	지상물매수청구권
임의규정	강행규정	강행규정
건물의 구성 부분일 것	독립한 물건일 것	현존하는 건물일 것
유치권성립	동시이행항변권 성립	동시이행항변권성립
임대인 동의 불문	임대인의 동의 필수	임대인 동의 불문
차임연체시도 청구 가능	차임연체로 해지 시 청구 불가	차임연체로 해지 시 청구 불가

PART
06

기타
사항

임차권의
양도전대의 비교

1. 임차권의 양도 및 전대

민법 제629조(임차권의 양도, 전대의 제한)
① 임차인은 임대인의 동의 없이 그 권리를 양도하거나 임차물을 전대하지 못한다.
② 임차인이 전항의 규정에 위반한 때에는 임대인은 계약을 해지할 수 있다.

제630조(전대의 효과)
① 임차인이 임대인의 동의를 얻어 임차물을 전대한 때에는 전차인은 직접 임대인에 대하여 의무를 부담한다. 이 경우에 전차인은 전대인에 대한 차임의 지급으로써 임대인에게 대항하지 못한다.
② 전항의 규정은 임대인의 임차인에 대한 권리행사에 영향을 미치지 아니한다.

제631조(전차인의 권리의 확정)
임차인이 임대인의 동의를 얻어 임차물을 전대한 경우에는 임대인과 임차인의 합의로 계약을 종료한 때에도 전차인의 권리는 소멸하지 아니한다.

제632조(임차건물의 소부분을 타인에게 사용케 하는 경우)
전 3조의 규정은 건물의 임차인이 그 건물의 소부분을 타인에게 사용하게 하는 경우에 적용하지 아니한다.

민법 제629조는 임차권 양도, 즉 집주인(임대인)의 동의 없이 세입자(임차인)가 제3자(전차인)에게 자신의 임차권을 넘기지 못하며, 만약 동의 없이 넘긴다면, 집주인은 임대차계약을 해지할 수 있음을 규정하고 있습니다.

그렇다고 해도 두 사람 간(세입자와 제3자 간)에 임차권 양도계약이 무효가 되는 것은 아닙니다. 단지 집주인은 언제든지 이 사실을 아는 순간 세입자에게 임대차계약을 해지할 수 있다는 뜻입니다.

따라서 세입자가 제3자를 위해 집주인의 동의를 받아줄 의무가 있는 것입니다. 끝까지 집주인이 동의하지 않는다면, 제3자는 세입자에게 계약해지 또는 손해배상을 청구할 수 있습니다.

한편, 이에 관해 두 가지 예외의 경우가 있습니다.

첫 번째는 세입자와 제3자가 부부관계에 있을 때는 집주인이 자신의 동의 없이 임차권이 이전되었다는 것만을 이유로 임대차계약을 해지할 수 없습니다.

두 번째는 방 한 칸 정도를 제3자에게 사용하게 할 때는 집주인의 동의가 없다고 해도 계약을 해지할 수 없으나, 임대차계약 시에 특약으로 전대차를 금지해 두었을 때는 특약이 우선합니다.

그렇다면 집주인의 동의를 받은 경우에는 어떻게 될까요? 당연히 동의를 얻은 제3자는 세입자와 동일한 지위를 가지게 됩니나. 임차인이 가지는 지상물, 부속물 매수청구권을 가지게 됩니다. 임대인은 기간 없는 임대차의 해지 통고도 제3자에게 해야만 합니다. 만약 임대차계약이 해지를 이유로 종료되었다고 하더라도, 상가가 적법하게 제3자에게 전대된 경우에는, 전차인에게 그 사유를 통지하지 않으면, 임차인은 임대차계약이 해지된 것을 이유로 전차인에게 대항하지 못합니다. 전차인이 해지의 통지를 받은 때에도 6개월이 지난 후 해지의 효력이 발생합니다.

또한 기존 임대차계약의 한도 내에서 유효합니다. 전차인이 임대인에게 월차임을 지급한다고 하더라도 임대인에게 전대차계약의 내용을 주장할 수 없습니다. 그러나 임대인은 문제 발생 시에 전차인에게 차임을 직접 청구할 권리가 있습니다. 전대차계약 만료 시 전차인의 보증금은 임대인이 아니라, 전대인에게만 반환청구할 수 있습니다.

2. 상임법상 전대차계약의 법률효과

제13조(전대차관계에 대한 적용 등)
① 제10조, 제10조의 2, 제10조의 8, 제10조의 9(제10조 및 제10조의 8에 관한 부분으로 한정한다), 제11조 및 제12조는 전대인(轉貸人)과 전차인(轉借人)의 전대차관계에 적용한다. 〈개정 2015. 5. 13, 2020. 9. 29〉
② 임대인의 동의를 받고 전대차계약을 체결한 전차인은 임차인의 계약갱신요구권 행사기간 이내에 임차인을 대위(代位)하여 임대인에게 계약갱신요구권을 행사할 수 있다.
[전문 개정 2009. 1. 30]

상임법 제13조(전대차관계에 대한 적용 등)를 보면, 제10조(계약갱신 요구 등), 제10조의 8(계약갱신의 특례), 제10조의 8(차임연체와 해지), 제10조의 9(계약갱신요구 등에 관한 임시특례), 제11조(차임 등의 증감청구권), 제12조(월차임 전환 시 산정률의 제한)는 '전대인과 전차인'의 전대차관계에 적용을 받는다고 되어 있습니다.

따라서 전차인은 ① 전대차계약 종료 6개월 전부터 1개월 전까지 사이에 계약갱신요구권을 행사(제10조), ② 환산보증금이 보증금액을 초과하는 임대차의 계약갱신 경우에는 차임증감청구권의 행사(제10조의 2), ③ 전차인의 차임 연체액이 3기의 차임액에 달하는 때에는 전대인은 전대차계약 해지 가능(제10조의 8), ④ 경제 사정 등으로 변동사 유가 발생했을 시 차임증감청구권 행사(제11조), ⑤ 보증금의 전부 또는 일부를 월세로 전환할 경우 일정 한도 내에 전환가능(제12조)할 수 있습니다. 전대차계약기간에 해지되어서 전대인에게 권리금을 반환받을 수 있는 경우를 제외하고는 상임법 제10조의 4(권리금 회수기회 보호 등)가 적용되지 않습니다.

또한 전대차계약은 임대차계약기간 한도 내에서 유효합니다. 즉, 임차인(전대인)이 상가를 5년 계약한 후에 사정에 의해, 3년 만에 전차인에게 전대했다면, 전차인은 남은 2년만 영업할 수 있습니다. 그러나 전차인은 임차인(전대인)이 계약갱신요구권을 대위해 임대인에게 행사할 수 있습니다. 전차인은 추가로 5년을 더 연장할 수 있고, 나아가 임대인과 임차인이 합의해서 임대차계약을 해지하더라도 임대인은 전차인의 계약갱신요구권 행사를 거부할 수 없습니다.

끝으로 전차인의 대항력 및 우선변제권 인정 여부에 관해서는 별도로 법에 규정되어 있지 않지만, 전차인은 전대인이 임차인으로서 사업자등록 및 확정일자를 받아서 대항력을 갖춘 경우는, 임차인의 임대차보증금에 대해 채권자대위권을 행사해 임대차보증금의 변제를 받을 수 있습니다.

하지만 이때 전차인도 상가나 주택에 사업자등록 또는 전입신고 등을 해서 대항력을 갖추어야 할 것입니다.

📢 **전대차계약 시 반드시 주의할 사항**

1. 임대인의 동의를 받을 것(문자 또는 전화 녹취도 가능함)
2. 사업자등록(주택은 전입신고) + 확정일자를 받을 것
3. 전대차계약서 작성 시에 기존 임대차계약 내용을 확인할 것(전대 금지내용, 임대차계약 기간, 계약갱신요구권 행사 여부 반드시 확인 요망)

02

보증금

임대차계약 시에 임대인은 임차인의 채무를 담보하기 위해, 차임 외의 금전을 받아놓는데, 이를 보증금이라고 합니다.

이 돈은 첫 번째 임차인이 차임을 연체하게 되면 최우선으로 충당할 수 있습니다(이때 임대인은 충당하지 않고, 임차인에게 차임을 청구할 수 있고, 임차인은 보증금이 있다는 이유로 차임지급을 거절할 수 없습니다).

두 번째는 임차인과 계약해지 사유가 발생해, 임대인이 명도를 구하는 등 법적 비용 또한 이 돈에서 충당할 수 있습니다.

따라서 임대인 입장에서는 가능하면 보증금을 많이 받아두는 것이 사후에 발생할 수 있는 문제에서 유연하게 대처할 수 있습니다. 현실에서 보면 임차인으로부터 아주 소액의 보증금을 받아놓고서, 법적 분쟁 등으로 인해 임대인이 몇천만 원 이상의 손해금이 발생하는 것을 수차례 봐왔습니다. 세입자를 잘못 빈아서 법적 소송으로 인해, 거의 1년 6개월 동안 자신의 소유 부동산을 제대로 된 권리행사조차 한 번 제대로 못 해보고, 억울한 일을 당하는 분들도 수없이 봐왔습니다. 그러므로 가능하다면, 필자는 임대인들에게 차임도 차임이지만 가능하면 보증금을 많이 받아두시길 강력하게 권해드립니다(이 부분은 아주 중요한 부분이라 반복하는 것입니다).

필자가 본 한 사례를 한 예로 들자면, 임대인 A는 2층 사무실을 임차인(피라미드회사) B에게 보증금 1,000만 원(월세 300만 원)에 임대했습니다. 이후 3개월 동안 월세를 한 푼도 주지 않았고, 임대인 A가 그 뒤에 임차인 B에게 찾아가보니 이미 문이 잠겨 있고 임차인 B는 잠적한 상태였습니다.

아시는 분은 아시겠지만, 아무리 합법적으로 내 건물이라고 해도 임차 부동산에 내 맘대로 문을 강제로 열고 들어가게 되면, 나중에 불법 침입 등의 형사적인 문제가 발생하게 됩니다. 절대 함부로 임차 부동산에 들어갈 수 없는 것이 법적인 현실입니다.

이후 임대인은 임차인을 상대로 법원에 건물명도 소송을 제기했습니다. 판결을 받는 데만 꼬박 6개월 이상의 기간이 소요되었습니다. 판결을 받은 이후에도 임차인 스스로 건물을 비우지 않는다면, 임대인은 다음 절차인 법원의 집행관을 통해서 강제로 임차인의 명도(짐을 빼내야) 합니다. 빼낸 짐들을 아무 데나 보관할 수 있는 게 아니라, 법원에서 지정한 창고에서 일정 기간 유료로 보관해야 합니다. 여기까지 드는 비용 전액은 임대인이 부담해야 하고, 이후 일정 기간(보통 1개월 이상) 동안 임차인이 이 물건을 가져가지 않는다면 임대인은 계속 보관비를 납부해야만 합니다. 어느 시점에 법원에 그 물건들을 경매 처분(유체동산 경매) 신청해야 하는데, 경매 기일에 아무도 입찰하지 않는다면 결국 임대인은 울며 겨자 먹기로 그 물건을 매수(사야만)하는 웃기고도 슬픈 일이 발생하게 됩니다.

정말 소설 같은 이야기 같지만, 전부 다 현실에서 발생하는 일입니다. 여기까지만 해도 발생하는 비용을 계산해보면, 소송비용 40~50만 원, 강제집행비용 300~400만 원, 창고보관비용 100~200만 원, 경매 비용 20~30만 원, 기타비용 등…. 그동안에 못 받은 차임은 그렇다고 치더라도, 현실적으로 내 주머니에서 지출하는 돈만 해도 몇천만 원 이상이 발생하게 됩니다.

하지만 임대인의 애환은 여기에서 끝나지 않았습니다. 임차인 B가 하도 졸라서 해줬던 전세권설정등기에 임차인 B는 '전세권부 근저당권설정등기'를 했고, 나중에는 이 전세권설정등기에 전세권부 가압류명령까지 들어오게 되었습니다. 과연 여러분은 이 일을 어떻게 처리할 수 있었을까요? 어쨌든 이 모든 것들을 정리하는 데만 거의 1년 6개월 이상 소요되었습니다. 말씀드린 대로 그로 인한 지출한 소송비용은 말할 것도 없이, 이 상황에서 임대인이 잃은 것이 어디 한두 가지였겠습니까?

이러한 이유로 절대로 보증금을 무조건 많이 받아두는 것이 좋다는 것이며, 더 나가서 보증금보다는 세입자의 직입(업종 등)노 아수 중요하다고 생각됩니다.

03

임대차
종료

임대차계약은 약정한 기간이 끝나면 그 즉시 종료하게 됩니다.

물론 앞서 이야기한 '기간의 약정이 없는 임대차', 즉 묵시의 갱신이 된다면 그 규정에 맞게 계약해지를 하면 될 것입니다. 주임법의 경우에는 만약 임대차기간 만료 2월 전에 임차인이 해지 통고를 하지 않았다면, 당연히 계약은 갱신될 것입니다. 갱신된 계약을 해지하려고 한다면 임차인은 해지 통고를 하면 됩니다. 다만 3월 후에 그 해지 효력이 발생할 것입니다.

따라서 주임법에서는 임차인은 약정기간에 임대차를 해지하려고 한다면, 계약 만료 2월 전에 반드시 해지 통고를 해야 합니다. 그러나 상임법에서는 그러한 법 규정이 없으므로 별도 통지하지 않는다고 하더라도 계약만료일에 자동 해지된다고 봐도 무관합니다(이 부분은 다시 한번 더 복습하신다고 생각하시고 보시면 됩니다).

또한 임대차계약이 해지되었을 때는 임대인은 임차인에게 보증금을 반환하게 됩니다. 반대로 임차인은 임대인에게 임차물을 인도해야 합니다. 이는 동시이행항변권으로서 한쪽이 먼저 이행해야만 다른 쪽이 이행하는 것이 아니라, 양자 간에 동시에 주고받아야 합니다.

여기에서 한 가지 더 조금은 어려운 법리를 이야기해드리겠습니다. 이때 임차인의 '보증금을 받을 권리의 채권'과 임차인이 동일한 임대인에게 별도의 '대여금채권'이 만기에 달했다고 해도, 임대인은 임차인에게 '보증금을 돌려줄 의무의 채권'을 '자동채권'으로 해서 상계(한마디로 상대방에게 줄 것과 내가 받을 것이 같다면 대신한다고 생각하면 됨)할 수 없습니다. 이 부분은 이해 안 된다면 굳이 이해하지 마시기 바랍니다. 별로 중요한 건 아닙니다.

04

차임연체로 인한 계약해지와
계약갱신요구권 행사요건 법리해석

민법	제640조(차임연체와 해지) 건물 기타 공작물의 임대차에는 임차인의 **차임연체액이 2기의 차임액에 달하는 때**에는 임대인은 계약을 해지할 수 있다. ※ 주임법에는 차임연체와 해지 법조문이 없으므로, 민법을 적용받습니다.	임대차계약 해지 당시에 2기의 차임 연체되어야만 함.
주임법	제6조(계약의 갱신) ① 임대인이 임대차기간이 끝나기 6개월 전부터 2개월 전까지의 기간에 임차인에게 갱신거절(更新拒絶)의 통지를 하지 아니하거나 계약조건을 변경하지 아니하면 갱신하지 아니한다는 뜻의 통지를 하지 아니한 경우에는 그 기간이 끝난 때에 전 임대차와 동일한 조건으로 다시 임대한 것으로 본다. 임차인이 임대차기간이 끝나기 2개월 전까지 통지하지 아니한 경우에도 또한 같다. ③ **2기(期)의 차임액(借賃額)에 달하도록 연체하거나** 그 밖에 임차인으로서의 의무를 현저히 위반한 임차인에 대하여는 제1항을 적용하지 아니한다.	임차인이 2기의 차임의 연체사실만 있으면, 묵시적 갱신을 적용받지 못함.
주임법	제6조의 3(계약갱신 요구 등) ① 제6조에도 불구하고 임대인은 임차인이 제6조 제1항 전단의 기간 이내에 계약갱신을 요구할 경우 정당한 사유 없이 거절하지 못한다. 다만, 다음 각 호의 어느 하나에 해당하는 경우에는 그러하지 아니하다. 1. **임차인이 2기의 차임액에 해당하는 금액에 이르도록 차임을 연체한 사실이 있는 경우**	임차인이 2기의 차임을 연체한 사실만 있으면, 계약갱신요구권 행사가 불가능함.

상임법	제10조(계약갱신 요구 등) ① 임대인은 임차인이 임대차기간이 만료되기 6개월 전부터 1개월 전까지 사이에 계약갱신을 요구할 경우 정당한 사유 없이 거절하지 못한다. 다만, 다음 각 호의 어느 하나의 경우에는 그러하지 아니하다. 〈개정 2013. 8. 13〉 **1. 임차인이 3기의 차임액에 해당하는 금액에 이르도록 차임을 연체한 사실이 있는 경우**	임차인이 3기의 차임을 연체한 사실만 있으면, 계약갱신요구권 행사가 불가능함.
상임법	제10조의 8(차임연체와 해지) 임차인의 **차임연체액이 3기의 차임액에 달하는 때**에는 임대인은 계약을 해지할 수 있다.	임대차계약 해지 당시에 3기의 차임 연체되어야만 함.

🔊 차임연체와 관련한 Q&A

Q. 차임연체는 연속해서 해야지만 해지사유가 되는가요?

A. 연속해서 해도 되고, 1월 3월 5월분을 합산해서 3기에 달하면 해지 사유가 됩니다.

Q. 임차인이 3기 연체 후, 밀린 월세를 전부 다 지급했는데, 계약갱신요구권을 행사할 수 있나요?

A. 임차인의 계약갱신요구권은 3기 연체 사실만 있어도 행사할 수 없습니다.

Q. 임대인이 바뀌기 전에 임차인이 3기 연체 사실이 있다면, 새로운 임대인이 계약갱신요구권을 거절할 수 있나요?

A. 새로운 임대인이 연체차임을 양도양수하지 않은 한 승계 이후 추가적으로 임차인이 3기 연체가 있어야 계약갱신요구권을 거절할 수 있습니다. **[대법원 2008. 10. 9, 선고 2008다3022 판결]**

05

상임법 차임연체로 인한 계약갱신요구권 행사요건 관련 판례

대법원 2021. 5. 13, 선고 2020다255429 판결
[건물명도(인도)]〈점포 임대인이 임대차기간 중 차임연체액이 3기분에 달한 적이 있었다는 이유로 임차인의 계약갱신 요구를 거절하고 인도를 구하는 사건〉[공2021하, 1197]

【판시사항】
[1] 상가건물임대차보호법의 적용을 받는 상가건물의 임대차기간 중 어느 때라도 차임이 3기분에 달하도록 연체된 사실이 있는 경우, 임대인이 임차인의 계약갱신요구를 거부할 수 있는지 여부(적극)
[2] 차임에 대한 부가가치세 상당액을 임차인이 부담하기로 하는 약정이 있는 경우, 임대차계약 종료 후 계속 점유로 인한 차임 상당 부당이득에 대한 부가가치세 상당액도 임차인이 부담하는지 여부(원칙적 적극)

【판결 요지】
[1] 상가건물임대차보호법(이하 '상가임대차법'이라고 한다) 제10조의 8은 임대인이 차임연체를 이유로 계약을 해지할 수 있는 요건을 '차임연체액이 3기의 차임액에 달하는 때'라고 규정하였다. 반면 임대인이 임대차기간 만료를 앞두고 임차인의 계약갱신 요구를 거부할 수 있는 사유에 관해서는 '3기의 차임액에 해당하는 금액에 이르도록 차임을 연체한 사실이 있는 경우'라고 문언을 달리하여 규정하고 있다(상가임대차법 제10조 제1항 제1호). 그 취지는, 임대차계약 관계는 당사자 사이의 신뢰를 기초로 하므로, 종전 임대차기간에 차임을 3기분에 달하도록 연체한 사실이 있는 경우에까지 임차인의 일방적 의사에 의하여 계약관계가 연장되는 것을 허용하지 아니한다는 것이다.

위 규정들의 문언과 취지에 비추어 보면, 임대차기간 중 어느 때라도 차임이 3기분에

달하도록 연체된 사실이 있다면 임차인과의 계약관계 연장을 받아들여야 할 만큼의 신뢰가 깨어졌으므로 임대인은 계약갱신 요구를 거절할 수 있고, 반드시 임차인이 계약갱신요구권을 행사할 당시에 3기분에 이르는 차임이 연체되어 있어야 하는 것은 아니다.

[2] 임차인이 계약 종료 후에도 건물을 계속 사용하고 있고 임대인도 보증금을 반환하지 않은 채 거기에서 향후 임료 상당액을 공제하는 관계라면 부가가치세의 과세대상인 용역의 공급에 해당하므로, 차임에 대한 부가가치세 상당액을 임차인이 부담하기로 하는 약정이 있었다면, 특별한 사정이 없는 한 임대차계약 종료 후의 계속 점유를 원인으로 지급되는 차임 상당 부당이득에 대한 부가가치세 상당액도 임차인이 부담하여야 한다.

【참조 조문】
[1] 상가건물임대차보호법 제10조 제1항 제1호, 제10조의 8 [2] 민법 제105조, 제741조, 부가가치세법 제11조, 제31조

【참조판례】
[1] 대법원 2014. 7. 24, 선고 2012다58975 판결
[2] 대법원 2002. 11. 22, 선고 2002다38828 판결(공2003상, 154)

【전문】

【원고, 피상고인】 원고 1 외 1인 (소송내리인 법무법인 명경 담당 변호사 김재윤 외 3인)

【피고, 상고인】 피고 (소송대리인 법무법인 율한 담당 변호사 주대경 외 5인)

【원심판결】 창원지법 2020. 7. 17, 선고 2019나59513 판결

【주문】
상고를 모두 기각한다. 상고비용은 피고가 부담한다.

【이유】

상고이유를 판단한다.

1. 상고이유 제1점에 관하여

가. '상가건물임대차보호법'(이하 '상가임대차법'이라고 한다) 제10조의 8은 임대인이 차임 연체를 이유로 계약을 해지할 수 있는 요건을 '차임연체액이 3기의 차임액에 달하는 때'라고 규정하였다. 반면 임대인이 임대차기간 만료를 앞두고 임차인의 계약갱신 요구를 거부할 수 있는 사유에 관해서는 '3기의 차임액에 해당하는 금액에 이르도록 차임을 연체한 사실이 있는 경우'라고 문언을 달리하여 규정하고 있다(상가임 대차법 제10조 제1항 제1호). 그 취지는 임대차계약 관계는 당사자 사이의 신뢰를 기초로 하므로, 종전 임대차기간에 차임을 3기분에 달하도록 연체한 사실이 있는 경우에까지 임차인의 일방적 의사에 의하여 계약관계가 연장되는 것을 허용하지 아니한다는 것이다(대법원 2014. 7. 24. 선고 2012다58975 판결 참조).

위 규정들의 문언과 취지에 비추어 보면, 임대차기간 중 어느 때라도 차임이 3기분에 달하도록 연체된 사실이 있다면 그 임차인과의 계약관계 연장을 받아들여야 할 만큼의 신뢰가 깨어졌으므로 임대인은 계약갱신 요구를 거절할 수 있고, 반드시 임차인이 계약갱신요구권을 행사할 당시에 3기분에 이르는 차임이 연체되어 있어야 하는 것은 아니 니다.

나. 원심은 판시와 같은 이유로, 임차인인 피고가 2017. 9. 8. 연체차임 일부를 지급할 때까지 3개월분의 차임이 연체되어 있었으므로 임대인인 원고들은 그 사유를 들어 피고의 계약갱신 요구를 거절할 수 있고, 이 사건 임대차는 약정한 기간 말일인 2018. 8. 31. 종료되었다고 판단하였다. 원심판결 이유를 위에서 본 법리에 비추어 보면, 이러한 원심의 판단에 상고이유 주장과 같이 임대인이 계약갱신을 거절할 수 있는 사유에 관한 법리를 오해한 잘못이 없다.

2. 상고이유 제2점에 관하여

가. 임차인이 계약 종료 후에도 건물을 계속 사용하고 있고 임대인도 보증금을 반환하

지 않은 채 거기에서 향후 임료 상당액을 공제하는 관계라면 부가가치세의 과세대
상인 용역의 공급에 해당하므로, 차임에 대한 부가가치세 상당액을 임차인이 부담
하기로 하는 약정이 있었다면, 특별한 사정이 없는 한 임대차계약 종료 후의 계속
점유를 원인으로 지급되는 차임 상당 부당이득에 대한 부가가치세 상당액도 임차
인이 부담하여야 한다(대법원 2002. 11. 22. 선고 2002다38828 판결 등 참조).

나. 원심은 같은 취지에서, 피고는 월차임에 대한 부가가치세 상당액을 별도로 지급하
기로 약정하였으므로, 임대차계약 종료 후 점유를 계속함으로써 생긴 차임 상당 부
당이득에 대하여도 부가가치세 상당액을 부담하여야 한다고 판단하였다. 원심의 이
러한 판단은 앞서 본 법리에 기초한 것으로서, 거기에 상고이유 주장과 같이 부당이
득에 관한 법리를 오해한 잘못이 없다.

3. 결론
그러므로 상고를 모두 기각하고 상고비용은 패소자가 부담하기로 하여, 관여 대법관의
일치된 의견으로 주문과 같이 판결한다.

대법관 박정화(재판장) 이기택(주심) 김선수
(출처 : 대법원 2021. 5. 13. 선고 2020다255429 판결 [건물명도(인도)] 〉 종합법률정보 판례)

PART

07

상가건물임대차보호법상
계약갱신요구권

01

상가임차인에게 중요한
계약갱신요구권

상가건물의 경우는 주택임대차와는 달리 대부분 영업을 하기 위한 임대차가 대부분입니다. 영업하기 위해서는 특정 업종을 선택해 점포를 거의 전면적으로 개조(인테리어 등)하는 등 다소 큰 비용이 발생하게 됩니다. 기존 운영 중인 점포를 인수하기 위해서 역시 조금은 큰돈인 권리금을 지급해야 합니다. 그런데 계약갱신요구권이 생기기 전까지만 해도 이처럼 큰 비용을 쏟아부은 후에 장사가 잘되어 대박이 났을 때는 조물주 위에 건물주가 자신의 건물의 임차인이 잘되는 꼴을 결코 두 눈 뜨고 보지 못하고, 계약기간이 끝나는 동시에 임차인을 내쫓아버리기도 했습니다. 그 자리에 동일한 업종으로 자신이 장사를 해버리거나, 아니면 다른 임차인을 물색해서, 임대인 자신이 권리금을 받아버리는 정말 해도 너무한 작태를 많이 보였습니다. 아마도 이에 대응하는 차원에서 '계약갱신요구권'이라는 법 규정이 만들어지게 된 것으로 보입니다.

계약갱신요구권은 앞서 한번 다룬 바 있으나, 임차인에게 너무나도 중요한 권리 중에 하나라서 다시 한번 디테일하게 정리해보겠습니다.

상가건물임대차보호법 제10조(계약갱신 요구 등)

① 임대인은 임차인이 임대차기간이 만료되기 6개월 전부터 1개월 전까지 사이에 계약갱신을 요구할 경우 정당한 사유 없이 거절하지 못한다. 다만, 다음 각 호의 어느 하나의 경우에는 그러하지 아니하다. 〈개정 2013. 8. 13〉

1. 임차인이 3기의 차임액에 해당하는 금액에 이르도록 차임을 연체한 사실이 있는 경우

2. 임차인이 거짓이나 그 밖의 부정한 방법으로 임차한 경우

3. 서로 합의하여 임대인이 임차인에게 상당한 보상을 제공한 경우

4. 임차인이 임대인의 동의 없이 목적 건물의 전부 또는 일부를 전대(轉貸)한 경우

5. 임차인이 임차한 건물의 전부 또는 일부를 고의나 중대한 과실로 파손한 경우

6. 임차한 건물의 전부 또는 일부가 멸실되어 임대차의 목적을 달성하지 못할 경우

7. 임대인이 다음 각 목의 어느 하나에 해당하는 사유로 목적 건물의 전부 또는 대부분을 철거하거나 재건축하기 위하여 목적 건물의 점유를 회복할 필요가 있는 경우

　가. 임대차계약 체결 당시 공사시기 및 소요기간 등을 포함한 철거 또는 재건축 계획을 임차인에게 구체적으로 고지하고 그 계획에 따르는 경우

　나. 건물이 노후·훼손 또는 일부 멸실되는 등 안전사고의 우려가 있는 경우

　다. 다른 법령에 따라 철거 또는 재건축이 이루어지는 경우

8. 그 밖에 임차인이 임차인으로서의 의무를 현저히 위반하거나 임대차를 계속하기 어려운 중대한 사유가 있는 경우

② 임차인의 계약갱신요구권은 최초의 임대차기간을 포함한 전체 임대차기간이 10년을 초과하지 아니하는 범위에서만 행사할 수 있다.

③ 갱신되는 임대차는 전 임대차와 동일한 조건으로 다시 계약된 것으로 본다. 다만, 차임과 보증금은 제11조에 따른 범위에서 증감할 수 있다.

④ 임대인이 제1항의 기간 이내에 임차인에게 갱신 거절의 통지 또는 조건 변경의 통지를 하지 아니한 경우에는 그 기간이 만료된 때에 전 임대차와 동일한 조건으로 다시 임대차한 것으로 본다. 이 경우에 임대차의 존속기간은 1년으로 본다. 〈개정 2009. 5. 8〉

⑤ 제4항의 경우 임차인은 언제든지 임대인에게 계약해지의 통고를 할 수 있고, 임대인이 통고를 받은 날부터 3개월이 지나면 효력이 발생한다. [전문 개정 2009. 1. 30]

제10조의 2(계약갱신의 특례)

제2조 제1항 단서에 따른 보증금액을 초과하는 임대차의 계약갱신의 경우에는 당사자

는 상가건물에 관한 조세, 공과금, 주변 상가건물의 차임 및 보증금, 그 밖의 부담이나 경제 사정의 변동 등을 고려하여 차임과 보증금의 증감을 청구할 수 있다.
[본조 신설 2013. 8. 13]

이 법조문들을 위아래로 가만히 훑어보면서 이런 생각이 들었습니다. 약자들을 위해 만들어진 법 규정인 '계약갱신요구권'입니다. 그런데 계약갱신요구의 거절 사유를 '8가지'나 만들어놓은 것을 보면서, 어쩌면 이사회의 기득권은 마지막까지도 자신들이 빠져나갈 구멍은 다 만들어놓은 것은 아닌가 하는 찜찜한 생각이 드는 것은 과연 필자 혼자만의 편협된 생각이었으면 합니다.

어쨌든 다시 본론으로 돌아와서, 계약갱신요구권의 법조문을 낱낱이 살펴보면, 임차인은 임대인에게 임대차기간 만료 전 6월부터 1월 전까지 사이에 최초 계약일로부터 10년간은 위와 같은 '계약갱신거절 사유'가 없다면 임차인은 마음 푹 놓고 장사해도 된다는 결론입니다. 다만 이 갱신거절 사유에 걸리면 안 되므로, 임차인은 이에 대해 꼼꼼히 살펴봐야겠습니다.

먼저 첫 번째 거절 사유인 '3기의 차임액에 해당하는 금액에 이르도록 차임을 연체한 사실'의 경우는, 앞서 한번 논했듯이 현재에 차임연체가 없더라도 과거에 3기를 연체한 사실이 있었던 경우를 말하는 것입니다. 상가임차인은 어떠한 경우라도 임대차기간 중에 차임을 3기 이상 연체해서는 안 됩니다.

두 번째, '임차인이 거짓이나 그 밖의 부정한 방법으로 임차한 경우'는 여러 가지 경우가 있겠지만, 크게 둘로 나누어서 임대차계약서 작성 시에 업종을 특정해놓고, 임대인의 동의 없이 타업종으로 상가를 운영하는 경우와 처음에는 계약 내용에 따른 업종으로 운영하다가 역시 임대인의 동의 없이 타업종으로 전환하는 경우가 대표적이라고 할 것입니다. 타업종 전환 시에는 반드시 임대인의 동의는 필수라고 할 것입니다.

세 번째, 서로 합의해 임대인이 임차인에게 상당한 보상을 제공한 경우는 '상당한'이 어느 정도가 상당한가가 문제지만, 임차인이 잘못이 아닌 양 당사자의 충분한 합의가 이루어진 후에 임차인이 내보내지는 것이므로 특별히 흠잡을 데가 없는 조문이라 하겠습니다.

네 번째는 임대인의 동의 없이 목적 건물의 전부 또는 일부를 전대한 경우는 민법 제629조(임차권의 양도, 전대의 제한)를 그대로 인용한 법조문이며, 이는 어느 정도 임대인의 권한에 대한 법적 보호라고 해도 무방할 것입니다.

다섯 번째는 임차인이 임차한 건물의 전부 또는 일부를 고의나 중과실로 파손한 경우는 다음의 민법 규정을 보겠습니다.

민법 제625조(임차인의 의사에 반하는 보존행위와 해지권)
임대인이 임차인의 의사에 반하여 보존행위를 하는 경우에 임차인이 이로 인하여 임차의 목적을 달성할 수 없는 때에는 계약을 해지할 수 있다.

역시 이 법 규정을 그대로 가지고 온 느낌이 들며, 단지 임차인이 아니라, 임대인이 계약해지를 할 수 있다는 것이 다를 뿐입니다.

여섯 번째는 임차한 건물의 전부 또는 일부가 멸실되어 임대차의 목적을 달성하지 못할 경우입니다.

제627조(일부 멸실 등과 감액청구, 해지권)
① 임차물의 일부가 임차인의 과실 없이 멸실 기타 사유로 인하여 사용, 수익할 수 없는 때에는 임차인은 그 부분의 비율에 의한 차임의 감액을 청구할 수 있다.
② 전항의 경우에 그 잔존 부분으로 임차의 목적을 달성할 수 없는 때에는 임차인은 계약을 해지할 수 있다.

이 또한 위 민법의 법 규정과 비슷한 내용이며, 민법에서는 '임차인의 과실 없이'라는 제한을 두었지만, 상임법에서는 특별한 제한 없이 임대차목적물의 멸실에 대해 규정하고 있습니다.

일곱 번째는 '임대인이 임대차계약 체결 당시 공사시기 및 소요기간 등을 포함한 철거 또는 재건축 계획을 임차인에게 구체적으로 고지하고, 그 계획에 따르는 경우'는 이미 계약체결 당시에 이러한 내용을 명시했기 때문에 더 이상 양자 간에 다툼이 있을 것이 없고, '건물이 노후, 훼손 또는 일부 멸실되는 등 안전사고의 우려가 있는 경우'는 이 여섯 번째 법 규정과 거의 동일한 법조문이라 특별히 논할 부분이 없습니다.

마지막 여덟 번째가 가장 문제가 많은 법조문입니다. 법 규정이 '그 밖에 임차인으로서의 의무를 현저히 위반하거나 임대차를 계속하기 어려운 중대한 사유가 있는 경우'라고 되어 있습니다. 임차인의 의무를 현저히 위반? 임대차를 계속하기 어려운 중대한 사유? 이 위반과 사유에 대해 판단을 과연 누가 할 것인지의 문제가 발생할 수 있습니다. 필자는 이 사안에 관한 최종 판단은 결국에는 우리 법원 재판부의 몫이라고 판단됩니다. 따라서 이 법조문은 다분히 재판을 부르는 법조문이라고 밖에는 생각되지 않습니다.

02

계약갱신요구권(5년 → 10년) 개정으로 인한 법 적용

2018년 9월 20일 상가건물임대차보호법의 개정(2018. 10. 16. 시행)으로 인해 상가임대차에서 임차인의 임대인에 대한 계약갱신요구권 기간이 5년에서 10년으로 기간이 연장되었습니다. 이는 상인들의 권익을 높여줌으로써, 어떤 상가 임차이던지 이제는 한번 장사를 시작하면 건물주의 눈치를 안 보고 아무런 문제 없이 10년 동안은 장사할 수 있게 해준 것입니다. 반면, 임대인 입장에서 보면 자신의 사유재산인데도 누군가에게 임대하게 되면, 10년 동안은 가만히 지켜보고 있어야만 한다는 불합리한 상황에 직면한다고도 볼 수 있을 정도입니다. 건물주의 권위가 낮아지는 결과가 도출될 수 있습니다.

하지만 시간이 흐를수록 우리 세상이 가진 자보다는 없는 자들에게 힘을 나누어주는 것으로 바뀌는 데서 긍정적인 변화로서 받아드려야 한다는 생각이 듭니다. 그보다 더 이 시점에서 우리에게 중요한 것은 이번 상임법 개정으로 인해 과연 기존의 임대차계약이 진행되고 있는 임차인들에게 본 개정법이 적용되는지 여부에 대해 논해보고자 합니다.

우선, 이처럼 개정법이 시행된 이후에 새롭게 임대차계약을 체결한 임대인과 임차인은 개정법에 당연히 적용된다 할 것입니다. 단지 개정 전에 임대차계약이 진행되고 있던 임차인들에게 본 개정법이 적용될 것인가의 문제입니다. 그런데 이렇게 법이 개정되면 이전에 계약자들에게 적용된다면 법률용어로 '소급' 적용된다고 하며, 만일에 적용 안 된다면 '불소급' 된다고 합니다. 일반적인 법 개정은 대부분은 불소급이 원칙이며, 그 이유는 매번 법 개정마다 기존 법체계에서 계약했던 계약자들이 개정법으로 인해 분쟁이 발생할 수 있기 때문입니다.

이러게 복잡한 사안에서 우리는 법무부의 유권 해석을 통해서 그 적용례를 판단합니다. 법무부의 2018. 9. 21, 다음 설명자료를 보겠습니다.

법무부	보다나은 정부⁺	설명자료	공정하고 정의로운 사회 인권이 존중받는 사회

배포일시	2018. 9. 21.(금)	총 2쪽 / 사진 없음	
보도일시	배포 즉시 사용 가능	담당부서	법무부 법무심의관실
담당과장	김윤○ 법무심의관 02) 2110-3501	담 당 자	이경○ 검사 02) 2110-3503

개정 「상가건물임대차보호법」 언론보도 관련

> '18. 9. 21.(금) **"임대차계약 10년 보장... 소급적용은 안돼"**
> 제하의 **모 일간지 기사**와 관련하여 이해를 돕고자
> 아래와 같이 설명 드립니다.

○ 지난 9. 20.(목) 현행 **5년인** 상가임차인의 계약갱신요구권 행사기간을 **10년으로 연장**하는 내용의 「상가건물임대차보호법」 일부 개정안이 **국회를 통과**하였습니다.

○ 이러한 개정 법률에 대하여 일부 언론에서 **"계약갱신 요구기간 확대가 기존 계약에는 소급 적용되지 않는다"**는 취지로 보도하였습니다.

○ 그러나, 개정 법률 부칙 제2조는 **"이 법 시행 후 최초로 체결되거나 갱신되는 임대차부터 적용된다"**고 **명시**하고 있으므로, 기존 임대차계약의 경우라도,

- ① 개정 전 법률에 따라 **임차인이 계약갱신요구권을 행사 할 수 있는 경우**, 임차인이 **계약갱신을 요구하여 계약을 갱신함으로써 개정 법률의 적용**을 받게 되고, 결국 최초 임대차기간을 포함하여 **10년의 기간 동안의 임대기간을 보장** 받게 됩니다.

- ② 다만, 개정 전 법률에 따라 **임차인이 계약갱신요구권을 행사 할 수 없는 경우**(체결된 전체 임대차기간이 최초 임대차기간을 포함하여 5년이 넘는 경우 등), 임대인과 임차인의 합의로 계약갱신을 하지 않는 한 **개정 법률의 적용을 받지 않게** 됩니다.

ㅇ 따라서, "계약갱신 요구기간 확대가 기존 계약에는 소급 적용되지 않는다"는 취지의 언론 기사는 사실과 다름을 알려드립니다.

[적용 사례 예시]

① 임대기간 **2년의 임대차계약을 체결**하여 **임대기간이 진행 중인 임차인** : 계약 갱신 요구를 통해 **개정 법률 적용 가능**

② 최초 임대기간 **2년의 임대차계약을 체결**한 후, 1회 갱신하여 **4년째 임대기간이 진행** 중인 임차인 : ① 사안과 동일하게 **개정 법률 적용 가능**

③ 최초 임대기간 **2년의 임대차계약을 체결**한 후, 2회 갱신하여 **6년째 임대기간이 진행** 중인 임차인 : 임대인과 임차인의 합의로 계약갱신을 하지 않는 한 **개정 법률 적용 불가**

④ 임대기간 **5년의 임대차계약을 체결**하여 **임대기간이 진행** 중인 임차인 : ③ 사안과 동일하게 **개정 법률 적용 불가**

이처럼 기존의 임대차계약이 5년 계약이거나, 2년의 임대차계약을 체결한 후, 2회 갱신해서 6년째 임대차기간이 진행 중인 임차인들은 이 법에 적용을 받지 못하는 것으로 판단하면 될 것입니다.

PART
08

임대차의 차임 및
보증금 증감청구에 대한 정리

민법	**제628조**(차임증감청구권) 임대물에 대한 **공과 부담의 증감 기타 경제 사정의 변동으로 인하여 약정한 차임이 상당하지 아니하게 된 때에는 당사자는 장래에 대한 차임의 증감을 청구할 수 있다.**
주임법	**제7조**(차임 등의 증감청구권) ① 당사자는 약정한 차임이나 보증금이 임차주택에 관한 조세, 공과금, 그 밖의 부담 증감이나 경제 사정의 변동으로 인하여 적절하지 아니하게 된 때에는 장래에 대해 그 증감을 청구할 수 있다. 이 경우 증액청구는 임대차계약 또는 약정한 차임이나 보증금의 증액이 있은 후 1년 이내에는 하지 못한다. ② 제1항에 따른 증액청구는 약정한 차임이나 **보증금의 20분의 1**의 금액을 초과하지 못한다. 다만, 특별시·광역시·특별자치시·도 및 특별자치도는 관할 구역 내의 지역별 임대차 시장 여건 등을 고려하여 본문의 범위에서 증액청구의 상한을 조례로 달리 정할 수 있다.
주임법 시행령	**제8조**(차임 등 증액청구의 기준 등) ① 법 제7조에 따른 차임이나 보증금 (이하 "차임 등"이라 한다)의 증액청구는 약정한 차임 등의 **20분의 1**의 금액을 초과하지 못한다. ② 제1항에 따른 증액청구는 임대차계약 또는 약정한 차임 등의 증액이 있은 후 1년 이내에는 하지 못한다.
상임법	**제11조**(차임 등의 증감청구권) ① 차임 또는 보증금이 임차건물에 관한 **조세, 공과금, 그 밖의 부담의 증감이나 경제 사정의 변동으로 인하여 상당하지 아니하게 된 경우에는 당사자는 장래의 차임 또는 보증금에 대해 증감을 청구할 수 있다.** 그러나 증액의 경우에는 대통령령으로 정하는 기준에 따른 비율을 초과하지 못한다. ② 제1항에 따른 증액청구는 임대차계약 또는 약정한 차임 등의 증액이 있은 후 1년 이내에는 하지 못한다.
상임법 시행령	**제4조**(차임 등 증액청구의 기준) 법 제11조 제1항의 규정에 의한 차임 또는 보증금의 증액청구는 청구 당시의 차임 또는 보증금의 100분의 5의 금액을 초과하지 못한다. 〈개정 2008. 8. 21, 2018. 1. 26〉
상임법	**제10조의 2**(계약갱신의 특례) 제2조 제1항 단서에 따른 보증금액을 초과하는 임대차의 계약갱신의 경우에는 당사자는 상가건물에 관한 **조세, 공과금, 주변 상가건물의 차임 및 보증금, 그 밖의 부담이나 경제 사정의 변동 등을 고려하여 차임과 보증금의 증감을 청구할 수 있다.**

정리한 도표를 보면, 모든 임대차법과 관련해 차임(월세)의 증감(올리거나, 내리거나)청구의 법조문 내용은 하나같이 민법 임대차의 규정 '조세, 공과금, 그 밖의 부담 증감이나 경제 사정의 변동으로 인하여 상당하지 아니하게 된 경우에는 당사자는 장래의 차임 또는 보증금에 대해 증감을 청구할 수 있다'를 비슷하게 인용하고 있습니다.

이 법조문을 그대로 해석해보면, 임대차계약 체결 이후에 조세, 공과금 기타 부담의 증감이나 경제 사정의 변동이 있어서, 기존 차임이 현실과는 맞지 않아야만 임대인 또는 임차인은 그 상대방에게 차임 증감을 청구할 수 있는 것입니다. 일반적으로 법률 전문가 뿐 아니라, 부동산 중개업계 종사자들도 임대차계약 체결 후 1년 되는 시점에 임대인은 당연히 차임을 인상할 수 있다고 잘못 알고 있습니다.

따라서 임대인 또는 임차인이 경제 사정의 변동으로 기존 차임이 현실과는 동떨어지는 것을 증명할 수 없다면, 양 당사자는 그 상대방 차임의 증감청구를 받아들일 어떠한 이유도 없습니다.

그리고 주임법과 상임법에는 있는 증액의 상한선(5%)이 민법에는 없으므로 민법 임대차에 해당하는 임대차계약자는 양자 간에 무한대로 증감을 청구할 수 있을 것입니다. 또한 임대인의 차임 증액청구는 임대차계약 또는 약정한 차임 등의 증액이 있고 난 뒤 1년 이내에 하지 못한다고 주임법과 상임법에는 명시되어 있습니다. 하지만 민법에는 이 법 규정 또한 없습니다. 만약 경제 사정변동과 기존 차임의 현실성이 동떨어지는 것을 증명할 수만 있다면, 양 당사자는 그 횟수와 기간에 영향을 받지 않고 수시로 그 상대방에게 차임증감을 청구할 수 있다고 보입니다.

한편, 주임법과 상임법에서 법제화하고 있는, 증액의 상한선도 임대차계약이 종료된 후 재계약을 하거나, 임대차계약 종료 전이라도 당사자의 합의로 차임 등이 증액된 경우에는 적용되지 않습니다(**대법원 2002. 6. 28, 선고 2002다23482 판결**).

다시 정리해보겠습니다. 임대차계약 체결 이후에 만일 경제 사정의 변동으로 인해 차임의 현실성이 동떨어지는 것을 증명할 수 있다면, 민법 임대차는 언제든지 양 당사자가 그 상대방에게 차임의 증감을 청구할 수 있습니다.

주임법과 상임법에 속하는 임차인은 임대인에게 언제든지 차임의 감액을 청구할 수 있으나, 임대인은 임대차계약 또는 약정한 차임 등의 증액이 있고 난 뒤 1년 이내에는 차임의 증액을 청구할 수 없습니다.

단, 임차인이 임대인의 차임인상 요구를 들어주지 않는다면, 주임법상 계약갱신요건을 이미 사용한 임차인과 민법을 적용받는 임대차계약이면 임대차계약 종료 후, 더 이상의 계약갱신이 어려울 것입니다. 나아가 상임법을 적용받는 임대차계약인 경우는 계약갱신요구권을 행사해 10년간은 차임 인상 없이 버틴다고 하더라도 기간 만료 후에 앞으로 다루어야 할 법리인 '권리금' 회수문제가 발생합니다. 임차인은 가능하다면 임대인과 계약기간 중에 다툼 없이 무난하게 계약을 유지하는 것이 어쩌면 서로 간에 좋은 것이 아닐까 합니다.

차임증감과 관련해, '차임 또는 보증금 5% 금액'의 계산방식은 어떻게 하느냐가 문제일 수 있는데, 다음 자료를 참조해주시기를 바랍니다.

주택, 상가 월차임 증액과 전월세 전환율 비교표[2023. 7. 30 기준]

	①은행 대출금리 등(대통령령) 주임법 제7조의 2 1호	② 한국은행기준금리　　+ 대통령령으로 정한 이율 주임법 제7조의 2 2호	
주택	10%(1할) [미적용]	3.5% (2023. 7. 30.기준)	2%
		5.5% [적용]	
	※ 보증금의 전부, 일부를 월 단위의 차임으로 전환하는 경우 그 전환되는 금액에 위도표상 ①, ② 중 낮은 비율을 곱한 월차임의 범위를 초과 못함.		
	예) 보증금 5,000만 원, 월차임 100만 원일 때 ① 월차임, 보증금 각각 5% 증액하는 경우 　1) 월차임 5% 증액 : 5,000만 원 × 5% = 5만 원(월차임) 　2) 보증금 5% 증액 : 5,000만 원 × 5% = 2,500,000원(보증금) ② 월차임 5% 증액과 보증금을 월차임으로 전환 후, 월차임 5% 추가 증액하는 경우 　1) 월차임 5% 증액 : 5,000만 원 × 5% = 5만 원(월차임) 　2) (1) 보증금 월차임 전환 : 5,000만 원 × 5.5% ÷ 12 = 229,166원 　　 (2) 전환된 월차임 5% 증액 : 229,166원 × 5% = 11,458원 　3) 5만 원(월차임 증액분) + 11,458원(보증금 증액분) = **61,458원**(최종 증액분)		

① 은행대출금리 등(대통령령) 상임법 제12조 1호	② 한국은행기준금리 주임법 제12조 2호	× 대통령령으로 정하는 배수를 곱한 비율
12%(1할 2푼) [적용]	3.5% (2023. 7. 30.기준)	4.5배
	15.75% [미적용]	

상가	※ 보증금의 전부, 일부를 월단위의 차임으로 전환하는 경우 그 전환되는 금액에 위도표상 ①, ② 중 낮은 비율을 곱한 월차임의 범위를 초과 못함.

(예) 보증금 5,000만 원, 월차임 100만 원일 때

① 월차임, 보증금 각각 5% 증액하는 경우

(1) 월차임 5% 증액 : 5,000만 원 × 5% = 5만 원(월차임)

(2) 보증금 5% 증액 : 5,000만 원 × 5% = 2,500,000원(보증금)

② 월차임 5% 증액과 보증금을 월차임으로 전환후, 월차임 5% 추가 증액하는 경우

(1) 월차임 5% 증액 : 5,000만 원 × 5% = 5만 원(월차임)

(2) 1) 보증금 월차임 전환 : 5,000만 원 × 12% ÷ 12 = 500,000원

　　2) 전환된 월차임 5% 증액 : 500,000원 × 5% = 25,000원

(3) 5만 원(월차임 증액분) + 25,000원(보증금 증액분) = 75,000원(최종 증액분)

　　이 자료 방식에 따라서 계산한다면 웬만한 임대차 차임계산은 원만히 해결될 것이라고 판됩니다.

PART

09

상임법에서
권리금 회수 문제

권리금이란 상가에서 영업하는 임차인 또는 영업을 하려는 임차인이 영업시설, 비품, 거래처, 영업상의 노하우, 상가의 위치에 따른 영업상의 이점 등을 양도하거나, 또는 이를 이용하게 할 때 보증금, 차임 이외에 지급하는 금전을 말합니다.

상임법 제10조의 4(권리금 회수기회 보호 등)에서 다음과 같이 권리금 회수기회를 보장하고 있습니다.

상가건물임대차보호법 제10조의 4(권리금 회수기회 보호 등)

① **임대인은 임대차기간이 끝나기 6개월 전부터 임대차 종료 시까지** 다음 각 호의 어느 하나에 해당하는 행위를 함으로써 권리금 계약에 따라 임차인이 주선한 신규 임차인이 되려는 자로부터 권리금을 지급받는 것을 방해하여서는 아니 된다. 다만, 제10조 제1항 각 호의 어느 하나에 해당하는 사유가 있는 경우에는 그러하지 아니하다.

1. 임차인이 주선한 신규 임차인이 되려는 자에게 권리금을 요구하거나 임차인이 주선한 신규 임차인이 되려는 자로부터 권리금을 수수하는 행위

2. 임차인이 주선한 신규 임차인이 되려는 자로 하여금 임차인에게 권리금을 지급하지 못하게 하는 행위

3. 임차인이 주선한 신규 임차인이 되려는 자에게 상가건물에 관한 조세, 공과금, 주변 상가건물의 차임 및 보증금, 그 밖의 부담에 따른 금액에 비추어 현저히 고액의 차임과 보증금을 요구하는 행위

4. 그 밖에 정당한 사유 없이 임대인이 임차인이 주선한 신규 임차인이 되려는 자와 임대차계약의 체결을 거절하는 행위

② 다음 각 호의 어느 하나에 해당하는 경우에는 제1항 제4호의 정당한 사유가 있는 것으로 본다.

1. 임차인이 주선한 신규 임차인이 되려는 자가 보증금 또는 차임을 지급할 자력이 없는 경우

2. 임차인이 주선한 신규 임차인이 되려는 자가 임차인으로서의 의무를 위반할 우려가

있거나 그 밖에 임대차를 유지하기 어려운 상당한 사유가 있는 경우

3. 임대차 목적물인 상가건물을 1년 6개월 이상 영리 목적으로 사용하지 아니한 경우

4. 임대인이 선택한 신규 임차인이 임차인과 권리금 계약을 체결하고 그 권리금을 지급한 경우

③ 임대인이 제1항을 위반하여 임차인에게 손해를 발생하게 한 때에는 그 손해를 배상할 책임이 있다. 이 경우 그 손해배상액은 신규 임차인이 임차인에게 지급하기로 한 권리금과 임대차 종료 당시의 권리금 중 낮은 금액을 넘지 못한다.

④ 제3항에 따라 임대인에게 손해배상을 청구할 권리는 임대차가 종료한 날부터 3년 이내에 행사하지 아니하면 시효의 완성으로 소멸한다.

⑤ 임차인은 임대인에게 임차인이 주선한 신규 임차인이 되려는 자의 보증금 및 차임을 지급할 자력 또는 그 밖에 임차인으로서의 의무를 이행할 의사 및 능력에 관하여 자신이 알고 있는 정보를 제공하여야 한다.

이 법조문 중에 '임대차기간이 끝나기 6개월 전부터 임대차 종료 시까지'라고 되어 있습니다. 법 개정 전에는 3개월이라는 한시적인 기간 안에 임차인이 새로운 임차인을 데리고 오기가 쉽지는 않아서 실효성에 강한 의문이 있는 법조문이었습니다. 하지만 이 개정으로 인해 임차인 입장에서는 여유를 갖고 새로운 임차인을 찾아볼 시간을 갖게 되었습니다.

하지만 6개월 이내에 임차인이 새로운 임차인을 데리고 온다고 해도, 임대인은 거절할 수 있다 할 것입니다. 그 거절 사유를 한번 자세히 보도록 하겠습니다.

> 1. 임차인이 주선한 신규 임차인이 되려는 자에게 권리금을 요구하거나 임차인이 주선한 신규 임차인이 되려는 자로부터 권리금을 수수하는 행위

실제 현장에서는 발생하지 않는 일입니다. 보통 신규 임차인은 기존 임차인에게 합의된 권리금을 주기로 한 후에 기존 임차인이 새로운 임차인을 임대인에게 주선하는 것입니다. 그런데 신규 임차인이 임대인에게 이중으로 권리금을 요구하거나 수수할 이유가 없습니다.

> 2. 임차인이 주선한 신규 임차인이 되려는 자로 하여금 임차인에게 권리금을 지급하지 못하게 하는 행위

이 조문 또한 실제 현장에서 발생하지 않는 일이며, 신규 임차인이 기존 임차인에게 권리금을 지급하는 것을 임대인이 못하게 막을 이유가 없습니다.

> 3. 임차인이 주선한 신규 임차인이 되려는 자에게 상가건물에 관한 조세, 공과금, 주변 상가건물의 차임 및 보증금, 그 밖의 부담에 따른 금액에 비추어 현저히 고액의 차임과 보증금을 요구하는 행위

이때에도 변함없이 고액의 차임과 보증금에 대한 판단은 과연 누가 할 것인가의 문제가 발생하게 됩니다. 이 또한 재판으로 해결할 수밖에 없습니다.

② 다음 각 호의 어느 하나에 해당하는 경우에는 제1항 제4호의 정당한 사유가 있는 것으로 본다.

1. 임차인이 주선한 신규 임차인이 되려는 자가 보증금 또는 차임을 지급할 자력이 없는 경우
2. 임차인이 주선한 신규 임차인이 되려는 자가 임차인으로서의 의무를 위반할 우려가 있거나 그 밖에 임대차를 유지하기 어려운 상당한 사유가 있는 경우

임대인은 만약에 임차인이 어떠한 새로운 임차인을 데리고 온다고 해도 1, 2호 사유를 들어서, 새로운 임차인을 전부 다 거절할 수 있다고 보입니다.

왜냐하면, 그 사람의 속마음을 들여다볼 수 있는 것도 아닌데, 어떻게 처음 본 새로운 임차인을 보고, 한눈에 자력이 있고 없음과 임차인의 의무를 위반할 우려가 있음을 어떻게 판단할 수가 있습니까?

3. 임대차 목적물인 상가건물을 1년 6개월 이상 영리 목적으로 사용하지 아니한 경우

위 법조문상 '아니한'은 과거형으로써 1년 6개월 이상 영리 목적으로 사용 안 한 경우라고 해석할 수 있습니다. 과연 '임차인'이 사용을 하지 않은 것인지, '임대인'이 사용을 하지 않은 것인지를 조문만으로는 도저히 판단할 수가 없습니다.

이에 관한 법무부의 유권 해석은 '임대인'으로 결론을 내렸는데, 그렇다면 법조문을 '아니한'이 아닌 '아니할(미래형)'로 변경해야만 올바

른 법조문이라고 할 것입니다.

4. 임대인이 선택한 신규 임차인이 임차인과 권리금 계약을 체결하고 그 권리금을 지급한 경우

이 경우는 임대인이 선택한 신규 임차인이 과연 임차인과 합당한 권리금 계약을 체결할 수 있는지의 문제가 발생합니다. 왜냐하면 권리금 가액이 신규 임차인 입장에서는 계약체결의 가장 큰 요소인데, 임대인의 판단에 따른 권리금 가액이 기존 임차인을 충족시킬 수 있는지의 문제입니다.

다시 한 번 더 정리하자면, 법조문들의 해석의 차이는 보는 시각에 따라서 조금씩 다를 수 있습니다. 하지만 법률의 특성 중에 가장 중요한 부분은 법률의 '명확성'인데, 이 법 규정들은 명확성이 많이 부족합니다. 소상공인들의 권리금을 보호하기 위해 만들어진 법이라고 보기에는 법조문 자체가 너무도 허술합니다. 어떻게 보면 법을 만들지 않을 수가 없는 상황에서 급하게 서둘러 끼워 맞춘 법 같아 보일 정도입니다.

이 권리금회수보호권에서 문제가 되는 것이 또 하나 있는데, 계약갱신요구권과 관련된 문제입니다.

이처럼 웬만큼 똑똑한 임대인은 권리금회수기회권을 거절할 수 있

습니다. 이에 임차인은 첫 계약기간 내에 임대인에게 거절당한 후, 계약갱신요구권에 의해 10년의 계약갱신요구권을 행사하고, 드디어 최종 계약기간 만료 전 6개월 이내에 새로운 임차인을 데리고 왔을 때, 임대인이 또다시 거절하게 된다면 그로 인한 손해배상 문제는 별개로 하고, 임차인의 임대차계약은 자동종료되는 것인지의 문제입니다.

이에 관련해 법무부의 유권 해석은 다음과 같습니다(본 유권 해석은 계약갱신요구권이 5년에서 10년으로 개정되기 전에 있었던 것입니다).

(질문) 법 제10조를 보면 임차인은 임대인에게 5년간 계약갱신권이 있다고 되어 있어 어차피 5년간 임차할 수 있기에 최초 계약 시 기한을 5년간 길게 해주었습니다.
5년간 임대한 후 임대차기간이 끝나기 3개월 전부터 임대차 종료 시까지 임차인이 신규 임차인과의 계약을 임대인에게 요구할 경우 거부할 수 있는지를 알려주세요. 판례를 보면 불분명한 것 같은데 거부하려 한다면 임대인은 어떻게 대처를 해야 하는지를 알려주세요.

(법무부의 회신)
ㅇ '상가건물임대차보호법' 제10조 제1항은 임대인에게 임대차기간 만료 6개월 전부터 1개월 전까지 정당한 사유 없이 임차인의 계약갱신요구를 거절할 수 없음을 규정하면서, 임차인의 계약갱신요구권은 최초의 임대차기간을 포함한 총 5년의 기간 내에서 행사할 수 있음을 제2항에 명시하고 있습니다.

ㅇ 이에 따라 귀하께서 적어주신 대로, 5년간의 계약기간 만료 후 임차인은 더 이상 계약갱신요구권을 행사할 수 없고, 임대인은 갱신거절의 통지 기간 내(임대차기간이 만료되기 6개월 전부터 1개월 전까지 사이)에 임차인과 신규 임차인과의 계약을 거부할 수 있을 것입니다.
※ 이는 법률에서 정한 5년의 기간이 지났기에 임차인은 더 이상 계약갱신요구를 할

수 없고, 임대인이 갱신거절의 통지를 할 경우 이에 따라야 할 것입니다.

[상가건물임대차보호법]
제10조(계약갱신 요구 등) ① 임대인은 임차인이 임대차기간이 만료되기 6개월 전부터 1개월 전까지 사이에 계약갱신을 요구할 경우 정당한 사유 없이 거절하지 못한다. 다만, 다음 각 호의 어느 하나의 경우에는 그러하지 아니하다.
1. ~ 8. (생략)
② 임차인의 계약갱신요구권은 최초의 임대차기간을 포함한 전체 임대차기간이 5년을 초과하지 아니하는 범위에서만 행사할 수 있다.
③ ~ ⑤ (생략)

○ 한편, 계약갱신요구권과 권리금 회수기회 보호는 별개의 조항으로서, 5년의 기간이 경과하여 임차인의 계약갱신요구권이 인정되지 않는다고 해서 신규 임차인으로부터의 권리금 회수기회까지 보호받지 못하는 것은 아니라 할 것입니다.

○ 권리금계약은 종전 임차인과 신규 임차인 간의 계약이므로, 임대인은 '상가건물임대차보호법' 제10조 제1항 각 호의 사유에 해당하는 경우를 제외하고는 같은 법 제10조의 4에 따라 임차인이 주선한 신규 임차인이 되려는 자로 하여금 임차인에게 권리금을 지급하지 못하게 하는 행위를 하여서는 안 됩니다.

○ 임대인이 제10조의 4 제1항 각 호에 해당하는 행위를 함으로써 임차인의 권리금 회수를 방해한 경우에는 손해배상책임을 지게 됩니다. 임대인의 임차인에 대한 권리금 회수기회 보장은 같은 법 제15조에 따른 강행규정에 해당하므로, 임대인이 임의로 또는 임차인과의 협의로 법률 규정을 배제시킬 수는 없습니다.

○ 따라서, 임대인은 5년의 임대차기간이 지나 임차인의 계약갱신요구를 거절할 수는 있어도, 임차인이 신규 임차인이 되려는 자로부터 권리금을 받는 것은 거절할 수 없는 것이 원칙입니다. 임대인이 권리금의 회수를 방해한 경우에 임차인은 손해배상을 청구할 수 있을 것입니다.

간단히 정리하자면, 법무부의 유권 해석은 권리금 회수는 계약갱신 요구권의 행사기간 5년(지금은 10년)내에 행사해야 하며, 임대인이 정당한 사유로 거절하였을 때에는 기간 종료 후에 권리금 회수는 불가하다고 판단하고 있습니다.

하지만, 이와 관련된 대법원의 최종판례를 보게 되면 이 사안을 법무부와는 정반대로 다음과 같이 판시하고 있습니다.

대법원 2019. 5. 16, 선고 2017다225312, 225329 판결

[손해배상(기)·건물 인도 등]〈임차인이 임대인을 상대로 권리금 회수 방해로 인한 손해배상을 구하는 사건〉[공2019하, 1226]

【판시사항】

[1] 구 상가건물임대차보호법 제10조 제2항에 따라 최초의 임대차기간을 포함한 전체 임대차기간이 5년을 초과하여 임차인이 계약갱신요구권을 행사할 수 없는 경우에도 임대인이 같은 법 제10조의 4 제1항에 따른 권리금 회수기회 보호 의무를 부담하는지 여부(적극)

[2] 갑이 을과 상가임대차계약을 체결한 다음 상가를 인도받아 음식점을 운영하면서 2회에 걸쳐 계약을 갱신하였고, 최종 임대차기간이 만료되기 전 병과 권리금 계약을 체결한 후 을에게 병과 새로운 임대차계약을 체결하여줄 것을 요청하였으나, 을이 노후화된 건물을 재건축하거나 대수선할 계획을 가지고 있다는 등의 이유로 병과의 임대차계약 체결에 응하지 아니한 사안에서, 갑이 병과 권리금 계약을 체결할 당시 더 이상 임대차계약의 갱신을 요구할 수 없었던 상황이었으므로 을이 권리금 회수기회 보호 의무를 부담하지 않는다고 본 원심판단에 법리 오해의 잘못이 있다고 한 사례

【판결 요지】

[1] 구 상가건물임대차보호법(2018. 10. 16, 법률 제15791호로 개정되기 전의 것, 이하 '구 상

가임대차법'이라 한다) 제10조의 4의 문언과 내용, 입법 취지에 비추어 보면, 구 상가임대차법 제10조 제2항에 따라 최초의 임대차기간을 포함한 전체 임대차기간이 5년을 초과하여 임차인이 계약갱신요구권을 행사할 수 없는 경우에도 임대인은 같은 법 제10조의 4 제1항에 따른 권리금 회수기회 보호 의무를 부담한다고 보아야 한다.

[2] 갑이 을과 상가 임대차계약을 체결한 다음 상가를 인도받아 음식점을 운영하면서 2회에 걸쳐 계약을 갱신하였고, 최종 임대차기간이 만료되기 전 병과 권리금 계약을 체결한 후 을에게 병과 새로운 임대차계약을 체결하여줄 것을 요청하였으나, 을이 노후화된 건물을 재건축하거나 대수선할 계획을 가지고 있다는 등의 이유로 병과의 임대차계약 체결에 응하지 아니한 사안에서, 갑이 구 상가건물임대차보호법(2018. 10. 16. 법률 제15791호로 개정되기 전의 것) 제10조의 4 제1항에 따라 임대차기간이 끝나기 3개월 전부터 임대차 종료 시까지 신규 임차인을 주선하였으므로, 을은 정당한 사유 없이 신규 임차인과 임대차계약 체결을 거절해서는 안 되고, 이는 갑과 을 사이의 전체 임대차기간이 5년을 지난 경우에도 마찬가지인데도, 갑이 병과 권리금 계약을 체결할 당시 더 이상 임대차계약의 갱신을 요구할 수 없었던 상황이었으므로 을이 권리금 회수기회 보호 의무를 부담하지 않는다고 본 원심판단에 법리 오해의 잘못이 있다고 한 사례.

【참조 조문】
[1] 구 상가건물임대차보호법(2018. 10. 16. 법률 제15791호로 개정되기 전의 것) 제10조 제1항, 제2항, 제10조의 3 제1항, 제10조의 4 제1항, 제2항
[2] 구 상가건물임대차보호법(2018. 10. 16. 법률 제15791호로 개정되기 전의 것) 제10조 제1항, 제2항, 제10조의 3 제1항, 제10조의 4 제1항, 제2항

【전 문】
【원고(반소피고), 상고인】 원고(반소피고) (소송대리인 법무법인 정도 담당 변호사 김병재 외 1인)
【피고(반소원고), 피상고인】 피고(반소원고) (소송대리인 법무법인(유한) 동헌 담당 변호사 신용석 외 1인)
【원심판결】 서울고법 2017. 4. 12, 선고 2016나2074621, 2074638 판결
【주문】

원심판결 중 본소에 관한 권리금 회수 방해로 인한 손해배상청구 부분을 파기하고, 이 부분 사건을 서울고등법원에 환송한다.

【이유】
상고 이유를 판단한다.

1. 사건의 개요
원고(반소피고, 이하 '원고'라 한다)는 피고(반소원고, 이하 '피고'라 한다)를 상대로 임대차보증금의 반환을 구하는 외에 구 상가건물임대차보호법(2018. 10. 16. 법률 제15791호로 개정되기 전의 것, 이하 '구 상가임대차법'이라 한다) 제10조의 4 제1항, 제3항에 따라 권리금 회수 방해로 인한 손해배상을 구하였다. 이에 대해 피고는 반소로 차임 상당 부당이득금 등을 구하였다. 원심은 본소 중 임대차보증금 반환 청구를 일부 받아들이는 외에는 나머지 본소 청구를 모두 배척하였다. 원고는 상고이유로 권리금 회수 방해로 인한 손해배상청구 부분을 다투고 있다.

이 사건의 쟁점은 구 상가임대차법 제10조 제2항에 따라 최초의 임대차기간을 포함한 전체 임대차기간이 5년을 초과하여 임차인이 계약갱신요구권을 행사할 수 없는 경우에도 임대인이 같은 법 제10조의 4에서 정한 권리금 회수기회 보호 의무를 부담하는지 여부이다.

2. 계약갱신요구권 행사기간이 지난 경우에도 임대인이 임차인에 대하여 권리금 회수기회 보호 의무를 부담하는지 여부

가. 구 상가임대차법 제10조의 3 제1항은 "권리금이란 임대차 목적물인 상가건물에서 영업을 하는 자 또는 영업을 하려는 자가 영업시설·비품, 거래처, 신용, 영업상의 노하우, 상가건물의 위치에 따른 영업상의 이점 등 유형·무형의 재산적 가치의 양도 또는 이용대가로서 임대인, 임차인에게 보증금과 차임 이외에 지급하는 금전 등의 대가를 말한다"라고 정하고 있다. 제10조의 4 제1항 본문은 "임대인은 임대차기간이 끝나기 3개월 전부터 임대차 종료 시까지 다음 각 호의 어느 하나에 해당하는 행위를 함으로

써 권리금 계약에 따라 임차인이 주선한 신규 임차인이 되려는 자로부터 권리금을 지급받는 것을 방해하여서는 아니 된다"라고 정하면서, 제4호에서 "그 밖에 정당한 사유 없이 임대인이 임차인이 주선한 신규 임차인이 되려는 자와 임대차계약의 체결을 거절하는 행위"를 들고 있다. 한편 제1항 단서는 "다만 제10조 제1항 각 호의 어느 하나에 해당하는 사유가 있는 경우에는 그러하지 아니하다"라고 하여 제10조 제1항 각 호에서 정한 계약갱신거절 사유가 있는 경우에는 임대인이 권리금 회수기회 보호 의무를 부담하지 않는다고 하고 있다.

나. 구 상가임대차법 제10조의 4의 문언과 내용, 입법 취지에 비추어 보면, 구 상가임대차법 제10조 제2항에 따라 최초의 임대차기간을 포함한 전체 임대차기간이 5년을 초과하여 임차인이 계약갱신요구권을 행사할 수 없는 경우에도 임대인은 같은 법 제10조의 4 제1항에 따른 권리금 회수기회 보호 의무를 부담한다고 보아야 한다. 그 이유는 다음과 같다.

(1) 구 상가임대차법 제10조의 4는 임차인의 계약갱신요구권 행사기간의 만료를 권리금 회수기회 보호 의무의 예외사유로 정하고 있지 않다. 구 상가임대차법 제10조 제2항은 "임차인의 계약갱신요구권은 최초의 임대차기간을 포함한 전체 임대차기간이 5년을 초과하지 아니하는 범위에서만 행사할 수 있다"라고 하여 계약갱신요구권 행사기간을 제한하고 있는데, 제10조의 4는 제10조 제2항을 권리금 회수기회 보호 의무의 예외사유로 정하지 않고, 계약갱신거절에 관한 제10조 제1항 각 호 또는 제10조의 4 제2항 각 호에서 정한 '정당한 사유'가 있는 경우를 그 예외사유로 정하고 있다. 따라서 전체 임대차기간이 5년을 초과하는지 여부와 무관하게 제10조의 4에서 정한 요건을 충족하면 임대인이 권리금 회수기회 보호 의무를 부담한다고 보는 것이 법 문언에 충실한 해석이다.

(2) 구 상가임대차법은 2015. 5. 13. 개정되어 권리금 관련 조항(제10조의 3 내지 제10조의 7)이 신설되었다. 종래 규정만으로는 임차인이 투자한 비용이나 영업활동으로 형성된 지명도나 신용 등 경제적 이익이 임대인의 갱신거절에 의해 침해되는 것을 충분히 방지할 수 없었기 때문이다. 즉, 임대인은 새로운 임대차계약을 체결하면서 직접

권리금을 받는 등 임차인이 형성한 영업적 가치를 아무런 대가나 제한 없이 이용할 수 있게 되지만 임차인은 다시 시설비를 투자하고 신용확보와 지명도 형성을 위하여 상당 기간 영업손실을 감당하여야 하는 문제점을 해결하기 위한 것이다.

그런데 임대인이 같은 법 제10조 제1항 각 호의 갱신거절사유가 있어 계약갱신을 거절하는 경우에는 임대인에게 권리금 회수기회 보호 의무가 없으므로, 법 개정을 통하여 보호하려는 '임대인의 갱신거절에 의해 임차인의 이익이 침해되는 경우'란 결국 같은 법 제10조 제2항에 따라 전체 임대차기간이 5년을 경과하여 임차인이 더 이상 계약갱신요구권을 행사할 수 없는 경우가 가장 전형적이다.

신설 조항의 입법 과정에서 임대인의 권리금 회수기회 보호 의무를 계약갱신요구권의 행사기간 범위로 제한하고자 하였다고 볼 만한 사정이 없는 점, 오히려 상가임차인이 같은 법 제10조 제2항에 따라 상가임대차계약의 갱신을 요구하지 못하더라도 권리금 회수를 보장할 필요가 있는 점 등에 비추어 보더라도 이러한 경우를 권리금 회수기회 보호 의무의 예외사유로 인정할 필요성을 찾기 어렵다.

(3) 구 상가임대차법 제10조 제1항에서 정한 임차인의 계약갱신요구권은 임차인이 임대차기간이 만료되기 6개월 전부터 1개월 전까지 사이에 계약의 갱신을 요구하면 그 단서에서 정하는 사유가 없는 한 임대인이 그 갱신을 거절할 수 없도록 하여 상가임차인에게 최소한의 영업기간을 보장하기 위해서 임차인의 주도로 임대차계약의 갱신을 달성하려는 것이다(대법원 2010. 6. 10, 선고 2009다64307 판결 등 참조). 반면, 같은 법 제10조의 4는 임대차계약이 종료된 경우에도 상가임차인이 일정한 범위 내에서 영업상 유·무형의 재산적 가치를 회수할 수 있도록 보장하기 위해 임대인에게 권리금 회수기회 보호 의무를 부과하는 것으로서, 두 조항의 입법 취지와 내용이 다르다.

(4) 구 상가임대차법 제10조 제1항 단서 각 호에서 정한 갱신거절사유는, 임차인의 차임 연체(제1호), 부정한 방법에 의한 임차(제2호), 무단 전대(제4호), 고의·중과실에 의한 임차목적물 파손(제5호), 현저한 의무 위반(제8호) 등 전형적인 임차인의 채무불이행 또는 신뢰 파괴 사유에 관한 것이거나 임대인이 임차인에게 상당한 보상을 제공하여(제3호) 권리금 회수를 보장할 필요가 없는 경우이다. 그 외에는 임차건물의 멸실로 임대차 목적 달성이 불가능하거나(제6호), 임대인이 임대차계약 시 미리 임차인에게 철거·

재건축계획을 고지하였거나 안전사고의 우려나 법령에 의하여 상가건물의 철거·재건축이 이루어지는 경우(제7호)로서 상가건물의 멸실 등으로 임차인이 형성한 영업의 재산적 가치가 사라지게 되어 임차인이 권리금 회수를 기대하기 어려운 경우 등이다.

위와 같은 갱신거절 사유의 내용을 살펴볼 때 상가건물의 전체 임대차기간이 5년이 지난 경우를 그와 같이 보기는 어렵다. 전체 임대차기간이 5년이 지나도 임차인이 형성한 고객, 거래처, 신용 등 재산적 가치는 여전히 유지되어 임차인의 권리금 회수를 보장할 필요성이 있기 때문이다.

(5) 이러한 해석이 임대인의 상가건물에 대한 사용수익권을 과도하게 제한한다고 볼 수도 없다. 구 상가임대차법 제10조의 4 제2항은, 임차인이 주선한 신규 임차인이 되려는 자가 보증금이나 차임을 지급할 자력이 없는 경우(제1호), 신규 임차인이 되려는 자가 임차인의 의무를 위반할 우려가 있거나 그 밖에 임대차를 유지하기 어려운 상당한 이유가 있는 경우(제2호), 상가건물을 1년 6개월 이상 영리 목적으로 사용하지 아니한 경우(제3호) 등 임대인으로 하여금 임차인이 주선한 신규 임차인과 임대차계약을 체결하도록 강제하는 것이 부당한 경우에는 임대인이 그 계약체결을 거절할 수 있도록 하여 임대인의 재산권 행사를 보호하기 위한 규정을 마련하여두고 있다. 또한, 임대인은 신규 임차인에게 시세에 비추어 현저히 고액의 차임과 보증금이 아니라면 새로운 조건을 내용으로 하는 임대차계약의 체결을 요구할 수 있고, 신규 임차인이 3기의 차임액 이상 차임을 연체하는 등 같은 법 제10조 제1항 각 호의 사유가 발생한 경우에는 언제든지 임대차계약을 해지하거나 계약갱신을 거절할 수 있고 이러한 경우 권리금 회수기회 보호 의무를 부담하지 않기 때문이다.

3. 이 사건에 대한 판단

가. 원심판결 이유에 따르면 다음 사실을 알 수 있다.

(1) 원고는 2010. 10. 1, 피고와 사이에 이 사건 상가를 보증금 7,000만 원, 차임 월 235만 원, 임대차기간 2010. 10. 8부터 2012. 10. 7로 정하여 임차하는 임대차계약을 체결한 다음 위 상가를 인도받아 음식점을 운영하였다.

(2) 원고는 2012. 10. 7, 피고와 차임을 월 255만 원, 계약기간을 2014. 10. 7까지

로 임대차계약을 갱신하였고, 2014. 10경 다시 동일한 조건으로 1년간 위 임대차계약을 갱신하였다.

(3) 원고는 임대차기간이 만료되기 전인 2015. 7. 16, 소외인에게 이 사건 상가의 영업시설, 비품, 거래처 등 유·무형의 재산적 가치를 권리금 1억 4,500만 원에 양도하기로 하는 권리금 계약을 체결하고, 피고에게 소외인과 새로운 임대차계약을 체결하여줄 것을 요청하였다.

(4) 그러나 피고는 노후화된 건물을 재건축하거나 대수선할 계획을 가지고 있다는 등의 이유로 소외인과의 임대차계약 체결에 응하지 않았다.

나. 이러한 사실관계를 앞서 본 법리에 비추어 살펴보면, 원고가 구 상가임대차법 제10조의 4 제1항에 따라 임대차기간이 끝나기 3개월 전부터 임대차 종료 시까지 신규 임차인을 주선하였으므로, 피고는 정당한 사유 없이 신규 임차인과 임대차계약 체결을 거절해서는 안 되고, 이는 원고와 피고 사이의 전체 임대차기간이 5년을 지난 경우에도 마찬가지다.

다. 그럼에도 원심은, 구 상가임대차법 제10조의 4 제1항은 전체 임대차기간이 5년이 지나 임차인이 임대인에게 계약갱신요구를 할 수 없는 경우에는 적용되지 않는다고 한 다음, 원고가 2010. 10. 8, 피고와 임대차계약을 체결하고 2회의 갱신을 거쳐 2015. 10. 7, 임대차계약기간의 만료를 앞두고 있어 소외인과 권리금 계약을 체결한 2015. 7. 16, 당시에는 더 이상 임대차계약의 갱신을 요구할 수 없었던 상황이었으므로 피고가 권리금 회수기회 보호 의무를 부담하지 않는다고 판단하였다.
이러한 원심의 판단에는 구 상가임대차법 제10조의 4 제1항에서 정한 임대인의 권리금 회수기회 보호 의무의 발생요건에 관한 법리를 오해하여 판결에 영향을 미친 잘못이 있다. 이를 지적하는 상고이유 주장은 이유가 있다.

4. 결론
그러므로 나머지 상고이유에 대한 판단을 생략한 채, 원심판결 중 본소에 관한 권리금 회수 방해로 인한 손해배상청구 부분을 파기하고, 이 부분 사건을 다시 심리·판단하도록 원심법원에 환송하기로 하여, 관여 대법관의 일치된 의견으로 주문과 같이 판결한다.

대법관 박정화(재판장) 권순일(주심) 이기택 김선수
(출처 : 대법원 2019. 5. 16, 선고 2017다225312, 225329 판결 [손해배상(기)·건물 인도 등] 〉 종합 법률정보 판례)

이 판례의 핵심쟁점은 갱신요구권 행사기간 5년(현행 10년)이 지난 경우에도 임대인은 임차인의 권리금 회수기회를 보호해야 되는지입니다. 이 사건 임차인 A는 임대인 B로부터 건물을 빌려 5년간 음식점을 운영했고, 임차인 A는 임대차기간 만료 전인 2015년 초에 신규 임차인 C와 권리금 1억4,500만 원에 권리금계약을 체결한 후, 임대인 B에게 신규 임차인 C와 임대차계약을 체결해줄 것을 요청했습니다. 그러나 임대인 B는 재건축 또는 대수선 계획이 있다는 이유로 거절했습니다. 이에 임차인 A는 권리금 회수 방해를 이유로 손해배상을 청구한 것입니다.

이 판결선고 당시 계약갱신요구권 행사기간 5년(현행 10년)이 지난 경우 임대인의 보호 의무가 유지되는지에 대해 하급심 판단이 엇갈리고 있었습니다. 대법원은 상가건물임대차보호법 제10조의 4가 정한 요건을 충족하면, 전체 임대차기간 초과 여부와 무관하게 임대인은 권리금 회수기회 보호 의무를 지는 것이 법률 문언에 대한 충실한 해석이라고 봤습니다. 법이 정한 회수기회 보호의 예외사유 중 전체 임대차기간 초과는 없기 때문일 뿐 아니라, 권리금 회수기회 보호기간을 전체 임대차기간으로 제한한 취지가 아닙니다. 임대차기간이 5년이 지나 계약갱신을 요구하지 못해도 권리금 회수를 보호하는 것이 입법 취지라고 판단했습니다.

그러나 이 판결로 인해 임차인이 주장하는 권리금을 무조건 보장해야 하는 것은 아닌 것이 하급심 기준이 되었습니다. 임차인이 신규 임차인 주선행위를 입증하지 못해 손해배상청구를 기각한 사례들이 더러 있습니다(제주지원 2016가단54468, 대전지법 2016가단208225 등). 무엇보다 신규 임차인과의 권리금 약정을 그대로 인정하지 않고, 법원 감정을 통해 적정액을 산정하고 있습니다(강릉지원 2016가단50395).

심지어 권리금 약정은 1억 원이었는데 감정을 통해 유·무형재산평가액을 분리한 후 유형 재산평가액 상당 부분은 제외하고, 손해배상액을 50%로 제한해 손해액을 2,000만 원가량만을 인정하기도 합니다(대전지법 2016나108951). 결국 임대차기간 만료 시 임대인과 임차인 모두 필요한 자료를 마련하는 등 세심한 접근이 필요하게 되었습니다.

임대차 묵시적갱신과 계약갱신요구권의 법적 적용례

만기 3개월 전	만기 2개월 전	만기 1개월 전	1개월 후	2개월 후	3개월 후
갱신거절 등의 통지 안 함.	묵시적 갱신		1. 임대인이 통지를 받은 날로부터 3개월이 지나면 해지효력 발생함. (법 제6조의 2 2항 적용 → 편면적 강행규정) 2. 계약갱신요구권 행사 가능함.		
갱신거절 등의 통지 안 함.	임대차 만료 전에 묵시적 갱신된 이후 임차인의 해지통지		계약기간 만료일 이후부터 3개월 해지효력 발생의 기산일로 봄. (임차인이 묵시적 갱신에 따른 해지통지를 할 수 있는 기산일은 기존 임대차 기간 만료 다음날인 새로운 임대차시작일로 봐야 함)		
계약갱신 요구권 행사	재계약서(작성) (임대료 5% 제한)		1. 임대인이 통지를 받은날로부터 3개월이 지나면 해지효력 발생함. (법 제6조의 3 9호 4항 '법 제6조의 2 2항 준용' → 편면적 강행규정) 2. 계약갱신요구권 행사 불가함.		
	재계약서(미작성) (임대료 5% 제한)		구두상의 합의(2년 연장 & 계약갱신요구권행사) 2. 법적효과 동일함(단, 임차인의 계약갱신요구권 행사 여부 증빙할 수 있어야 함)		
계약갱신 요구권불행사	재계약서 작성 (임대료 5% 제한 없음)		계약서기간에 따름(임차인의 단독계약해지권 없음) 계약갱신요구권 행사 가능함.		

PART
10

임대차계약 해지 후
원상회복 문제

상가임대차계약 종료 후에 임대인이 임차인에게 보증금 반환 시에 원상회복 문제로 다툼이 발생하는 경우가 종종 있습니다.

그런데 대부분 분쟁의 원인은 종전 임대차계약 체결 시 원상회복에 관한 조항을 계약서에 '인쇄된 문자(원상회복)'를 그대로 맹신한 결과로 분쟁이 발생하게 됩니다. 구체적인 원상회복에 대한 특약을 작성하지 않음으로써 그러한 분쟁이 계속 이어지는 것입니다.

또한, 원상회복문제에서 가장 많은 다툼의 쟁점은 과연 '(전) 임차인' 이 시설한 시설물까지 '새로운 임차인'이 원상회복을 해야 할 의무가 있는가에 대한 문제라고 할 수 있습니다. 이에 관한 법조문이 없는 관계로 필자는 이에 대한 해답을 찾기 위해, 지금까지 대법원 판례의 흐름을 분석해보겠습니다.

먼저, 잠시 다음 두 가지의 사례를 유심히 보도록 하겠습니다.

[사례 I] 甲(갑)은 노래방을 운영하려고 상가를 찾던 중에 **소유자 丙(병)의 상가**가 나와 있는 것을 확인하고. 丙의 상가를 방문하여 확인한바, 마침 **종전에 丙의 상가에서 노래방을 운영한 바 있었던 전) 임차인 乙(을)이 그 시설을 해둔 상태**였고, 甲은 丙의 상가를 임차하면 그 시설을 그대로 이용할 수 있다고 생각하여, 丙과 임대차계약을 체결하여 **일부 시설을 추가 설치하여 노래방을 운영**하였습니다.

[사례 II] 甲은 노래방을 운영하려고 상가를 찾던 중에 **임차인 乙**이 운영하는 노래방이 있는 임대인 丙의 상가가 나와 있는 것을 확인하고, 임차인 乙의 노래방을 방문하니, 임차인 乙이 그 시설을 모두 해둔 상태였으며 임대인 丙 역시 임차인이 바뀌는 것에 별다른 이의를 제기하지 않고 있는 상황이었습니다. **甲은 乙의 노래방을 그대로 인수하면 그 시설을 그대로 이용**할 수 있다고 생각하고 노래방 운영자 乙로부터 그 시설을 양수하기로 한 뒤 丙과 임대차계약을 체결하고 **일부 시설을 추가 설치한 뒤 노래방을 운영**하였습니다.

두 사례의 새로운 임차인 甲은 이전 임차인 乙의 시설에 일부 추가해서 그대로 사용해 노래방을 운영한 것은 동일합니다. 단지 임차인 甲이 이전 임차인 乙로부터 노래방을 직접 인수해서 임대인 丙과 계약하였던 것 **[사례 I]**과 이전 임차인 乙이 시설을 했던 노래방을 그대로 사용하는 것으로 임대인 丙과 임대차계약했던 **[사례 II]**와는 차이가 있는 것을 알 수 있습니다.

이 부분에서 만일 임대차계약이 종료하게 되면 새로운 임차인 甲은 어느 정도까지의 '원상회복'을 해야 하는지가 분쟁의 원인이 됩니다.

먼저 **[사례 I]**부터 분석해보면, 임차인 甲에게 목적물을 원상회복해 반환할 의무가 있다고 해도 그것은 임차인 甲이 일부 시설을 추가 개조한 범위 내 정도에 불과합니다. 임차인 甲에게 이전 임차인 乙이 시설한 것까지 원상회복할 의무가 있다고 할 수는 없습니다.

따라서 **[사례 I]**의 경우 임차인 甲이 추가로 설치한 부분을 한도로 원상회복을 하면 됩니다. 즉, 임차인 甲은 기존의 일부 시설을 임대인 丙에게 인수하고 임차인 甲은 추가로 설치한 시설 부분에 대해서 원상회복 의무가 있는 것입니다.

이와 관련된 판례(대법원 1990. 10. 30, 선고 90다카12035)**를 보겠습니다.**

이전 임차인이 무도유흥주점으로 경영하던 점포를 임차인이 소유자로부터 임차해 내부시설을 개조단장했다면 임차인에게 임대차 종료로 인해 목적물을 원상회복하여 반환할 의무가 있다고 해도, 별도의 약정이 없는 한 그것은 임차인이 설치한 범위 내의 것으로서 임차인이 임차받았을 때의 상태로 반환하면 되는 것이지 그 이전의 사람이 시설한 것까지 원상회복할 의무가 있다고 할 수는 없다고 판시했습니다.

그다음으로 [사례 II]를 분석해보겠습니다.

임차인 甲은 종전 임차인 乙이 시설한 부분과 본인이 추가한 전부에 대해 철거하는 방법으로 원상회복을 해야 합니다.

그 이유는 임차인 甲이 종전 임차인 乙과의 권리금을 지급 여부와 관계없이 乙에게 시설 전부를 인수했기 때문에 종전 임차인이 시설한 부분과 본인이 추가 설치한 부분까지 원상회복 의무가 있다 할 것입니다.

이에 관한 판례(대법원 2019. 8. 30, 선고 2017다268142)**를 보겠습니다.**

甲주식회사가 점포를 임차해서 커피전문점 영업에 필요한 시설 설치공사를 하고 프랜차이즈 커피전문점을 운영했습니다. 乙이 이전 임차인으로부터 이 커피전문점을 영업을 양수하고 丙주식회사로부터 점포를 인수해 커피전문점을 운영했습니다. 임대차 종료 시 乙이 인테리어시설 등을 철거하지 않자 丙회사가 비용을 들여 철거하고 반환할 보증금에서 시설물 철거비용을 공제했습니다. 丙회사가 비용을 들여 철거한 시설물이 乙의 전 임차인이 설치한 것이라고 해도 乙이 철거해 원상회복할 의무가 있다고 봤습니다. 따라서 丙회사가 乙에게 반환할 보증금에서 丙회사가 지출한 시설물 철거비용이 공제되어야 한다고 판시했습니다.

이렇게 필자는 두 가지 판례를 기준으로 해서, 임대인으로부터 임차시설을 인수하는 것(추가시설만 원상회복)과 기존 임차인으로부터 임차시설을 인수하는 것(기존시설 + 추가시설 원상회복)으로 나누어봤습니다. 그런데 아주 간단한 문제였는데, '2017다268142' 판례에 작은 함정이 있었습니다.

그 함정은 다름 아닌, 임대차계약서에 "이 사건 임대차계약 종료 시 乙이 이 사건 점포에 설치된 乙 소유의 파스쿠○ 커피숍 인테리어 시설과 장비를 반출해야 한다"라고 원상회복 의무를 정하고 있으므로, 丙회사(임대인)가 철거한 시설물이 점포에 부합되었다고 할지라도 임대차계약의 해석상 乙이 원상회복 의무를 부담한다는 것이었습니다.

이에 필자는 최초에는 이 판례는 서로 사례가 다른 판례라고 판단했습니다. 신규 임차인이 기존 임차인으로부터 시설을 그대로 인수한 후, 추가시설까지 했다면, 기존 임차인의 시설과 추가시설을 같이 원상회복해야 할 것으로 봤습니다. 아울러 신규 임차인이 기존 임차인이 이미 나간 상태에서 그 시설을 그대로 사용할 목적으로 임대인과 임대차계약을 체결하고, 추가시설을 했다면 그 추가시설 부분만 원상회복하면 될 것입니다. 이는 기존 임차인으로부터 인수한 경우는 기존 임차인의 원상회복 의무까지 인수한 것으로 보고, 기존 임차인이 이미 나간 상태는 임대인이 그에 대한 원상회복 요구를 하지 않은 것이므로, 그 책임 한도를 추가시설의 원상회복에만 한정하는 것으로 판단했습니다.

하지만, 윤경 변호사와 배수득 변호사의 판례해석을 보면, 두 분 다 공통으로 '임대차계약서에 현재 임차인이 전 임차인이 설치한 시설물에 대한 원상회복 의무를 별도로 약정'에 따른 이행판결로 보고 있습니다. 기존 원상회복 판례인 **90다카12035 판례에 의해서, 별도의 약정이 없다면 임차인은 자신이 설치한 시설물에 대해 원상회복만 하면 된다는 견해를 보이고 있습니다.**

이에 필자는 2017다268142 대법원 판례에 대한 해석이 분분함에 따라, 이 판례에 대한 항고심(2심) 2017나2007444 판결의 판시내용을 자세히 살펴봤습니다.
"이 사건 점포의 임차인 지위가 전 임차인으로부터 임차인에 이르기까지 전전 양도되었다고 인정하는 것이 정당하므로, 임차인이 아닌 전 임차인이 이 사건 점포에 시설물을 설치하였다고 하더라도, 임차인이 원상회복할 의무가 있다"라고 했습니다.
임차인의 지위에 원상회복 의무가 포함된다고 판단한 것입니다. 상고심인 대법원의 판단은 사실심이 아닌, 법률심이므로, 사실적인 내용인 항고심 판단사항을 대법원에서 판단할 수 있는 것은 아닙니다. 필자의 사견으로는 대법원에서도 임차인의 원상회복 의무를 인정했기 때문에 2017다268142 대법원 판례는 90다카12035 대법원 판례와는 엄연히 다른 판례가 맞다고 보입니다.

하지만 세상은 넓고, 사람들의 생각은 저마다 다르다는 것을 인정하지 않을 수 없습니다. 결국 우리는 타인에게 고초⑺를 당하지 않으려면, 스스로 완벽하게 방비하는 수밖에는 없을 것입니다.

그러기 위해서는 우선 원상회복과 관련해 현장에서 일어나는 실제 예에 대해서 잠시 살펴보겠습니다.

첫 번째는 임차인이 원상회복을 하지 않는다면 임대인과 임차인이 원상회복 비용으로 합의한 금액을 임대차보증금에서 공제할 수 있습니다.

두 번째는 임대인과 협의하에 임차인이 원만한 선에서 원상회복을 할 수 있을 것입니다.

이 두 가지 경우라면 현장에서는 대부분 거의 원만히 마무리가 됩니다. 만약 그래도 양자 간에 합의가 되지 않으면, 법원에서 감정을 통해 원상회복 비용을 산정하게 됩니다. 원상회복해야 하는 범위와 비용에 대해서는 원상회복 비용을 주장하는 임대인은 그 주장과 동시에 그 사실을 입증해야 합니다. 이는 임차인이 입주 당시의 상태나 형태였음의 입증일 것입니다.

이러한 과정을 거쳐 산정된 원상회복 비용을 임대차보증금에서 공제하고 반환하는 형태로 소송이 종결될 것입니다. 이 부분에 대해서는 신규 임차인과 임대인 간의 '임대차계약서'에서 자세히 다루었다면 그 계약서 내용에 따라 양자의 법률관계가 규정될 것입니다.

따라서 이러한 불확실성의 제거를 위해 반드시 임대차계약서상에 원상회복에 대해 특약사항으로 명확하게 확정해 계약서를 작성하는 것이 후일 발생할 수 있는 분쟁을 막을 수 있을 것입니다.

이에, 임대인과 임차인은 지금까지 봤던 복잡한 법적 분쟁을 막기 위해 반드시 임대차계약서에 다음과 같은 특약내용(권리금을 임차인 상호간에 지불한 경우) **중에서 하나를 선택해서 적어야 할 것입니다.**

첫 번째는 '원상회복 특약'이며, 내용은 '임차인은 임대차계약이 종료되면 기본시설을 제외한 추가(인테리어)시설에 대해 이전 임차인에게 시설권리금을 지불하고 취득한 것으로 임대인에게 매수청구 포기와 동시에 원상회복 범위에 포함하기로 한다'라고 적습니다.

두 번째는 '원상회복 불가 특약'으로서, '임차인은 임대차계약이 종료되면 원상회복 없이 현시설 상태로 임대인에게 명도하기로 한다'라고 적습니다.

PART

11

임대차
주요 판례

1. 주택임대차보호법이 적용되는 임대차로서는 반드시 임차인과 주택의 소유자인 임대인 사이에 임대차계약이 체결된 경우에 한정된다고 할 수는 없다. 나아가 주택의 '소유자'는 아니지만, 주택에 관하여 적법하게 임대차계약을 체결할 수 있는 권한을 가진 임대인과 임대차계약이 체결된 경우도 포함된다(대법원 1995. 10. 12, 선고 95다22283 판결).

2. 비주거용 건물 일부를 주거목적으로 사용하는 경우에는 '주택임대차보호법이 적용되지 않는 것이 원칙이다. 그러나 구체적 사례에 따라 보호 대상이 되는 경우가 있다. 건물 일부가 임대차의 목적이 되어 주거용과 비주거용으로 겸용되는 경우에는 그 임대차의 목적, 전체 건물과 임대차 목적물의 구조와 형태 및 임차인의 임대차 목적물의 이용관계, 그리고 임차인이 그곳에서 일상생활을 영위하는지 여부 등을 아울러 고려하여 합목적적으로 결정해야 한다(대법원 판례 87다카2024).

3. 건물 중 1층이 공부상으로는 소매점으로 표시되어 있으나, 건축 당시부터 그 면적의 절반 정도는 방(2칸)으로, 나머지 절반 정도는 소매점 등 영업소를 하기 위한 홀(Hall)로 건축되어 있었고, 그러한 상태에서 이를 임차한 후 그 가족들과 함께 거주하면서 음식점 영업을 해왔다. 그 중 방 부분은 음식점 영업 시에는 손님을 받는 곳으로 사용하고 그때 외에는 주거용으로 사용했다. 이 사건 건물 1층 외에는 달리 주택이 없는 경우 이 사건 건물 1층은 주거용 건물에 해당한다(대법원 판례 96다5971).

4. 예배당으로 사용되는 면적이 주거용으로 사용되는 면적에 비해

다소 넓기는 하나 '주거용'으로 사용되는 부분도 적지 않은 면적을 차지하고 있을 뿐만 아니라 임차인이 유일한 주거로 사용하는 경우에는 '주택임대차보호법이 적용된다.

5. 오피스텔이라도 '주거용'으로 임차하여 사용하는 경우 주거용건물이다.

6. 주택의 옥탑을 '주거용'으로 용도 변경하여 임대한 경우에는 주거용건물이다.

7. 주민등록이 어떤 임대차를 공시하는 효력이 있는지 여부는 일반 사회통념상 그 주민등록으로 당해 임대차건물에 임차인이 주소 또는 거소를 가진 자로 등록되어 있다고 인식할 수 있는지 여부에 따라 결정되어야 한다. 따라서 경매가 진행되면서 낙찰인을 포함하여 입찰에 참가하고자 한 사람들로서도 임대차를 대항력 있는 임대차로 인식하는 데에 아무런 어려움이 없는 경우, 임차인의 주민등록은 임대차의 공시방법으로 유효하다(대법원 2003. 6. 10, 선고 2002다59351 판결).

또한, 주민등록이 대항력의 요건을 충족시킬 수 있는 공시방법이 되려면 단순히 형식적으로 주민등록이 되어 있다는 것만으로는 부족하고, 주민등록에 따라 표상되는 점유관계가 임차권을 매개로 하는 점유임을 제3자가 인식할 수 있는 정도는 되어야 한다(대법원 2002. 11. 8, 선고 2002다38361, 38378 판결).

8. 임차인들이 '다세대주택(연립, 빌라, 맨션)'의 동·호수 표시 없이 그

부지 중 일부 지번으로만 주민등록을 한 경우, 그 주민등록으로써는 일반의 사회통념상 그 임차인들이 그 다세대주택의 특정 동·호수에 주소를 가진 것으로 제3자가 인식할 수는 없는 것이므로, 임차인들은 그 임차주택에 관한 임대차의 유효한 공시방법을 갖추었다고 볼 수 없다(대법원 1996. 2. 23, 선고 95다48421 판결).

다세대 주택의 임차인이 등기부상의 층·호수와 불일치하는 주소지로 전입신고를 하였으나, 등기부상의 건물내역과 임차인의 주민등록 주소를 비교하여 볼 때 주민등록상의 층·호수가 등기부상의 층·호수를 의미한다고 인식할 수 있는 경우에는 유효한 공시방법이 된다(대법원 2002. 6. 14, 선고 2002다15467 판결).

9. 임차인이 주민등록을 함에 있어 토지대장 및 건축물대장에 일치하게 주택의 지번과 동호수를 표시하였다면 설사 그것이 등기부의 기재와 다르다고 해도 일반의 사회통념상 임차인이 그 지번에 주소를 가진 것으로 제3자가 인식할 수 있다고 봄이 상당하므로 유효한 임대차의 공시방법이 된다(대법원 2001. 12. 27, 선고 2001다63216 판결).

10. 처음에 다가구용 단독주택(원룸건물)으로 소유권보존등기가 경료된 건물 일부를 임차한 임차인은 이를 인도받고 임차 건물의 지번을 정확히 기재하여 전입신고를 하면 주택임대차보호법 소정의 대항력을 적법하게 취득하고, 나중에 다가구용 단독주택이 다세대 주택으로 변경되었다는 사정만으로 임차인이 이미 취득한 대항력을 상실하게 되는 것은 아니다(대법원 2007. 2. 8, 선고 2006다70516 판결).

11. '주택임대차보호법이 적용되려면 먼저 임대차계약 체결 당시를 기준으로 하여 그 건물의 구조상 주거용 또는 그와 겸용될 정도의 건물의 형태가 실질적으로 갖추어져 있어야 하고, 만일 그 당시에는 주거용 건물 부분이 존재하지 아니하였는데 임차인이 그 후 임의로 주거용으로 개조하였다면 임대인이 그 개조를 승낙하였다는 등의 특별한 사정이 없는 한 법 적용은 있을 수 없다(**대법원 판례 85다카1367**).

12. 점포 및 사무실로 사용되던 건물에 근저당권이 설정된 후 그 건물이 주거용 건물로 용도 변경(건물 전체를 원룸 주택으로 개조)되어 임대한 경우 이를 임차한 소액임차인도 특별한 사정이 없는 한 '주택임대차보호법에 의하여 최우선변제를 받을 권리가 있다고 할 것이다(**대법원 판례 2009다26879**).

13. 주택의 정확한 지번은 '97의 47'인데 임차인이 '97의 7' 전입신고를 잘못했다가 그 후 관계 공무원이 직권정정을 하여 실제 지번에 맞게 주민등록이 정리되었다면 임차인은 주민등록이 정리된 이후에 비로소 대항력을 취득하였다고 할 것이다(**대법원 1987. 11. 10, 선고 87다카1573 판결**).

14. 임차인이 전입신고를 올바르게(즉 임차 건물 소재지 지번으로) 하였다면 이로써 그 임대차의 대항력이 생기는 것이므로 설사 담당 공무원의 착오로 주민등록표상에 신거주지 지번이 다소 틀리게(안양동 545의 5가 안양동 545의 2로) 기재되었다 하더라도, 이때에는 임차인의 귀책 사유가 아니므로 사유가 증명되는 한 원칙에 따라서 임차인은 전입신고

를 마친 때 그다음 날부터 유효하게 대항력을 취득한다고 보아야 한다(대법원 1991. 8. 13, 선고 91다18118 판결).

15. 주민등록은 단순히 주민의 거주관계를 파악하고 인구의 동태를 명확히 하는 것 외에도 주민등록에 따라 공법관계상의 여러 가지 법률상 효과가 나타나게 되는 것으로서, 주민등록의 신고는 행정청에 도달하기만 하면 신고의 효력이 발생하는 것이 아니라 행정청이 수리한 경우에 비로소 신고의 효력이 발생한다. 따라서 주민등록 신고서를 행정청에 제출하였다가 행정청이 이를 수리하기 전에 신고서의 내용을 수정하여(담당 공무원의 요구에 기인한 것이라도 마찬가지) 수정된 전입신고서가 수리되었다면 수정된 사항에 따라서 주민등록 신고가 이루어진 것으로 보는 것이 타당하다(대법원 2009. 1. 30, 선고 2006다17850 판결).

16. 공시방법이 없는 주택임대차에 있어서 주택의 인도와 주민등록이라는 우선변제의 요건은 그 우선변제권 취득 시에만 구비하면 족한 것이 아니고, 민사집행법상 배당요구의 종기까지 계속 존속하고 있어야 한다(대법원 1987. 2. 24, 선고 86다카1695 판결, 대법원 2007. 6. 14, 선고 2007다17475 판결).

17. 임차인이 그 가족과 함께 그 주택에 대한 점유를 계속하고 있으면서 그 가족의 주민등록은 그대로 둔 채 임차인만 주민등록을 일시 다른 곳으로 옮긴 경우라면 전체적으로나 종국적으로 주민등록의 이탈이라고 볼 수 없는 만큼 임대차의 제3자에 대한 대항력을 상실하지 아니한다(대법원 1989. 1. 17, 선고 88다카143 판결, 대법원 1996. 1. 26, 선고 95다

30338 판결).

18. 주택의 임차인이 대항력을 취득한 후 어떤 이유에서든지 그 가족과 함께 일시적이나마 다른 곳으로 주민등록을 이전하였다면, 그 후 그 임차인이 얼마 있지 않아 다시 원래의 주소지로 주민등록을 재전입하였다 하더라도 이로써 소멸되었던 대항력이 당초에 소급하여 회복되는 것이 아니라 그 재전입한 때부터 그와는 동일성이 없는 새로운 대항력이 재차 발생하는 것이다(대법원 1998. 1. 23, 선고 97다43468 판결).

이 경우 전출 이전에 이미 임대차계약서상에 확정일자를 갖추었고 임대차계약도 재전입 전후를 통해 그 동일성을 유지한다면, 임차인은 재전입 시 임대차계약서상에 다시 확정일자를 받을 필요 없이 재전입 이후에 그 주택에 관하여 담보물권을 취득한 자보다 우선하여 보증금을 변제받을 수 있다(대법원 1998. 12. 11, 선고 98다34584 판결).

19. 주택임대차보호법 임차권등기명령에 의한 임차권등기와 민법 제621조에 규정한 주택임대차등기는 공통으로 주택임대차보호법상의 대항요건인 '주민등록일자', '점유개시일자' 및 '확정일자'를 등기사항으로 기재하여 이를 공시하지만, 전세권설정등기에는 이러한 대항요건을 공시하는 기능이 없는 점을 고려하면, 주택임차인이 그 지위를 강화하고자 별도로 전세권설정등기를 마쳤더라도 주택임차인이 주택임대차보호법 제3조 제1항의 대항요건을 상실하면 이미 취득한 주택임대차보호법상의 대항력 및 우선변제권을 상실한다(대법원 2007. 6. 28, 선고 2004다 69741 판결).

20. 대항요건 및 확정일자를 갖춘 임차인과 소액임차인은 임차주택과 그 대지가 함께 경매될 경우뿐만 아니라 임차주택과 별도로 그 대지만이 경매될 경우에도 그 대지의 환가대금에 대해 우선변제권을 행사할 수 있다. 임대차 성립 당시 임대인의 소유였던 대지가 타인에게 양도되어 임차주택과 대지의 소유자가 서로 달라진 경우에도 마찬가지다(**대법원 판례 2004다26133**).

21. 여러 필지의 임차주택 대지 중 일부가 타인에게 양도되어 일부 대지만 경매되는 경우 임차인이 대지 경매대금에 대해 우선변제권을 행사할 수 있다(**대법원 판례 2012다45689**). 대지 또는 건물만 경매됨에 따라 보증금이 전액 배당되지 않았다면 그 후 진행되는 대지 또는 건물의 경매 절차에 참가하여 배당받을 수 있다.

22. 이 법은 자연인인 서민들의 주거생활 안정을 보호하려는 취지에서 제정된 것이지 법인을 그 보호 대상으로 삼고 있다고는 할 수 없는 점, 법인은 애당초 같은 법 제3조 제1항 소정의 대항요건의 하나인 주민등록을 구비할 수 없는 점 등에 비추어보면, 법인의 직원이 주민등록을 마쳤다 하여 이를 법인의 주민등록으로 볼 수는 없으므로, 법인이 임차주택을 인도받고 임대차계약서상의 확정일자를 구비하였다 하더라도 우선변제권을 주장할 수는 없다(**대법원 1997. 7. 11, 선고 96다 7236 판결**).

23. 법인에 주택을 임대한 경우에는 법인은 주택임대차보호법 제3조 제1항 소정의 대항요건의 하나인 주민등록을 구비할 수 없으므

로 임대인이 위 임대주택을 양도하더라도 그 양수인이 주택임대차보호법에 의하여 임대인의 지위를 당연히 승계하는 것이 아니다. 따라서 임대인의 임차보증금반환채무를 면책시키기로 하는 당사자들 사이의 특약이 있다는 등의 특별한 사정이 없으면, 임대인의 법인에 대한 임차보증금반환채무는 소멸하지 아니한다(대법원 2003. 7. 25, 선고 2003다2918 판결).

24. 주택의 임차인이 제3자에 대한 대항력을 갖춘 후 임차주택의 소유권이 양도되어 그 양수인이 임대인의 지위를 승계하는 경우에는, 임대차보증금의 반환채무도 부동산의 소유권과 결합하여 일체로서 이전하는 것이므로 양도인의 임대인의 지위나 보증금 반환채무는 소멸한다(대법원 1996. 2. 27, 선고 95다35616 판결).

25. 임차주택의 양수인에게 대항할 수 있는 주택임차인이 당해 임차주택을 경락받아 그 대금을 납부함으로써 임차주택의 소유권을 취득한 때에는, 그 주택임차인은 임대인의 지위를 승계하는 결과, 그 임대차계약에 기한 채권이 혼동으로 인하여 소멸하게 되므로 그 임대차는 종료된 상태가 된다(대법원 1998. 9. 25, 선고 97다28650 판결).

26. 주택에 관하여 최선순위로 전세권설정등기를 마치고 등기부상 새로운 이해관계인이 없는 상태에서 전세권설정계약과 계약당사자, 계약목적물 및 보증금(전세금액) 등에 있어서 동일성이 인정되는 임대차계약을 체결하여 주택임대차보호법상 대항요건을 갖추었다면, 전세권자의 지위와 주택임대차보호법상 대항력을 갖춘 임차인의 지위

를 함께 가지게 된다.

이러면 전세권과 더불어 주택임대차보호법상의 대항력을 갖추는 것은 자신의 지위를 강화하기 위한 것이지 원래 가졌던 권리를 포기하고 다른 권리로 대체하려는 것은 아니라는 점, 자신의 지위를 강화하기 위하여 설정한 전세권으로 인하여 오히려 주택임대차보호법상의 대항력이 소멸된다는 것은 부당하다는 점, 동일인이 같은 주택에 대해 전세권과 대항력을 함께 가지므로 대항력으로 인하여 전세권 설정 당시 확보한 담보가치가 훼손되는 문제는 발생하지 않는다는 점 등을 고려하면, 최선순위 전세권자로서 배당요구를 하여 전세권이 매각으로 소멸되었다 하더라도 변제받지 못한 나머지 보증금을 근거로 하여 대항력을 행사할 수 있고, 그 범위 내에서 임차주택의 매수인은 임대인의 지위를 승계한 것으로 보아야 한다(**대법원 2010. 7. 26, 2010마900 결정**).

27. 주택임대차보호법 제3조의 규정에 의하면 임차주택의 양수인은 임대인의 지위를 승계한 것으로 보게 되어 있는 바, 위 임차주택의 양도에는 강제경매에 의한 경락의 경우도 포함되는 것이므로, 임차인이 당해 경매 절차에서 권리신고를 하여 소액보증금의 우선변제를 받는 절차를 취하지 아니하였다고 하여 임차주택의 경락인에게 그 임대차로써 대항할 수 없다거나 임차보증금반환채권을 포기한 것으로 볼 수는 없다(**대법원 1992. 7. 14, 선고 92다12827 판결**).

28. 미등기 주택의 임차인이 임차주택 대지의 환가대금에 대해'주택임대차보호법상 우선변제권과 최우선변제권을 행사할 수 있다(**대법**

원 판례 2004다26133).

29. 주택임대차보호법상의 대항력과 우선변제권의 두 권리를 겸유하고 있는 임차인이 우선변제권을 선택하여 임차주택에 대해 진행되고 있는 경매 절차에서 보증금에 대한 배당요구를 하여 보증금 전액을 배당받을 수 있는 경우에는, 특별한 사정이 없는 한 임차인이 그 배당금을 지급받을 수 있는 때, 즉 임차인에 대한 배당표가 확정될 때까지는 임차권이 소멸하지 않는다고 해석함이 상당하다 할 것이므로, 경락인이 낙찰대금을 납부하여 임차주택에 대한 소유권을 취득한 이후에 임차인이 임차주택을 계속 점유하여 사용·수익하였다고 하더라도 임차인에 대한 배당표가 확정될 때까지의 사용·수익은 소멸하지 아니한 임차권에 기한 것이어서 경락인에 대한 관계에서 부당이득이 성립되지 아니한다(대법원 2004. 8. 30, 선고 2003다23885 판결).

30. 확정일자의 요건을 규정한 것은 임대인과 임차인 사이의 담합으로 임차보증금의 액수를 사후에 변경하는 것을 방지하고자 하는 취지일 뿐, 대항요건으로 규정된 주민등록과 같이 당해 임대차의 존재 사실을 제3자에게 공시하고자 하는 것은 아니므로, 확정일자를 받은 임대차계약서가 당사자 사이에 체결된 당해 임대차계약에 관한 것으로서 진정하게 작성된 이상, 이와 같이 임대차계약서에 임대차 목적물을 표시하면서 아파트의 명칭과 그 전유 부분의 동·호수의 기재를 누락하였다는 사유만으로 확정일자의 요건을 갖추지 못하였다고 볼 수는 없다(대법원 1999. 6. 11, 선고 99다7992 판결).

31. 임차권과 분리된 임차보증금반환채권만을 양수한 이상 그 채권 양수인이 주택임대차보호법상의 우선변제권을 행사할 수 있는 임차 인에 해당한다고 볼 수 없다. 따라서 위 채권양수인은 임차주택에 대한 경매 절차에서 주택임대차보호법상의 임차보증금 우선변제권자의 지위에서 배당요구를 할 수 없고, 이는 채권양수인이 주택임차인으로부터 다른 채권에 대한 담보 목적으로 임차보증금반환채권을 양수한 경우에도 마찬가지다. 다만, 이 같은 경우에도 채권양수인이 일반 금전채권자로서의 요건을 갖추어 배당요구를 할 수 있음은 물론이다(대법원 2010. 5. 27, 선고 2010다10276 판결).

32. 주택임대차보호법 제3조 제1항에 의한 대항력을 갖춘 주택임 차인이 임대인의 동의를 얻어 적법하게 임차권을 양도하거나 전대한 경우, 양수인이나 전차인에게 점유가 승계되고 주민등록이 단절된 것으로 볼 수 없을 정도의 기간 내에 전입신고가 이루어졌다면 비록 위 임차권의 양도나 전대에 의하여 임차권의 공시방법인 점유와 주민등록이 변경되었다 하더라도 원래의 임차인이 갖는 임차권의 대항력은 소멸되지 아니하고 동일성을 유지한 채로 존속한다고 보아야 한다. 이러한 경우 임차권 양수인은 원래의 임차인이 가지는 우선변제권을 행사할 수 있고, 전차인은 원래의 임차인이 가지는 우선변제권을 대위 행사할 수 있다(대법원 2010. 6. 10, 선고 2009다101275 판결).

33. 등기기록은 지층 101호지만 전입신고는 1층 101호로 한 경우, 등기기록은 404호지만 전입신고는 현관문에 표시된 504호(숫자 '4'는 불길하다 하여 '5'로 표시하는 경우가 있음)로 전입신고한 경우 모두 유효한 전입

신고가 아니다.

34. '에이스텔 404호'로 표시된 주민등록은 그 후 건축물관리대장 및 등기기록상 표시된 실제 호수인 '에이스텔 4층 304호'와 일치하지 아니하여 유효한 공시방법이 될 수 없다.

35. 주택임차인이 주민등록 전입신고를 할 당시 건축물관리대장 및 등기부가 작성되기 전이지만 그 전입신고 내용이 실제 건물의 소재지 지번과 정확히 일치하는 경우, 그 후 토지 분할 등의 사정으로 지번이 변경되었다고 하더라도 주민등록으로 유효하다.

36. 다세대 주택의 임차인이 등기기록상의 층·호수(지하층 01호)와 불일치하는 주소지로 전입신고(별층 101호)를 하였으나, 임대차의 공시방법으로 유효하다고 보았다.

37. 주택임대차보호법 제8조의 소액보증금 최우선변제권은 임차 목적 주택에 대해 저당권에 의하여 담보된 채권, 조세 등에 우선하여 변제받을 수 있는 일종의 법정담보물권을 부여한 것이므로, 채무자가 채무초과상태에서 채무자 소유의 유일한 주택에 대해 법 제8조 소정의 임차권을 설정해 준 행위는 채무초과상태에서의 담보제공행위로서 채무자의 총재산 감소를 초래하는 행위가 되는 것이고, 따라서 그 임차권설정행위는 사해행위취소의 대상이 된다고 할 것이다(대법원 2005. 5. 13, 선고 2003다50771 판결).

38. 간접점유자에 불과한 임차인 자신의 주민등록으로는 대항력의 요건을 적법하게 갖추었다고 할 수 없으며, 임차인과의 점유매개관계에 기하여 당해 주택에 실제로 거주하는 직접점유자가 자신의 주민등록을 마친 경우에 한하여 비로소 그 임차인의 임대차가 제3자에 대해 적법하게 대항력을 취득할 수 있다(**대법원 판례 2000다55645**).

39. 상가건물임대차보호법 건물의 인도와 더불어 대항력의 요건으로 규정하고 있는 사업자등록은 거래의 안전을 위하여 임차권의 존재를 제3자가 명백히 인식할 수 있게 하는 공시방법으로서 마련된 것이므로, 사업자등록이 어떤 임대차를 공시하는 효력이 있는지 여부는 일반 사회통념상 그 사업자등록으로 당해 임대차건물에 사업장을 임차한 사업자가 존재하고 있다고 인식할 수 있는지 여부에 따라 판단하여야 한다. 따라서 사업자등록신청서에 첨부한 임대차계약서상의 임대차 목적물 소재지가 당해 상가건물에 대한 등기부상의 표시와 불일치하는 경우에는 특별한 사정이 없으면 그 사업자등록은 제3자에 대한 관계에서 유효한 임대차의 공시방법이 될 수 없다. 또한, 사업자가 상가건물 일부분을 임차하는 경우에는 사업자등록신청서에 해당 부분의 도면을 첨부하여야 하고, 이해관계인은 임대차의 목적이 건물 일부분인 경우 그 부분 도면의 열람 또는 제공을 요청할 수 있도록 하고 있으므로, 건물 일부분을 임차한 경우 그 사업자등록이 제3자에 대한 관계에서 유효한 임대차의 공시방법이 되기 위해서는 사업자등록신청 시 그 임차 부분을 표시한 도면을 첨부하여야 한다(**대법원 2008. 9. 25, 선고 2008다44238 판결**).

40. 상가건물을 임차하고 사업자등록을 마친 사업자가 임차 건물의 전대차 등으로 당해 사업을 개시하지 않거나 사실상 폐업한 경우에는 그 사업자등록은 부가가치세법 및 상가건물임대차보호법이 상가임대차의 공시방법으로 요구하는 적법한 사업자등록이라고 볼 수 없고, 이 경우 임차인이 상가건물임대차보호법상의 대항력 및 우선변제권을 유지하기 위해서는 건물을 직접 점유하면서 사업을 운영하는 전차인이 그 명의로 사업자등록을 하여야 한다(대법원 2006. 1. 13, 선고 2005다64002 판결).

41. 그 사업자가 폐업신고를 하였다가 다시 같은 상호 및 등록번호로 사업자등록을 하였다고 하더라도 상가건물임대차보호법상의 대항력 및 우선변제권이 그대로 존속한다고 할 수 없다(대법원 2006. 10. 13, 선고 2006다56299 판결).

42. 소유권이전등기청구권을 보전하기 위하여 가등기를 경료한 자가 그 가등기에 기하여 본등기를 경료한 경우에 가등기의 순위보전의 효력에 의하여 중간처분이 실효되는 효과를 가져오므로, 가등기가 경료된 후 비로소 상가건물임대차보호법 소정의 대항력을 취득한 상가건물의 임차인으로서는 그 가등기에 기하여 본등기를 경료한 자에 대해 임대차의 효력으로써 대항할 수 없다(대법원 2007. 6. 28, 선고 2007다25599 판결).

43. 임대목적 부동산에 관하여 제3자가 가등기를 하고 그 가등기에 기하여 본등기가 마쳐진 경우에서는 임대인과 임차인 사이에 그 가등

기 후 그 보증금을 인상하기로 약정하였다 하더라도 그 인상분에 대해는 그 등기권리자에게 대항하지 못한다(대법원 판례 86다카757).

44. '임차인의 계약갱신요구권은 최초의 임대차기간을 포함한 전체 임대차기간이 5년을 초과하지 않는 범위 내에서만 행사할 수 있다'라고 규정하고 있는 바, 위 법률규정의 문언 및 임차인의 계약갱신요구권을 전체 임대차기간 5년의 범위에서 인정하게 된 입법 취지에 비추어 볼 때 '최초의 임대차기간'이라 함은 위 법 시행 이후에 체결된 임대차계약에 있어서나 위 법 시행 이전에 체결되었다가 위 법 시행 이후에 갱신된 임대차계약에 있어서 모두 당해 상가건물에 관하여 최초로 체결된 임대차계약의 기간을 의미한다고 할 것이다(대법원 2006. 3. 23, 선고 2005다74320 판결).

45. 임차인의 계약갱신요구권은 임차인이 임대차기간이 만료되기 6개월 전부터 1개월 전까지 사이에 계약의 갱신을 요구하면 그 단서에서 정하는 사유가 없는 한 임대인이 그 갱신을 거절할 수 없는 것을 내용으로 하여서 임차인의 주도로 임대차계약의 갱신을 달성하려는 것이다. 이에 비하여 법정갱신은 임대인이 위와 같은 기간 내에 갱신거절의 통지 또는 조건변경의 통지를 하지 아니하면 임대차기간이 만료된 때에 임대차의 갱신을 의제하는 것으로서, 기간의 만료로 인한 임대차관계의 종료에 임대인의 적극적인 조치를 요구한다. 이와 같이 이들 두 법 조항상의 각 임대차갱신제도는 그 취지와 내용을 서로 달리하는 것이므로, 임차인의 갱신요구권에 관하여 전체 임대차기간을 5년으로 제한하는 규정은 법정갱신에 대해는 적용되지 아니한다(대법

원 2010. 6. 10, 선고 2009다64307 판결).

46. 임대인의 지위를 승계한 것으로 보는 임차주택의 양수인이라 함은 같은 임대차의 목적이 된 주거용 건물의 양수인을 의미하므로 그 대지를 경락받은 자는 임차주택의 양수인이라고 할 수는 없다. 그러므로 낙찰자는 임차인에 대한 보증금 반환의무 등은 일체 없다(대법원 판례 98다3276).

47. 임차권 양도계약에 수반되어 체결되는 권리금계약은 임차권 양도계약과는 별개의 계약이지만 위 두 계약의 체결 경위와 계약 내용 등에 비추어 볼 때, 권리금계약이 임차권 양도계약과 결합하여 전체가 경제적·사실적으로 일체로 행하여진 것으로서, 어느 하나의 존재 없이는 당사자가 다른 하나를 의욕하지 않았을 것으로 보이는 경우에는 그 계약 전부가 하나의 계약인 것과 같은 불가분의 관계에 있다고 보아야 한다(대법원 2017. 7. 11, 선고 2016다261175 판결).

48. 주택임차인이 대항력을 갖는지 여부는, 임대차계약의 성립, 주택의 인도, 주민등록의 요건을 갖추었는지 여부에 의하여 결정되는 것이므로, 당해 임대차계약이 통정허위표시에 의한 계약이어서 무효라는 등의 특별한 사정이 있는 경우는 별론으로 하고 임대차계약 당사자가 기존 채권을 임대차보증금으로 전환하여 임대차계약을 체결하였다는 사정만으로 대항력을 갖지 못한다고 볼 수는 없다(대법원 판례 2001다47535).

49. 임대차는 임차인이 목적물을 사용·수익하게 하는 것이 계약의 기본 내용이므로, 채권자가 '주택임대차보호법상의 대항력을 취득하는 방법으로 기존 채권을 우선변제 받을 목적으로 주택임대차계약의 형식을 빌려 기존 채권을 임대차보증금으로 하기로 하고 주택의 인도와 주민등록을 마침으로써 주택임대차로서의 대항력을 취득한 것처럼 외관을 만들었을 뿐 실제 주택을 주거용으로 사용·수익할 목적을 갖지 아니한 계약은 주택임대차계약으로서는 통정허위표시에 해당되어 무효라고 할 것이다(**대법원 판례 2000다24184, 24191**).

50. 대항력을 갖춘 주택임차인이 임대인의 동의를 얻어 적법하게 임차권을 양도하거나 전대한 경우, 양수인이나 전차인에게 점유가 승계되고 주민등록이 단절된 것으로 볼 수 없을 정도의 기간 내에 전입신고가 이루어졌다면 비록 위 임차권의 양도나 전대에 의하여 임차권의 공시방법인 점유와 주민등록이 변경되었다 하더라도 원래의 임차인이 갖는 임차권의 대항력은 소멸되지 아니하고 동일성을 유지한 채로 존속한다고 보아야 한다. 임차권 양수인은 원래의 임차인이 가지는 우선변제권을 행사할 수 있고, 전차인은 원래의 임차인이 가진 '주택임대차보호법' 우선변제권을 대위 행사할 수 있다(**대법원 판례 2009다 101275**).

51. 건설회사 소유 임대아파트의 임차인으로 부터 아파트를 임차하여 전입신고를 마치고 거주하던 중, 을이 건설회사로부터 그 아파트를 분양전환 하여 자기 명의로 소유권이전등기를 경료한 후 근저당권을 설정한 경우, 주민등록상 전입신고를 한 날로부터 을이 아닌 을이

거주하는 것으로 나타나 있어서 제3자들이 보기에 임차인의 주민등록이 소유권 아닌 임차권을 매개로 하는 점유라는 것을 인식할 수 있었으므로 위 주민등록은 을이 전입신고를 마친 날로부터 임대차를 공시하는 기능을 수행하고 있었다고 할 것이고, 따라서 임차인 을은 임대인을 명의의 소유권이전등기가 경료되는 즉시 임차권의 대항력을 취득하였다. 즉, 저당권에 대항할 수 있다(**대법원 판례 2000다58026, 58033**).

52. 갑이 임의경매 절차에서 최고가매수신고인의 지위에 있던 을과 주택임대차계약을 체결한 후 주택을 인도받아 전입신고를 마치고 임대차계약서에 확정일자를 받았는데, 다음날 을이 매각대금을 완납하고 병 주식회사에 근저당권설정등기를 마쳐준 사안에서, 을이 최고가매수신고인이라는 것 외에는 임대차계약 당시 적법한 임대 권한이 있었음을 인정할 자료가 없는데도, 갑이 아직 매각대금을 납부하지도 아니한 최고가매수신고인에 불과한 을로부터 주택을 인도받아 전입신고 및 확정일자를 갖추었다는 것만으로 주택임대차보호법 제3조의2 제2항에서 정한 우선변제권을 취득하였다고 본 원심판결에 법리오해 등의 위법이 있다고 한 사례(**대법원 판례 2012다93794**).

53. '주택임대차보호법상의 대항력과 우선변제권의 두 가지 권리를 함께 가지고 있는 임차인이 우선변제권을 선택하여 제1경매 절차에서 보증금 전액에 대해 배당요구를 하였으나 보증금 전액을 배당받을 수 없었던 때에는 경락인에게 대항하여 이를 반환받을 때까지 임대차관계의 존속을 주장할 수 있을 뿐이고, 임차인의 우선변제권은 경락으로 인하여 소멸하는 것이므로 제2차 경매 절차에서 우선변제권

에 의한 배당을 받을 수 없다. 이는 근저당권자가 신청한 1차 임의경매 절차에서 확정일자 있는 임대차계약서를 첨부하거나 임차권등기명령을 받아 임차권등기를 하였음을 근거로 하여 배당요구를 하는 방법으로 우선변제권을 행사한 것이 아니라, 임대인을 상대로 보증금반환청구 소송을 제기하여 승소 판결을 받은 뒤 그 확정판결에 기하여 1차로 강제경매를 신청한 경우에도 마찬가지다(**대법원 판례 2005다21166**).

54. 임대차 종료 후 임차인의 임차목적물 인도 의무와 임차보증금 반환의무는 동시이행의 관계에 있으므로, 임차인이 임차목적물을 점유하고 사용·수익한 경우 그 점유는 불법점유라 할 수 없어 그로 인한 손해배상책임은 지지 아니하되, 다만 사용·수익으로 인하여 실질적으로 얻은 이익이 있으면 부당이득으로서 반환하여야 한다(**대법원 판례 98다15545**).

55. 임차인이 임대차계약관계가 소멸된 이후에도 임차목적물을 계속 점유하기는 하였으나 이를 본래의 임대차계약상 목적에 따라 사용·수익하지 아니하여 실질적인 이득을 얻은 바 없는 경우에는 그로 인하여 임대인에게 손해가 발생하였다 하더라도 임차인의 부당이득 반환의무는 성립되지 않는다(**대법원 판례 98다6497**).

56. 대항력과 우선변제권을 겸유하고 있는 임차인이 배당요구를 하였으나 보증금 전액을 배당받지 못하였다면 임차인은 임차보증금 중 배당받지 못한 금액을 반환받을 때까지 그 부분에 관하여는 임대차관계의 존속을 주장할 수 있으나 나머지 보증금 부분에 대해는 그 존속

을 주장할 수 없는 것이다. 임차인이 임대 부분 전부를 사용·수익하고 있어 그로 인한 실질적 이익을 얻고 있다면 이 사건 계쟁 임대 부분의 적정한 임대료 상당액 중 임대차관계가 존속되는 것으로 보는 부분을 제외한 나머지 보증금에 해당하는 부분에 대해는 (종전 임대차계약에서 임차보증금 외에 별도로 매월 임대료 지급에 관한 약정을 한 바도 없다고 해도) 부당이득을 얻고 있는 것이므로 이를 반환하여야 한다(대법원 판례 98다15545).

57. 확정일자의 요건을 규정한 것은 임대인과 임차인 사이의 담합으로 임차보증금의 액수를 사후에 변경하는 것을 방지하고자 하는 취지일 뿐, 대항요건으로 규정된 주민등록과 같이 당해 임대차의 존재 사실을 제3자에게 공시하고자 하는 것은 아니므로, 확정일자를 받은 임대차계약서가 당사자 사이에 체결된 당해 임대차계약에 관한 것으로서 진정하게 작성된 이상, 이처럼 임대차계약서에 임대차 목적물을 표시하면서 아파트의 명칭과 그 전유 부분의 동·호수의 기재를 누락하였다는 사유만으로 확정일자의 요건을 갖추지 못하였다고 볼 수는 없다(대법원 판례 99다7992).

58. 주택임대차보호법상의 대항력과 우선변제권을 모두 가지고 있는 임차인이 보증금을 반환받기 위하여 보증금반환청구 소송의 확정판결 등 집행권원을 얻어 임차주택에 대해 스스로 강제경매를 신청하였다면 특별한 사정이 없는 한 대항력과 우선변제권 중 우선변제권을 선택하여 행사한 것으로 보아야 하고, 이 경우 우선변제권을 인정받기 위하여 배당요구의 종기까지 별도로 배당요구를 하여야 하는 것은 아니다(대법원 판례 2013다27831).

59. 대지에 저당권 설정 당시 건물이 있는 경우, 대지에 관한 저당권의 실행으로 경매가 진행된 경우에도 그 지상 건물의 소액임차인은 대지의 환가대금 중에서 소액보증금을 우선변제 받을 수 있다(**대법원 판례 99다25532**).

60. 저당권 설정 후에 비로소 건물이 신축된 경우에까지 소액임차인에게 최우선변제권을 인정한다면 저당권자가 예측할 수 없는 손해를 입게 되는 범위가 지나치게 확대되어 부당하므로, 이러한 경우에는 소액임차인은 대지의 환가대금에 대해 최우선변제를 받을 수 없다(**대법원 판례 99다25532**).

61. 갑이 아파트를 소유하고 있음에도 공인중개사인 남편의 중개에 따라 근저당권 채권최고액의 합계가 시세를 초과하고 경매가 곧 개시될 것으로 예상되는 아파트를 소액임차인 요건에 맞도록 시세보다 현저히 낮은 임차보증금으로 임차한 다음 애초 임대차계약상 잔금지급기일과 목적물인도기일보다 앞당겨 보증금 잔액을 지급하고 전입신고 후 확정일자를 받았는데, 그 직후 개시된 경매 절차에서 배당을 받지 못하자 배당이의를 한 사안에서, 갑은 소액임차인을 보호하기 위하여 경매개시결정 전에만 대항요건을 갖추면 우선변제권을 인정하는 주택임대차보호법을 악용하여 부당한 이득을 취하고자 임대차계약을 체결한 것이므로 주택임대차보호법의 보호대상인 소액임차인에 해당하지 않는다(**대법원 판례 2013다62223**).

62. 상가건물에 해당하는지는 공부상 표시가 아닌 건물의 현황·용

도 등에 비추어 영업용으로 사용하느냐에 따라 실질적으로 판단하여야 하고, 단순히 상품의 보관·제조·가공 등 사실행위만이 이루어지는 공장·창고 등은 영업용으로 사용하는 경우라고 할 수 없으나 그곳에서 그러한 사실행위와 더불어 영리를 목적으로 하는 활동이 함께 이루어진다면 '상가건물임대차보호법' 적용대상인 상가건물에 해당한다(대법원 판례 2009다40967).

장기수선 충당금 납부 주체 정리

	납부 주체	관련 규정	기타
아파트	임대인	공동주택관리법 시행령 제31조(장기수선충당금의 정립 등) ⑧ 공동주택의 소유자는 장기수선충당금을 사용자가 대신하여 납부한 경우에는 그 금액을 반환하여야 한다.	1. 임의규정이므로, 특약으로 배제 가능함. (예 : 장기수선충당금은 임차인이 부담한다) 2. 수선유지비는 사용자가 부담함.
상가 (집합건물)	임대인	집합건물의 소유 및 관리에 관한 법률 시행령 제5조의 4(수선적립금의 징수, 정립) ① 구분소유자는 수선적립금을 법 제5조 제4항에 따른 점유자(이하 '점유자'라 한다)가 대신하여 납부한 경우에는 그 금액을 점유자에게 지급해야 한다.	1. 임의규정이므로, 특약으로 배제 가능함. (예 : 수선정립금은 임차인이 부담한다) 2. 수신유지비는 사용자가 부담함.

임대차보호법 주요 개정일 및 시행일의 적용

	개정내용	개정일	시행일	법 적용
[상가] **계약갱신요구권** **행사기간**	5년 → 10년	2018. 10. 16	즉시	이 법 시행 후 최초 체결, 갱신되는 임대차
[주택] **계약의 갱신**	6개월 ~ 1개월 → 6개월 ~ 2개월	2020. 6. 9	2020. 12. 10	이 법 시행 후 최초 체결, 갱신되는 임대차

PART
12

임대차 관련 법
비교정리 표

[임대차법 비교정리 표]

	전세권	민법 임대차	주택임대차보호법	상가건물임대차보호법
대항력 등	전세권설정등기 한 때 → 우선변제권+경매신청권 취득!	① **당사자**간 반대약정 없을 때 → 임차인은 임차권 청구 불가 ② 임차권 등기한 때 → 제3자에 대한 대항력 발생!	**인도+주민등록=대항력 발생**+최우선변제권(경매등기 전)+확정일자=우선변제권 발생 **임차권등기명령 가능 : 소재지 법원**	**인도+사업자등록=대항력 발생**+최우선변제권(경매등기 전)+확정일자=우선변제권 발생 **임차권등기명령 가능 : 소재지 법원**
필요비 유익비	**임차인 : 필요비**(임차물 보존) **→ 청구 불가** 유익비청구 가능(임대차 종료)	임차인 → 필요비 청구 가능 유익비 청구 가능	임차인 → 필요비 청구 가능 유익비 청구 가능	임차인 → 필요비 청구 가능 유익비 청구 가능
차임 증감		차임증감청구권(당사자) 가능	5%(1/20)	5%(5/100)
양도, 담보 제공	타인양도, 담보제공 가능 (존속기간 내 가능) 단, 특약으로 금지 有 → 불가	타인양도, 전대 불가 → 위반 시 계약해지 가능 (임대인 동의 시 가능)	[민법 규정 준용] 타인양도, 전대 불가 (임대인 동의 시 가능)	[민법 규정 준용] 타인양도, 전대 불가 (임대인 동의 시 가능)
묵시적 갱신 & 해지 통고	임대인(전세권 설정자) → 기간만료 전 **6월~1월** 사이 갱신거절이나 조건변경 없음을 통지 × → (前)전세권과 동일한 조건	임대차기간 만료 후, 사용수익 계속+임대인 이의× → (前) 임차와 동일한 조건 해지 통고는 (기간약정 없는 임대차와 동일)	① 임대인 → **임대차기간 만료 전 6월~2월** 사이, 갱신거절이나 조건변경 없음을 통지 × → (前) 임차와 동일한 조건 (**존속기간 : 2년**) ② 임차인 → **임대차기간 만료 2월** 전까지 통지 × → (前) 임차와 동일한 조건 (2년)	임대인 → **임대차기간 만료전 6월~1월** 사이, 갱신거절이나 조건변경 없음을 통지 × → (前) 임차와 동일한 조건 (**존속기간 : 1년**) ※ 주임법과 달리 임차인의 통지조항 별도 없음
기간의 약정이 없는 임대차	◆ 전세권 존속기간-10년 ◆ 1년 미만 약정 시-1년 양당사자 → 언제든지 전세권 소멸을 통고 가능 통고 받은 날부터 6월 후 전세권 소멸	당사자 → 언제든지 해지 통고 가능 상대방이 통고 받은 날로부터 ① 임대인 → **6월후** 효력 발생 ② 임차인 → **1월후** 효력 발생	임차인 : 언제든지 해지 통고 가능 단, 임대인 통지 받은 날로부터 **3개월 후**, 효력 발생. 기간 없거나, **2년 미만→2년** (임차인은 2년 미만 기간 가능)	임차인 : 언제든지 해지 통고 가능 단, 임대인 통지 받은 날로부터 **3개월 후**, 효력 발생 기간 없거나, **1년 미만→1년** (임차인은 1년 미만 기간 가능)
차임 연체 시 계약 해지		차임연체액이 **2기에 달하는 때** → 임대인 계약해지 가능	차임연체액이 **2기에 달하는 때** → 자동연장 불가(묵시적 갱신 불가)	차임연체액이 **3기에 달하는 때** → 임대인 계약 해지 가능

| 기타
사항 | | [부속물 매수청구권]
건물기타공작물의 임차인이
그 사용이 편익을 얻기 위하
여, 임대인의 동의 얻어 부
속한물건 → 임대차 종료 시
~ 부속물매수청구 가능(임대
인으로부터 매수한 부속물도 청
구 가능) | [주택임차권의 승계]
① 임차인이 상속인 없이
사망 시 → 가정공동생활한
사실혼자
② 임차인이 사망 시 상속
인이 그 주택에서 가정 공
동생활 안 함 → 가정공동
생활한 사실혼자+2촌 이내
친족(공동승계) | [상가 환산보증금 계산방법]
보증금+(월세×100)
=환산보증금

[계약갱신요구권]
임차인이 임대차기간
만료 전 6월 ~ 1월 사이 계
약갱신요구 가능(10년) →
임대인 거부 불가(묵시적 갱
신 시 → 10년 제한 없음)
(前) 임대차와 동일한 조건

[계약갱신요구권 거절 사유]
① 3기 차임 연체 사실
② 거짓부정임차
③ 합의보상
④ 비동의전대
⑤ 임차물파손
⑥ 멸실
⑦ 철거,재건축
(가) 계약시고지 (나) 안전사고
우려
(다) 다른 법령
⑧ 그 밖에 사유 |

※**상가건물임대차보호법에 적용을 받을 수 있는 (환산)보증금액** : 서울(9억 원), 수도권정비계획법에 따른 과밀억제권역 및 부산광역시(6억 9,000만 원), 광역시+세종, 파주, 화성, 안산, 용인, 김포, 광주(5억 4,000만 원) 그 밖의 지역(3억 7,000만 원) <2019. 4. 2 개정> **단 ① 대항력 등**(제3조) **② 계약갱신요구권**(10조 1항 ~ 3항) **③ 권리금회수기회보호규정**(10조의 2 ~ 7 **④** 차임연체와 해지(10조의 8) **⑤ 표준계약서의작성**(제19조)은 '**환산보증금 초과 상가임대차계약**'도 적용됨(단, 우선변제권은 적용 안 됨).

임대차보호법상 최우선변제금액(지역별)

해당 지역	주택		상가건물	
서울특별시	2021년 5월 11일	15,000만 원 → 5,000만 원	2010년 7월 26일	5,000만 원 → 1,500만 원
수도권 중 과밀억제권역 (세종, 용인, 화성, 김포)		13,000만 원 → 4,300만 원		4,500만 원 → 1,350만 원
광역시(군제외) + 안산, 광주, 파주, 이천, 평택		7,000만 원 → 2,300만 원		3,000만 원 → 900만 원
기타 지역		6,500만 원 → 2,000만 원		2,500만 원 → 750만 원

서울특별시	2023년 2월 21일	16,500만 원 → 5,500만 원	2014년 1월 1일	6,500만 원 → 2,200만 원
수도권중 과밀억제권역 (세종, 용인, 화성, 김포)		14,500만 원 → 4,800만 원		5,500만 원 → 1,900만 원
광역시(군 제외) + 안산, 광주, 파주, 이천, 평택시		8,500만 원 → 2,800만 원		3,800만 원 → 1,300만 원
기타 지역		7,500만 원 → 2,500만 원		3,000만 원 → 1,000만 원

1. **수도권 중 과밀억제권역** : 인천, 의정부, 구리, 남양주, 하남, 고양, 수원, 성남, 안양, 부천, 광명, 과천, 의왕, 군포, 시흥시

2. **상가건물임대차보호법 [권리금회수기회보호]** : 임대인은 임대기간 끝나기 6개월 전부터 임대차 종료 시까지, 권리금계약에 따라 임차인이 주선한 신규 임차인이 되려는 자로부터 권리금 지급을 방해하여서는 안된다. ① 임대인은 신규 임차인에게 권리금 요구, 권리금 수수, 임차인에 대한 권리금 지급 방해, 현저히 고액의 차임 또는 보증금 요구, 임대차계약체결을 거절할 수 없다. ② 임대인 거부 가능 : 보증금 또는 차임 지급할 자력 ×, 임차인 의무위반 우려 시, 임대차 유지어려운 상당한 사유 有, 임대차목적물을 1년 6개월 이상 영리목적으로 사용 안 할 때, 임대인이 선택한 신규 임차인이 임차인과 권리금계약을 체결하고 그권리금 지급한 경우 ③ 손해배상책임 : 신규 임차인이 지급하기로 한 권리금과 임대차 종료 당시의 권리금 중 낮은 금액(종료 후 3년 이내 행사하여야 함)

PART
13

강행규정과
임의규정의 해석방법

(임대차계약서 작성 시 특약은 어떻게 적어야 할까?)

어떠한 법률행위가 유효(효과가 있음)하기 위해서는 그 목적이 '적법'하여야 하고, 목적의 적법이란 '강행규정'에 위반하지 않은 것을 의미하며, 강행규정에 위반한 법률행위는 전부 무효입니다.

민법 제105조(임의규정)
법률행위의 당사자가 법령 중의 선량한 풍속 기타 사회질서에 관계없는 규정과 다른 의사를 표시한 때에는 그 의사에 의한다.

강행규정이란 '선량한 풍속 기타 사회질서와 관계있는 규정으로서 당사자의 의사에 의해 그 적용을 배제할 수 없는 규정'을 말하고 있는 반면에 위 민법 제105조에서는 '강행규정'과는 정반대인 '임의규정'을 규정하고 있습니다.

민법상 강행규정이 인정되는 것

민법 총칙 편	권리 능력(제3조) 행위능력(제5조 이하) 법인제도(제31조 이하)
물권 편	물권법정주의(제185조) 취득시효제도(제245조) 등 대부분 규정이 강행규정이지만, 저당권의 효력(제358조)에서 종물에 관한 다른 약정과 상린관계는 임의규정
채권 편	임차인들 경제적 약자를 보호하기 위한 편면적 강행규정(제607조, 제608조, 제652조 및 주택임대차보호법 등
가족 편	친족 관계의 기본질서나 상속의 기본체계를 유지하기 위한 규정(친족, 상속 편의 대부분의 규정)

정리하자면, 민법 조문이나 기타 법률의 주문은 대부분 강행규정(그 법조문에 반하는 개인 간의 약정은 전부 무효) 임의규정(개인 간에 그 법조문과 다른 특약을 체

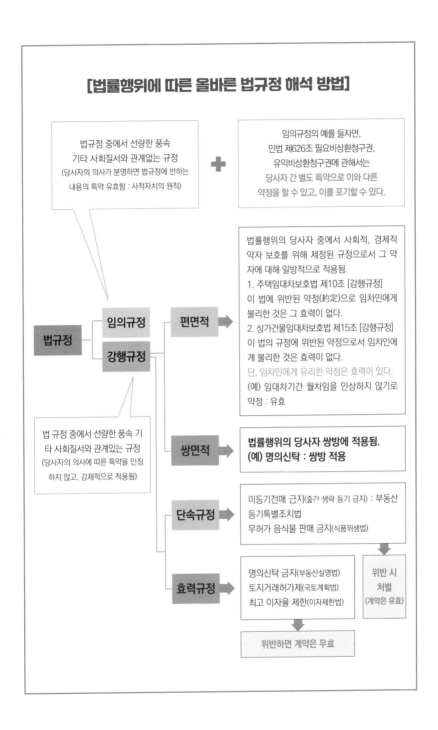

[법률행위에 따른 올바른 법규정 해석 방법]

법규정 중에서 선량한 풍속 기타 사회질서와 관계없는 규정
(당사자의 의사가 분명하면 법규정에 반하는 내용의 특약 유효함 : 사적자치의 원칙)

+

임의규정의 예를 들자면, 민법 제626조 필요비상환청구권, 유익비상환청구권에 관해서는 당사자 간 별도 특약으로 이와 다른 약정을 할 수 있고, 이를 포기할 수 있다.

법규정

임의규정

강행규정

편면적

법률행위의 당사자 중에서 사회적, 경제적 약자 보호를 위해 제정된 규정으로서 그 약자에 대해 일방적으로 적용됨.
1. 주택임대차보호법 제10조 [감행규정]
이 법에 위반된 약정(約定)으로 임차인에게 불리한 것은 그 효력이 없다.
2. 상가건물임대차보호법 제15조 [강행규정]
이 법의 규정에 위반된 약정으로서 임차인에게 불리한 것은 효력이 없다.
단, 임차인에게 유리한 약정은 효력이 있다.
(예) 임대차기간 월차임을 인상하지 않기로 약정 : 유효

법 규정 중에서 선량한 풍속 기타 사회질서와 관계있는 규정
(당사자의 의사에 따른 특약을 인정하지 않고, 강제적으로 적용됨)

쌍면적

법률행위의 당사자 쌍방에 적용됨.
(예) 명의신탁 : 쌍방 적용

단속규정

미등기전매 금지(중간 생략 등기 금지) : 부동산 등기특별조치법
무허가 음식물 판매 금지(식품위생법)

효력규정

명의신탁 금지(부동산실명법)
토지거래허가제(국토계획법)
최고 이자율 제한(이자제한법)

위반 시 처벌
(계약은 유효)

위반하면 계약은 무효

결하였을 때는 그 특약은 유효하고, 특약이 우선 적용받음)으로 나뉘는데, 거의 모든 법조문이 강행규정으로 된 '임대차보호법'이 대표적이라 할 것입니다.

따라서 임대차보호법상의 법조문에 명시된 사항과 관련해서 살펴보겠습니다. 임대인 쪽에서 자신의 우월한 지위를 가지고 자신이 유리한 방향으로 별도의 약정했다면, 그 약정은 무효로서 향후 임대인이 임차인에게 그 약정을 주장한다고 해도 법적으로 인정받지 못합니다.

예를 들어 상가임대차의 경우에 임차인이 임대인에게 계약 만료 전에 계약갱신요구권을 행사하지 않기로 하는 약정했다면, 그 약정은 강행규정을 위반했으므로 무효입니다. 임차인은 그 약정을 지켜야 할 아무런 이유가 없다고 할 것입니다.

하지만 반대로 양 당사자 간에 임차인의 계약갱신요구 기간을 10년이 아닌 15년간 행사할 수 있다고 별도 약정을 했다면, 그 약정은 강행규정인데도 유효한 약정입니다. 왜냐하면 임대차보호법이 '편면적 강행규정', 즉 양 당사자 모두 적용받는 것이 쌍면적 강행규정이라고 한다면, 당사자 중 일방만 적용받습니다. 그 다른 일방은 약자로서 그 규정보다 더 유리한 약정을 했을 때 그 약정을 적용받을 수 있지만, 그 약자에게 불리한 약정을 했을 때는 그 약정은 무효가 되어버립니다.

이렇게 극단적으로 한쪽에 유리한 편면적 강행규정이 법률용어라서 그런지 좀 딱딱해서 무슨 소린지 잘 이해가 안 갈 수도 있을 것입니다. 하지만 '편'이라는 단어 하나만 보게 되면, 약자에 무조건 '편'을 드는 법, 약자만 '편'애(愛) 하는 법이라고 이해하면 간단히 정리될 것 같습니다.

이에 비하면 임의규정은 이에 해당하는 법률행위는 법조문과 달리 양 당사자 간에 다른 특약을 한다면, 그 특약이 우선 적용되는 것으로 단적인 예로 '임대차계약서상에 특약을 넣는 것'이라고 보면 될 것입니다.

한 예로 임대차계약서상에 '임차 부동산에서 반려동물을 키울 수 없고, 만일 이를 어긴다면 임대차계약을 해지할 수 있다'라고 특약을 한다면 그 특약은 임대인 입장에서 효력이 있다고 할 수 있습니다.

끝으로 조금은 어렵다고 생각되는 '대한민국의 모든 현행법에 나오거나 나오지 않거나 어떠한 계약에 어떤 특약을 넣었을 때, 이 특약에 대한 강행규정과 임의규정에 대한 판단'을 어떻게 할 것인지에 대한 문제를 살펴보겠습니다.

먼저 따져볼 것이 이 특약이 현행법에 적용되거나, 적용되지 않는 것으로 나눌 수 있습니다.

첫 번째 현행법에 적용되지 않을 때는 사회통념상 일반적인 사인의 판단에 기준 잡아서 무조건 효력이 있는 특약이라 할 것입니다.
두 번째는 현행법에 적용된다면, 앞서 정리했듯이 그 법률행위가 강행규정과 임의규정 둘 중에서 어디에 해당하는지 여부를 따져보면 될 것입니다.

만일 그 특약이 강행규정에 해당해서 그 법과 동일한 특약을 적는다면, 그 특약을 적지 않아도 당연히 그 법 규정에 적용받기 때문에 불필요한 특약에 불과합니다. 그 법에 반하는 특약을 적는다고 해도 역시 강행규정에 반해 '무효'이므로 그 특약은 불필요한 특약에 지나지 않습니다. 결론적으로 강행규정에 해당하는 법률행위는 별도의 특약을 적어서는 안 됩니다.

또한 그 특약이 임의규정에 해당해 그 법과 동일한 특약을 적는다면, 그 특약을 적지 않아도 당연히 그 법 규정에 적용받기 때문에 불필요한 특약에 불과합니다. 만일 그 법과 다르게 특약을 적는다면 앞서 정리한 것처럼 당사자의 합의를 통해 충분히 바꿀 수 있기 때문에 그 특약은 법적 효력이 발생합니다.

이러한 시스템에 어떠한 특약을 대입해 적용해본다면, 계약서에 특약을 적어야 할 사항인지 적지 않아도 될 사항인지를 정확히 판단할 수 있을 것입니다.

PART
14

전세사기,
깡통전세 대응방법
(국토교통부 '전세사기! 예방이 최우선입니다' 참조)

1. 전세계약 전 유의사항

① 선순위 권리관계 확인

나의 전세보증금보다 선순위의 채권이나 보증금이 있을 경우, 보증금 전액 반환이 어려울 수 있으므로 주의하세요.

- 등기부등본 확인(인터넷등기소 : WWW.iros.go.kr)을 통해 가등기, 가압류 등의 여부, 담보권 설정 여부 등을 확인하세요.

- 다가구 주택의 경우 전입세대 열람내역 및 확정일자 부여현황을 확인하세요.

② 임대인의 세금 체납 여부 확인

임대인이 미납한 세금이 있으면, 보증금 전액 반환이 어려울 수 있으므로 체납 여부를 확인하세요.

- 국세는 세무서(또는 홈택스), 지방세는 주민센터(또는 위택스)에서 임대인의 미납내역을 확인하세요(임대인 동의 필요함).

- 계약체결 후에는 임대인 동의 필요 없이도 미납국세 열람이 가능합니다.

③ 무허가, 불법건축물 여부 확인

전입신고를 할 수 없는 무허가, 불법건축물은 주택임대차보호법 적용을 받지 않아 보증금 보호가 어려운 경우가 있으므로 주의하세요.

- 현장방문 및 건축물대장 열람(세움터 : cloud.eais.go.kr)을 통해 무허가, 불법건축물 여부를 확인하세요.

④ 적정 시세 확인

매매가가 하락하거나 경매 시 보증금 전액 반환이 어려울 수 있으므로 전세가율(매매가 대비 전세가 비율)이 높은 매물은 조심하세요.

- 부동산테크(www.rtechor.kr), 국토교통부 실거래가 공개시스템(rt.molit.go.kr), 부동산 정보사이트(네이버부동산, KB부동산시세, 한방 등), 복수의 중개업소 방문 등을 통해 적정 매매가와 전세가 시세를 확인하세요.

2. 전세계약 시 유의사항

① 임대인(대리인) 신분 확인

임대인 본인이나 임대인의 위임을 받은 대리인과 계약을 체결해야 전세사기를 예방할 수 있습니다.

- 등기부등본상 임대인이 계약당사자인지 확인, 임대인의 신분증 확인, 대리인의 경우 위임장, 인감증명서 등을 확인하고, 보증금을 입금할 때에도 임대인(또는 대리인) 명의의 계좌인지 확인한 후 이체하세요.

② 공인중개사 정상영업 여부 확인

미등록 및 업무정지 중인 중개업소에서 계약을 체결할 경우, 중개사고 발생 시 보상을 받을 수 없습니다.

- 국가공간정보포탈(www.nsdi.go.kr)에서 등록 및 정상영업 여부를 확인하세요.

- 중개대상물 확인, 설명서, 손해배상책임 관련 증서 등도 확인하세요.

③ 주택임대차표준계약서 사용

주택임대차표준계약서를 사용할 경우 임대인의 미납세금 여부, 확정일자 부여현황 등의 정보를 확인할 수 있어 추후 계약 관련 분쟁을 예방할 수 있습니다.

 - 국토교통부 부동산거래관리시스템(rt.molit.go.kr)에서 내려받아 활용하세요.

 - 계약 후 나의 전세보증금보다 선순위의 담보권 설정을 금지하는 특약을 명시하세요.

3. 전세계약 후 유의사항

① 잔금 지급 시 유의사항

 - 권리관계 변동확인 : 계약체결 이후 등기부등본상 근저당권설정 등의 변동사항이 없는지 확인합니다. 또한, 이사할 집이 비어 있거나 기존 세입자가 전출 준비가 되어 있는지 확인하고, 잔금을 지급합니다(등기부등본 확인 후 임대인 또는 정당한 대리인 명의의 계좌로 입금하세요).

② 이사 후 유의사항

 - 전입신고 : 주민등록법 제11조에 따른 의무사항으로 전입 후 14일 이내에 신고해야 하며, 전입신고 다음 날에 대항력이 발생합니다(주민센터 방문 신고 또는 정부24 사이트에서 온라인신고).

 - 전세보증금 반환보증 가입 : 전세보증금 반환 관련 사고 발생 시, 보증회사에서 보증금 반환을 대신해서 책임지므로 안전합니다(주택도시보증공사, 한국주택금융공사, sgi서울보증 등).

부록

주택임대차보호법 개정 관련 보도자료

법 무 부 국 토 교 통 부	보도자료	*한때라 대한민국*	
배포 시 부터 보도 가능		총 11쪽 / 사진 없음	
법무부	법무심의관실	법무심의관 전태○	02-2110-3164
		서기관 임성○	02-2110-3503
국토교통부	주택정책과	과장 이명○	044-201-3321
		사무관 유지○	044-201-3334

(전화 column spans 법무심의관 전태○/서기관 임성○ rows and 과장 이명○/사무관 유지○ rows)

『주택임대차보호법』 개정 법률안 국회 본회의 통과! 계약갱신청구권·전월세상한제 도입

□ **정부**의 **국정과제**인 **계약갱신청구권**과 **전월세상한제** 도입을 담은 『주택임대차보호법』 개정안이 **금일 국회 본회의**를 **통과**하였습니다.

○ **정부**는 출범 이후 계약갱신청구권과 전월세상한제 도입을 **국정과제**(46번 서민이 안심하고 사는 주거환경조성)로 **정하고**,

- 그간 **학계, 시민단체 등** 각 계의 의견을 **폭넓게 수렴**하는 등 제도 도입을 위해 다양한 노력을 기울여왔으며, 이번 국회를 통해 마침내 그 결실을 맺을 수 있게 되었습니다.

○ **계약갱신청구권**은 임차인이 희망하는 경우 **1회 계약 갱신**을 청구할 수 있는 권리로, 임차인의 **안심 거주기간이 2년 더** 늘어납니다.

- 계약 갱신 시 **임대료 상한도** 5% 범위 내로 제한되어 임차인들이 **임대료 급등**으로 인한 걱정에서 어느 정도 벗어날 수 있습니다.

○ 또한, 이번 **입법**은 **임대인**과 **임차인 간 관계**를 보다 **균형 잡힌 권리관계**로 재정립하였습니다.

- **임차인**이 희망하면 임차 거주기간을 **연장**할 수 있지만, **집주인**이 임대차계약

갱신 시점에 해당 주택에서 직접 거주하기를 원한다면 아무런 제약 없이 거주할 수 있도록 한 것이 그 예입니다.

□ 이번에 개정된 『주택임대차보호법』의 주요 내용은 다음과 같습니다.

① **(계약갱신청구권 도입)** 임대인은 임차인이 임대차기간이 끝나기 6개월 전부터 **1개월 전***까지 계약갱신을 요구하는 경우 정당한 사유 없이 **거절하지 못함.**

* '20.12.10. 이후 최초로 체결하거나 갱신된 계약은 6개월 전부터 2개월 전까지의 기간에 계약갱신 청구('20. 6. 9. 개정사항)

　- 임차인은 **계약갱신청구권을 1회**에 한하여 행사할 수 있도록 하며, 갱신되는 임대차의 **존속기간은 2년**으로 봄.

② **(직접 거주 갱신거절에 대한 손해배상)** 임대인이 실거주를 이유로 갱신을 거절했으면서도,

　- 임차인이 요구한 갱신기간 동안 정당한 사유 없이 **제3자**에게 목적 주택을 **임대한 경우** 임대인은 갱신거절로 인하여 **임차인**이 **입은 손해**를 **배상**하도록 함.

※ 허위의 갱신거절 시 손해배상액 산정

① 임대인과 임차인 간 손해배상 예정액

② ①이 없는 경우 법정 손해배상 예정액 중 가장 큰 금액

　1) 갱신거절 당시 월 단위 임대료(전세금은 전액 월세로 전환, 법정 전환율 4% 적용) 3개월분에 해당하는 금액

　2) 『임대인이 새로운 임차인에게 임대하여 얻은 월 단위 임대료 - 갱신거절 당시 월 단위 임대료』의 2년분에 해당하는 금액

　3) 갱신거절로 인해 임차인이 입은 손해액

---

③ **(갱신 시 증액상한)** 임대료 증액상한을 5%로 하되, 지자체가 지역 임대차 시장 여건 등을 고려하여 조례로 **달리 정할 수 있도록** 함.

④ **(분쟁조정위원회 확대 설치)** 대한법률구조공단과 함께, LH 및 한국감정원에도 **분쟁조정위원회**를 설치하도록 함.

⑤ **(주택임대차보호법 공동소관)** 주택임대차 표준계약서를 법무부 장관이 국토부 장관과 협의하는 등 **향후 공동소관**하기로 **함.**

□ 정부는 앞으로 임대인과 임차인의 균형 잡힌 권리관계를 조성하고, 투명한 임대차 시장의 조성을 위해 노력할 것입니다.

○ 새로 도입된 계약갱신 청구권과 전월세상한제가 임대차 시장에 정착할 수 있도록 **임대인**과 **임차인**에 대한 **홍보·교육**을 순차적으로 진행할 계획입니다.

- 개정된 **주택임대차보호법 해설서**를 전국적으로 배포할 것이며, **LH, 한국감정원**의 **지역 사무소** 등을 중심으로 **방문상담소도** 개설할 것입니다.

- 또한, 서울시·경기도 등과 적극 협업하여 반상회, 주민센터 등 **주민접점 장소**에서의 교육도 실시할 것입니다.

○ 임대차 3법 중 하나인 **임대차 신고제도** 국토부의 당초 계획대로 21.6월에 차질없이 시행할 것입니다.

- 임대차 신고제는 **임대차 실거래 정보를 취합**하여 임차인에게 시의성 있는 시세 정보를 제공하는 제도로,

- 『주택임대차보호법』에 담긴 임대차계약 당사자 간의 **계약의 룰**을 정하는 **전월세상한제와 계약갱신청구권**과는 제도 도입 목적 및 근거 법률에 다소 차이가 있습니다.(임대차신고제는 「부동산거래신고법」)

- 특히, 이번 개정 법률안에 포함된 **전월세상한제**는 **현재 임대인**과 **임차인이 계약한 종전 임대료를 기준**으로 임대료의 상한을 정하도록 되어 있어 제도 시행에 전혀 문제가 없습니다.

□ 아울러, 새롭게 도입되는 **임대차 제도의 변화**에 발맞추어 **신속한 상담** 진행과 **분쟁 조정**을 위해 노력할 것입니다.

○ 새로 도입되는 제도에 대한 **궁금증**이 있으신 분은 **서울시** 전월세보증금 지원센터, **경기도** 콜센터, **LH, 감정원, 대한법률구조공단**에 연락하시면 됩니다.

- 아울러, 공인중개사 협회를 통해 전국 개업공인중개사에도 관련 **FAQ를 공유**한 만큼, 가까운 **개업공인중개사**에 연락하셔서서 궁금한 사항을 문의해주시기 바랍니다.

<개정 주임법 관련 상담 연락처>

기관	전화번호	기관	전화번호
국토교통부 민원 콜센터	1599-0001	대한법률 구조공단	국번 없이 132
서울시 전월세 보증금 지원센터	(02) 2133-1200~8	한국감정원	(053) 663-8425
경기도 임대차 즉시 전화상담	(031) 8008-2246	LH	(055) 922-3638,3641

○ 정부는 이번 주택임대차보호법 개정을 계기로 **분쟁조정위원회**를 **단계적으** 로 **대폭 확대**할 계획입니다.

- 현재 전국 6곳에만 있는 분쟁조정위원회를 단계적으로 확대하여 **인구 50만 이상 도시**에는 **최소 1곳 이상**이 설치될 수 있도록 하겠습니다.

  * 주택임대차보호법 개정안과 함께 상가임대차보호법 개정안도 본회의를 통과하여 주택, 상가건물임대차 분쟁조 정위원회 함께 추가 설치될 예정입니다.

□ **정부**는 국민의 **재산권**을 지켜야 할 의무와 함께, 경제적 약자인 **임차인**을 보 호해야할 **헌법상 책무**가 있습니다.

  ※ 주거의 안정은 인간다운 생활을 하기 위한 필수 불가결한 요소이며, 국가는 경제적약자인 약자인 임차인을 보 호하고 사회복지의 증진에 노력할 의무를 진다.(헌재 1998.2.27. 97헌바20)

○ 이번 『**주택임대차보호법 개정**』을 계기로 **임차인**이 폭넓게 보호 받고, **임대인** 의 권리가 존중되는 균형 잡힌 임대차 시장이 되도록 최선의 노력을 다하겠 습니다.

○ 아울러, 『**주거복지로드맵 2.0**』의 '25년 공공임대주택 240만 호 계획을 차질 없이 이행함으로써 서민 주거지원을 위한 노력도 게을리 하지 않겠습니다.

[붙임] : 개정 주택임대차보호법 관련 Q&A

개정 주택임대차보호법
관련 Q&A

1. 갱신요구권의 행사

1) 임차인은 언제부터 임대인에게 계약갱신요구를 할 수 있는지?
☞ 임대차기간이 끝나기 6개월 전부터 **1개월 전**까지 기간에 청구
☞ 계약갱신청구권 행사기간 관련 개정사항(1개월 전 → 2개월 전, '20. 6. 9)은
'20. 12. 10 이후 최초로 체결하거나 갱신된 계약부터 적용

2) 임차인에게 총 몇 회의 갱신요구권이 부여되는지?
☞ 갱신요구권은 1회에 한하여 행사 가능하며, 2년 보장

3) 묵시적 갱신도 갱신요구권 행사로 보는지?
☞ 그렇지 않음. 개정 법률에 따른 계약갱신요구권 행사의 명확한 의사표시를 하는
경우로 한정됨

> ※ **(CASE)** 임차인 甲과 임대인 乙이 '17. 9월 ~ '19. 9월까지 최초 전세계약을
> 맺었고, 묵시적으로 '19. 9월 ~ '21. 9월까지 갱신된 경우에도, 임차인 甲은
> 임대인 乙에 대하여 계약갱신요구권 행사 가능

4) 법 시행 시 잔존기간만 있으면 모두 갱신요구 할 수 있는지?
☞ 가능함. 기존 계약의 연수에 상관없이 1회 2년의 갱신권 부여함
다만, **계약기간이 1개월 이상** 남아 있어야 함
('20. 12. 10. 이후 최초로 체결하거나 갱신된 계약은 2개월 이상)

5) 법 시행 이후에 **계약기간**이 **만료**되는 경우,

('20. 12. 10. 이후 최초로 체결하거나 갱신된 계약은 2개월 이상)

① **임대인**이 계약 만료 **6개월 전**부터 **1개월 전**까지 기간에 갱신을 거절하고, 법 시행 전에 **제3자**와 새로운 임대차계약을 맺은 경우에도 임차인이 계약갱신요구권을 행사할 수 있는지?

☞ **불가능함.** 이번 개정 법률은 존속 중인 계약에도 계약갱신요구권을 부여하되 법적 안정성을 위해 제3자와 계약이 **기체결된 경우**에는 **예외적**으로 갱신요구권을 부여하지 않는 부칙 적용례를 두고 있음.

☞ 다만, 임대인은 **법 시행 이전**에 제3자와 계약을 체결했다는 사실을 명시적으로 입증할 수 있어야 함(계약금 수령 입증, 계약서 등)

☞ 임대인이 **법 시행 이후**에 제3자와 계약을 체결한 경우에는 계약갱신요구권이 부여되며, 임대인이 제3자와의 계약체결을 이유로 임차인의 계약갱신 요구를 거절할 수 없음.

② **임대인**이 계약 만료 **6개월 전**부터 **1개월 전**까지 기간에 임차인에 대해 **갱신거절만 한 경우**, 계약갱신요구를 할 수 있는지?

☞ 가능함.

③ 임대인이 계약 만료 **6개월 전**부터 **1개월 전**까지 기간에 임차인과 합의를 통해 이미 계약을 갱신한 경우에도, **개정 법률**(5% 임대료 증액상한 적용)에 따른 **계약갱신요구**를 할 수 있는지?

☞ 가능함.

☞ 다만, 임차인은 임대인과 **갱신한 계약**을 유지하고, 해당 **계약의 계약기간 만료 시점**에 계약갱신요구권 행사 가능

※ **(CASE)** 임차인 甲과 임대인 乙이 '18. 9월 ~ '20. 9월까지 최초 전세계약을 맺었고, '20. 6월에 상호 간 합의로 '20. 9월 ~ '22. 9월까지 갱신을 실시하면서 임대료 8% 증액

⇨ 임차인 甲은 '20. 8월(계약 종료 1개월 전)에 계약갱신요구권을 행사하여 5% 미만으로 임대료 조정하거나,

⇨ 8% 증액한 기존 임대차계약관계를 유지하면서 계약기간 만료 시점인 '22. 7월(계약 종료 2개월 전)에 임대인 乙에 대한 계약갱신요구권 행사 가능

---

6) 계약갱신청구권 행사 시 임차인은 무조건 2년을 거주해야 하는지?

☞ 그렇지 않음. 임차인은 언제든지 임대인에게 계약해지를 통지할 수 있으며, 임대인이 통지받은 날부터 **3개월 지나야** 효력 발생

2. 갱신의 거절

※ 임차인은 계약해지를 통보하더라도 계약 만료 전이라면 3개월간 임대료 내야 함.

1) **임대인**이 갱신을 거절할 수 있는 경우에는 어떤 것들이 있는지?

	규정(개정 주임법 제6조의 3 제1항)	CASE
1호	임차인이 2기의 차임액에 해당하는 금액에 이르도록 차임을 연체한 사실이 있는 경우	1) 임차인이 1, 2월분 월세를 연속하여 연체한 경우 2) 1월 연체 후 2, 3월에 지급하였다가 4월에 다시 연체한 경우
2호	임차인이 거짓이나 그 밖의 부정한 방법으로 임차한 경우	1) 임차인이 허위의 신분(이름, 주민등록번호 등)으로 계약한 경우 2) 주택 본래 용도가 아닌 불법영업 장 등의 목적으로 임차한 경우
3호	서로 합의하여 임대인이 임차인에게 상당한 보상을 제공한 경우	임대인이 임차인에게 소정의 보상(이사비 등)을 실제 제공한 경우 * 단, 실제 제공하지 않거나 합의되지 않은 일방적인 보상은 제외
4호	임차인이 임대인의 동의 없이 목적 주택의 전부 또는 일부를 전대(轉貸)한 경우	임대인의 동의 없이 전대하여 타인이 목적주택을 사용, 수익하게 한 경우
5호	임차인이 임차한 주택의 전부 또는 일부를 고의나 중대한 과실로 파손한 경우	1) 임차주택의 전부 또는 일부를 임대인 동의 없이 무단 증·개축 또는 개조하거나 고의로 파손한 경우 2) 임차인의 중과실(화기 방치 등)로 인한 화재로 주택이 파손된 경우
6호	임차한 주택의 전부 또는 일부가 멸실되어 임대차의 목적을 달성하지 못할 경우	주택의 전부 또는 일부가 멸실되어 주거 기능 상실
7호	임대인이 다음 각 목의 어느 하나에 해당하는 사유로 목적 주택의 전부 또는 대부분을 철거하거나 재건축하기 위하여 목적 주택의 점유를 회복할 필요가 있는 경우 가. 임대차계약 체결 당시 공사 시기 및 소요기간 등을 포함한 철거 또는 재건축 계획을 임차인에게 구체적으로 고지 하고 그 계획에 따르는 경우 나. 주택이 노후·훼손 또는 일부 멸실되는 등 안전사고의 우려가 있는 경우 다. 다른 법령에 따라 철거 또는 재건축이 이루어지는 경우	-

8 호	임대인(임대인의 직계존속, 직계비속을 포함한다)이 목적 주택에 실제 거주하려는 경우	–
9 호	그 밖에 임차인이 임차인으로서의 의무를 현저히 위반하거나 임대차를 계속하기 어려운 중대한 사유가 있는 경우	임대인 동의 없이 인테리어 공사를 하거나 원상회복이 불가능한 정도로 인테리어 공사를 한 경우 * 1호부터 8호까지 이외에 임차인의 임대차를 지속할 수 없는 경우

2) 임대인이 목적 주택에 실제 거주하려고 하려면 어떻게 해야 하는지?
☞ 임차인에게 직접 거주 필요성을 계약 만료 **6개월 전**부터 **1개월 전**까지 기간에 통보하고 **입주**

3) 임대인의 직접 거주 사유가 허위인 경우에는 어떻게 하는지?
☞ 임차인은 개정 법률에 따라 **손해배상**을 청구할 수 있음.

※ 허위의 갱신거절 시 손해배상액 산정

① 임대인과 임차인 간 손해배상 예정액
② ①이 없는 경우 법정 손해배상 예정액 중 가장 큰 금액
1) 갱신거절 당시 월 단위 임대료(전세금은 전액 월세로 전환, 법정 전환율 4% 적용) 3개월분에 해당하는 금액
2) 『임대인이 새로운 임차인에게 임대하여 얻은 월 단위 임대료 - 갱신거절 당시 월 단위 임대료』의 2년분에 해당하는 금액
3) 갱신거절로 인해 임차인이 입은 손해액

---

3. 임대료 상한

1) 임대료 상한 제한(5% 이내)은 언제 적용되는 것인지?
☞ 임대료 제한은 존속 중인 계약에서 임대료를 증액하거나 **계약갱신청구권**을 행사하는 경우에만 적용

2) 임대인이 요구하면 5%를 무조건 올려주어야 하는지?
☞ **그렇지 않음.** 5%는 임대료를 증액할 수 있는 **상한일 뿐**이고 임대인과 임차인은 그 범위 내에서 얼마든지 **협의**를 통해 임대료를 정할 수 있음.

3) 지자체가 5% 이내에서 조례로 달리 정할 수 있는데, 지역별로 달라지는 임대료 상한은 언제 마련되는지?
☞ 지자체가 별도로 정하지 않으면 5% 이내가 적용되며, 지자체가 별도로 5% 이내에서 설정 가능

4) 계약갱신청구권 행사 시 전세 → 월세 전환이 가능한지?
☞ 개정 법률상 갱신되는 임대차는 전 임대차와 동일한 조건으로 다시 계약된 것으로 보므로 **전세 → 월세 전환**은 임차인 동의 없는 한 곤란
☞ 다만, 동의에 의해 전환하는 경우에도 주택임대차보호법 제7조의 2에 따른 **법정 전환율*이 적용**됨.

> * (법정전환율) 보증금의 전부 또는 일부를 월 단위 차임으로 전환하는 경우에는 '10%'와 '기준금리(現 0.5%) + 3.5%' 중 낮은 비율을 적용

> ※ **(CASE)** 계약갱신청구권 행사 시 전세 → 월세 전환 예시
> ○ (전세 5억 원) → 보증금 3억 원 월세 67만 원 또는 보증금 2억 원 월세 100만 원

4. 집주인 변경

1) 계약갱신청구권 제도가 도입되는 경우, **임차인이 거주하고 있는 주택은 매도할 수 없는지?**
☞ 사실이 아님. 임차 중인 주택의 매도는 아무런 영향 없이 가능함.

2) **법 시행 이전**에 집주인이 바뀌고, 기존 임차인이 계약 만료 **6개월** 전부터 **1개월 전**까지 기간에 계약갱신 요구 가능한지?
☞ 가능함.
3) **법 시행 이전**에 집주인이 바뀌고, 바뀐 집주인이 직접 거주를 희망하는 경우, 기존 임차인의 계약갱신요구를 거절할 수 있는지?
☞ 가능함. 다만, 계약 만료 **6개월** 전부터 **1개월 전**까지 기간에 갱신거절의 의사표시를 하여야 함.

국토교통부	**보도설명자료**		
	배포일시	2020. 8. 2(일) / 총 6매	
담당 부서	국토교통부 주택정책과	담당자	• 과장 이명○, 사무관 유지○, 주무관 정성○ • ☎ (044) 201-3321, 3334
	법무부 법무심의관실	담당자	• 법무심의관 전태○, 서기관 임성○ • ☎ (02) 2110-3164, 3503
보도일시		배포 즉시 보도하여 주시기 바랍니다.	

정부는 개정 『주택임대차보호법』의 안착을 위해 최선의 노력을 다하겠습니다.

□ 정부의 **국정과제**인 **계약갱신청구권**과 **전월세상한제** 도입을 담은 『주택임대차보호법』 개정안이 **국무회의**를 거쳐 7. 31. **시행**되었습니다.

○ 정부는 출범 이후 계약갱신청구권과 전월세상한제 도입을 **국정과제**(46번 서민이 안심하고 사는 주거환경조성)로 **정하고,**

- 現 정부 내 제도 도입을 위해 **국회, 학계, 시민단체 등**과의 협업을 추진해왔으며, 마침내 **그 결실**을 맺을 수 있게 되었습니다.

- 특히, 계약갱신청구권과 전월세상한제는 **이미 10여 년 전부터** 논의되어 오던 과제로, 이번 제도 도입은 **그간**의 **연구 및 논의**를 반영한 것이라고 보아야 합니다.

○ 앞으로, 계약갱신청구권과 전월세상한제가 시장에 안착할 수 있도록 조속히 **관련 해설서**를 제작·배포하고, **LH·감정원** 지역 사무소에 방문상담소 개설, 분쟁조정위원회 확대 설치 등을 이행하겠습니다.

<개정 주임법 관련 상담 연락처>

기관	전화번호	기관	전화번호
국토교통부 민원 콜센터	1599-0001	대한법률 구조공단	국번 없이 132
서울시 전월세보증금 지원센터	(02) 2133-1200 ~ 8	한국감정원	(053) 663-8425
경기도 임대차 즉시 전화상담	(031) 8008-2246	LH	(055) 922-3638, 3641

☐ 한편, 개정 주택임대차보호법의 시행과 관련하여 새 제도에 따른 일부 혼선을 우려하는 의견이 있으나, 이에 대한 정부의 입장 및 준비상황은 다음과 같습니다.

① 첫째, 개정 주임법 시행 후 집주인과 임차인이 이전보다 **더 많은 협의**를 하는 것은 새 제도 시행에 따른 **'자연스러운 일'**입니다.

ㅇ 개정 주임법의 **계약갱신청구권** 도입으로 임차인에게는 희망하는 경우 **1회**의 **계약 갱신**(최대 2년)을 할 수 있는 **권리**가 생겼습니다.

- 개정 전에도 실제 현장에서는 집주인과 임차인 간 **협의**를 통해 **계약기간**을 **연장**해왔으나, **갱신** 여부의 **결정**은 오로지 **집주인**의 의사결정에 의해서만 **좌우**되었던 것이 사실입니다.

- 이제 계약갱신청구권 및 전월세상한제(갱신 시 임대료 증액제한 5% 제한)가 도입되었기 때문에 **임차인은 거주기간 연장**을 위한 **권리**를 **주장**할 수 있게 되었습니다.

ㅇ 결국, 집주인과 임차인은 보다 **균형 잡힌 권리관계** 아래서 각자의 **권리 주장**을 통해 임대차계약기간의 연장을 협의할 수 있게 되었으며, 이러한 상황에서 양자 간 **의견교환**은 **자연스러운** 것입니다.

- 이를 두고, '전쟁의 시작', '평화 관계의 종식' 등으로 **과장**되게 표현하는 것은 **바람직하지 않습니다.**

ㅇ 다만, **제도 시행 초기**로 집주인과 임차인이 자신의 정확한 권리와 의무를 알아야 하므로,

- **정부**는 신속하게 개정 주임법에 대한 **해설서**를 배포하고, 지자체 및 유관기관과 공조하여 다양한 방법으로 **정확한 정보**를 전달하기 위해 노력하겠습니다.

② 둘째, 개정 주임법 시행으로 **집주인의 재산권**은 **침해**되지 않습니다.

○ 계약갱신청구권제도가 시행되어 집주인이 자신의 **주택**을 **매도할 수 없게 되었다**는 것은 **사실**과 **다릅니다.**

- **집주인이 임대**를 놓은 상황에서 주택을 **제3자(매수인)에게 매도하는 것에 아무런 문제가 없으며,** 기존 집주인과 임차인의 임대차계약이 제3자(매수인)에게 승계된다는 것은 이미 주지의 사실입니다.

- 개정 전 주택임대차보호법하에서도 임차인의 거주기간이 남아 있는 경우 **주택매도를 이유로 임차인을 내보낼 수 없었으며,**

- 새로운 집주인이 매입한 주택에 입주를 원하는 경우 임차인의 **잔여 거주기간**을 모두 보장하고 난 후 매수한 주택에 입주할 수 있었던 만큼, 계약갱신청구권 도입으로 인해 **달라지는 것**은 없습니다.

○ 한편, **토지거래허가구역** 내에서 주택을 처분하려면 **실거주자**에게만 매도해야 하기 때문에 계약갱신청구권 도입으로 주택 처분이 어려워졌다는 주장도 있으나,

- 계약갱신청구권이 시행되어도 집주인이 해당 주택에 **실제 거주**하려는 경우 등에 한하여 **계약갱신**의 **거절**이 가능하므로 달라지는 것은 없습니다.

③ 셋째, **임차인**의 **정보열람 권한**을 **확대**하여 허위 갱신거절에 대한 **손해배상청구권 제도**를 **실효성** 있게 운영하겠습니다.

○ 이번 계약갱신청구권 도입 시 집주인과 임차인의 **균형 잡힌 관계**를 만들기 위해 **집주인**이 **직접 거주**를 희망할 경우 **갱신**을 거절할 수 있도록 하였습니다.

- 다만, 일부 이를 **악용**하여 임차인을 내보내는 것을 방지하기 위해, 임차인이 요구한 **갱신기간 동안** 집주인이 **제3자에게** 임대한 사실이 발견되면 **집주인**에게 **손해배상**을 청구할 수 있도록 하였습니다.

○ **정부**는 임차인들이 허위의 갱신거절로 인해 **피해**를 보지 않도록,

- 집주인의 **직접 거주**를 **이유**로 계약의 갱신을 **거절당한 임차인**이 계약갱신을 요구한 기간 기존 임차 거주 주택에 제3자가 임대 거주했는지 여부 등 **임대차정보**를 열람할 수 있도록 하여 **손해배상제도**의 **실효성**을 높일 것입니다.

   ※ [현행] 임대인, 임차인, 소유자, 금융기관 등 → [개선] 갱신거절 임차인 추가

- 집주인이 **제3자**에게 **임대**하는 것이 **어려워진다면,** 손실을 감수하고 해당 주택을 2년여 동안 비어 있는 상태로 두는 경우를 제외하고는 **허위**로 갱신을 **거절하는 사례**는 발생하지 않을 것입니다.

④ 넷째, **공공·민간 임대주택 공급**이 줄어들지 않도록 하겠습니다.

○ **계약갱신청구권** 제도 시행 및 **최근 추진 중인 부동산 정책**의 **실거주** 요건 확대로 전세주택 공급이 줄 것이라는 주장이 있으나,

- 집주인이 실거주를 목적으로 해당 주택에 입주하려고 하는 경우 **기존**에 **거주**하던 주택은 다른 임차인에게 임대되므로 **전세주택 총량**에는 변함이 없습니다.

○ 또한, 수도권 **하반기 아파트 입주 예정물량***은 약 **11만** 호로, 예년(9.4만 호, '15 ~ '19년) 대비 **17.0% 많은 수준이며**

   * 수도권 하반기 입주(만 호) : ('15.下) 6.1, ('16.下) 7.8, ('17.下) 11.8, ('18.下) 13.3, ('19.下) 8.1

- **서울도 하반기 2.3만 호** 입주 예정으로 예년(2.1만 호, '15 ~ '19년) 대비 많은 반면 이주수요는 예년 대비 적어 안정적인 수급 상황을 보일 전망입니다.

○ 특히, 주거복지로드맵 이행을 통해 **'22년 장기공공임대 200만 호 확보, '25년 240만 호**를 확보하여 장기적으로 우리나라 전체 임차가구의 **25%가량**을 공공임대주택으로 수용할 수 있으며,

- **'24년 이후**부터는 **3기 신도시** 입주 시작, **용산정비창·공공재개발** 등 **수도권 25만 호 + α등 공급**이 **활발**하게 이루어질 것이며, 최근 주택공급확대 TF를 통한 공급물량이 더해지면 수급 상황은 더욱 안정화될 것으로 기대하고 있습니다.

⑤ 다섯째, **지자체별 임대료 상한률**은 지자체별로 **충분히 검토**하여 가급적 **통일된 시기**에 **시행**되도록 할 것입니다.

○ 이번 주택임대차보호법 개정안에서 **일률적**으로 **전국 5%**를 **우선 시행**하고, 추후 **필요시 지자체**가 5% 이내의 범위에서 정하도록 한 것은 **전월세 시장의 신속한 안정**을 위해서입니다.

 - 지자체는 관할 구역별 **주택수급 상황, 전월세 시장**의 여건을 고려하여 필요한 경우 전국 기준보다 **낮은 상한률**을 적용할 수 있으며, 이를 위해 **면밀한 검토**가 필요한 것이 사실입니다.

 - 다만, 모든 지역별 기준을 세세히 정하여 입법하기에는 **지나치게 장기간**이 소요되므로 전국적 기준을 우선 수립하고, 지역별 기준을 추후 설정하여 시장의 안정을 도모한 것입니다.

 - 정부와 지자체는 지역별 상한 적용방안을 구체적으로 논의할 것이며, 시장의 혼란을 방지하기 위해 조례상 시행시기 및 적용례를 통일하는 방안을 **검토 중**인 점을 말씀드립니다.

□ 정부는 이번 『**주택임대차보호법 개정**』을 계기로 **임차인**이 폭넓게 보호받고, **임대인**의 권리가 존중되는 **균형 잡힌 임대차 시장**이 되도록 최선의 노력을 다하겠습니다.

○ 아울러, 제도 도입 초기의 **혼선을 방지**하기 위해 다양한 사례를 상정하고 구체적인 설명을 드리기 위해 노력하고 있습니다.

○ 법 시행 직후 제기된 일부 사안에 대해 추가로 설명드립니다.

1) **갱신 시 임대료 상한 5%의 의미는 1년에 5% 제한인지? 무조건 5%를 올려야 한다는 것인지?**
 ☞ 갱신 시 임대료 상한은 갱신 시점 기준 임대료의 **5%**가 상한이며, 5% 이내에서 **협의**하여 정해지는 것이므로, 무조건 5%를 올리도록 한 것은 아님

2) **집주인이 매도하려는 목적으로 갱신거절이 가능한지?**
 ☞ **불가능함.** 임차인의 갱신요구에 대한 거절은 주임법상 갱신거절 사유에 포함되어

있는 경우에만 가능함.

3) 세입자가 나가기로 하고 보증금 일부를 돌려받은 후 갱신청구를 하는 경우
☞ 보증금의 일부를 돌려받았다고 하더라고 임차인의 지위를 유지하고 있다면 임대차기간이 끝나기 6개월 전부터 **1개월 전**까지 기간에 청구 가능

※ 주택임대차보호법 제4조 ② 임대차기간이 끝난 경우에도 임차인이 보증금을 반환받을 때까지는 임대차관계가 존속되는 것으로 본다.

4) 집주인이 직접 거주를 이유로 갱신 거절한 후 해당 주택을 공실로 남길 경우 손해배상책임 여부
☞ 개정 주택임대차보호법에서 집주인의 **실거주 의무**는 없음.
☞ 다만, 집주인이 직접 거주를 목적으로 임차인의 갱신을 거절했으나 임차인이 요청한 갱신 기간 **제3자에게 임대**를 하는 경우 기존 임차인은 집주인에 대해 **손해배상**을 청구할 수 있음

이 보도설명자료와 관련하여 보다 자세한 내용이나 취재를 원하시면 국토교통부 주택정책과 유지○ 사무관(☎ 044-201-3321)에게 문의하여 주시기 바랍니다.

국토교통부	보도설명자료	
	배포일시	2020. 8. 19(수) / 총 4매

담당 부서	국토교통부 주택정책과	담당자	• 과장 이명○, 사무관 유지○, 주무관 정성○ • ☎ (044) 201-3321, 3334
	법무부 법무심의관실	담당자	• 법무심의관 전태○, 서기관 임성○ • ☎ (02) 2110-3164, 3503
보도일시			배포 즉시 보도하여 주시기 바랍니다.

법정 월차임 전환율 하향 조정 등
『주택임대차보호법』 시행령 개정을 추진합니다.

□ 지난 7. 31일 개정 주택임대차보호법이 시행됨으로써 우리 전월세 시장에 **계약갱신청구권** 및 **전월세상한제**가 도입되었습니다.

○ **계약갱신청구권**은 임차인이 희망하는 경우 1회 계약갱신을 청구할 수 있는 권리로, 임차인의 **안심 거주기간**이 **2년 더 연장되었습니다.**

- 계약 갱신 시 임대료 상한도 **5% 범위 내**로 제한되어 임차인들이 **임대료 급등**으로 인한 걱정에서 어느 정도 벗어나게 되는 효과를 기대할 수 있게 되었습니다.

○ 앞으로 계약갱신청구권과 전월세상한제가 정착되면 **전월세 시장**은 이전보다 **안정**될 것이며, 임차인이 보다 **안심**하고 **거주**할 수 있는 **주거문화**가 조성될 것으로 기대됩니다.

□ 정부는 개정 주택임대차보호법이 실제 전월세 시장에서 **실효성 있게 작동**할 수 있도록 전월세 전환율 하향 조정, 허위 갱신거절 방지방안 등을 추진하고 있으며,

○ 주택임대차보호법 시행령을 다음과 같이 **신속히 개정**하여 관련 사항을 **시행**하고자 합니다.

① 법정 월차임 전환율 現4% → 2.5%로 하향 조정

ㅇ 법정 월차임 전환율은 **보증금**의 전부 또는 일부를 **월세**로 **전환**하는 **경우**에 **적용**되는 산정률로, **임대차계약기간 내** 또는 **계약갱신 시** 적용됩니다.

- **최근 저금리 기조**에도 불구하고 법정 월차임 전환율은 『**기준금리 + 3.5%**』로 고정되어 있어, **1년 만기 정기예금 등**의 타 원금보장 투자상품의 수익률(1% 중후반)에 비해 과대평가되어 있는 측면이 있습니다.

- 또한, 시중 전세대출 금리(2%대)와 비교해도 월차임 전환율이 과도하게 높아, **임차인**이 **전세**로 거주하는 경우보다 **월세**로 거주하는 경우의 **주거비 부담**이 커지게 되는 결과가 초래됩니다.

> **※ CASE 분석**
>
> ▶ (가정) 법정 전환율 4% / 전세대출 금리 2.5%(시중) 1.5%(기금평균)
> ▶ (시뮬레이션) 현금 1억 원이 있는 임차인이 3억 전세 거주 시 주거비 부담
>   ① 전세 거주 시 : 2억 원 × 2.5%(시중) = **월 40만 원** / 2억 원 × 1.5%(기금) = **월 25만 원**
>   ② 월세 거주 시 : 현재 법정 전환율 4% 적용 시 **월 67만 원**

- 특히, 이번 주택임대차보호법 개정으로 계약갱신청구권이 도입됨에 따라 계약갱신 시 임대인과 인차인 간 합의로 **전세 → 월세 전환사례**가 있을 수 있으므로, 임차인의 주거비 부담완화 차원에서 법정 월차임 전환율을 **하향 조정할 필요**가 있습니다.

- 다만, 주택을 임대하는 경우 임대인이 부담하는 **유지보수 비용, 임대료 체납리스크,** 임대용 주택 매입을 위한 **주담대 금리** 등 **임대인**의 **기회비용**도 균형감 있게 고려할 필요가 있습니다.

ㅇ 이에, 현재 『기준금리 + 3.5%』로 되어 있는 법정 월차임 전환율 산정공식을 『기준금리 + 2%』로 조정하여 **법정 월차임 전환율**을 **2.5% 수준**으로 운영하고자 합니다.

② 분쟁조정위원회 現 6개소 → 18개소로 확대

○ 지난 주택임대차보호법 개정 시 임대인과 임차인 간 갈등을 신속히 해결하기 위해 **분쟁조정위원회 운영기관**으로 법률구조공단 외에 **LH**와 **한국감정원**을 신규로 추가하였습니다.

○ 이번 **시행령 개정**을 통해 **LH**와 **한국감정원**이 **운영**하는 분쟁조정위원회 **12곳**의 위치 및 관할 범위를 **신규**로 추가하고,

  * '20년도 설치계획 : 인천·청주·창원(LH), 서울 북부·전주·춘천(한국감정원)

  '21년도 설치계획 : 제주·성남·울산(LH), 고양·세종(대전)·포항(한국감정원)

 - 향후 **지역별 분쟁조정 수요** 및 **운영현황**을 고려하여 분쟁조정委 설치 지역 및 관할을 **추가할** 예정입니다.

  * 인구 50만 이상 도시에 최소 1곳 이상의 분쟁조정위 운영목표(약 40여 곳 운영목표)

③ 허위의 갱신거절 방지를 위한 『임대차정보열람권』확대

○ 계약갱신청구권 도입과 함께 임대인이 직접 거주를 이유로 임차인의 갱신요구를 거절하고, **제3자**에게 **임대**하는 것을 막기 위한 **법정 손해배상책임제도***를 도입하였습니다.

  * 임대인이 실제 거주를 사유로 갱신 거절하였음에도 갱신요구가 거절되지 아니하였더라면 갱신되었을 기간이 만료되기 전에 정당한 사유 없이 제3자에게 목적 주택을 임대한 경우 임대인은 임차인에게 손해배상책임 부담(주임법 제6조의 3 제5항)

 - **제도의 실효성 확보**를 위해 임대인의 직접 거주를 이유로 갱신거절 당한 임차인이 임대인의 실제 거주 여부(제3자에게 임대되었는지 여부)를 확인할 수 있도록 제도적 뒷받침이 필요합니다.

○ 이에, 시행령 개정을 통해 임차인이 퇴거한 이후에도 해당 주택의 **임대차정보** 현황을 열람할 수 있는 방안도 추진합니다.

  * (현행) 현 임차인·임대인, 해당 주택의 소유자, 근저당권자, 우선변제권을 승계한 금융기관 등 (개정) 임대인의 실제 거주를 사유로 계약갱신이 거절된 임차인 포함

□ 주택임대차보호법 시행령 하위규정은 **8월** 말 **입법예고**에 착수하여 **10월 중 시행**을 목표로 **조속한 입법절차를 진행할** 예정입니다.

○ 아직은 계약갱신청구권, 전월세상한제 등의 **제도** 도입 **초기**로 개정 주택임대차보

호법의 효과에 의문을 제기하는 목소리도 많습니다.

- 그러나, **제도**가 시장에 **안착**되어 임차인의 주거기간이 늘어나고 임대인과 임차인이 **동등한 지위**에서 임대료 협상을 진행하는 등 **임차인**의 **주거권이 향상**되는 효과가 나타나기 시작하면 전월세 시장은 예전보다 더욱 안정화될 것입니다.

○ 정부는 앞으로도 개정 주택임대차보호법의 안착을 위해 노력하고 전월세 시장 가격의 안정을 통해 무주택 서민들의 **주거 불안**이 **발생하지 않도록 최선**을 다하겠습니다.

 이 보도설명자료와 관련하여 보다 자세한 내용이나 취재를 원하시면 국토교통부 주택정책과 유지○ 사무관(☎ 044-201-3321)에게 문의하여 주시기 바랍니다.

![국토교통부]	국토교통부	보도설명자료	
	배포일시	2020. 8. 19(수) / 총 4매	
담당 부서	국토교통부 주택정책과	담당자	• 과장 장우○, 사무관 유지○, 박태○, 박정○ • ☎ (044) 201-3321, 3334, 4089, 4175~8
	법무부 법무심의관실	담당자	• 법무심의관 전태○, 서기관 임성○ • ☎ (02) 2110-3164, 3733, 3734
보도일시		배포 즉시 보도하여 주시기 바랍니다.	

주택매매 시 임차인 잔여 거주기간을 보장하는 것은 주택임대차보호법의 일관된 원칙입니다.

< 관련 보도내용(9. 11) >

◆ "내 집에 내가 못 들어간다" 전세 끼고 산 새주인의 절규(조선일보)
 '세입자 동의' 없으면 집 팔기 힘들다(머니투데이) 등

□ **임차인**이 **거주 중인 주택**을 매매하는 경우, **임차인**의 **주거권**을 보장하는 것은 주택임대차보호법의 **일관된 원칙**입니다.

○ **개정 전** 주택임대차보호법 하에서도 임차인의 거주기간이 남아 있는 경우 주택매도를 이유로 **임차인**을 내보낼 수 **없었으며,**

 - 새로운 집주인이 매수한 주택에 입주를 원하는 경우 임차인의 잔여 거주기간을 **모두 보장**하고 난 이후에야 매수한 주택에 입주할 수 있었습니다.

○ 결국, 계약갱신청구권 도입으로 보장해주어야 하는 임차인의 거주기간이 **최대 4년**으로 늘어난 것일 뿐, **임차인**이 **거주** 중인 주택을 **매도**하는 것과 관련하여 **본질적**으로 달라지는 것은 없습니다.

□ 임차인의 주거권 강화를 위한 개정 법의 취지와 계약갱신요구권의 법적 성격을 고려할 때, 실거주를 이유로 한 갱신거절 가능 여부는 임차인의 **계약갱신요구 당**

시의 **임대인**을 기준으로 판단해야 합니다.

○ 따라서, ❶ **매수인**이 임차주택의 **소유권**을 **이전받은 후**에 임차인이 **갱신요구**를 한 경우에는 매수인이 **임대인**의 지위에서 **실거주**를 이유로 **갱신거절**이 **가능**하나,

- ❷ **임차인**이 갱신거절 사유가 없는 기존 임대인에게 계약갱신요구권을 **행사**한 후 소유권을 이전받은 **매수인**은 본인의 실거주를 이유로 **갱신거절을 할 수 없습니다.**

○ 이는 **계약갱신청구권 제도 도입**의 **취지**가 임차인이 거주할 수 있는 기간을 안정적으로 연장하여 임차인의 **주거권**을 **강화**하기 위한 것이라는 점에 기반한 것입니다.

□ 다만, **정부**는 집주인이 자신의 주택을 매도하거나 실거주 목적의 주택을 매입하는 경우 발생할 수 있는 **거래상의 문제**를 **최소화**할 수 있도록 노력하고 있습니다.

○ 특히, 법 제6조의 3 제1항은 제1호부터 제8호까지 각각의 갱신거절 사유를 정하고 있는 외에 **개별 사안**의 **구체적 사정**을 고려할 수 있도록, **제9호**에 "그 밖에 임차인이 임차인으로서의 의무를 현저히 위반하거나 임대차를 계속하기 어려운 중대한 사유가 있는 경우"를 **갱신거절 사유**로 정하고 있는 바,

- **임차인**이 계약갱신요구권을 취득하여 **행사**할 수 있음에도 계약 만료일에 퇴거하기로 합의함에 따라 임대인이 **제3자**와 **실거주**를 위한 **새로운 계약관계를** 맺은 경우 등

- 임대차 종료와 관련한 당사자 간 논의 경과 및 제3자와의 새로운 계약체결 여부 등 제반사정을 고려해 볼 때, 계약갱신이 부당하다고 볼 수 있는 특별한 사정이 인정될 수 있는 경우에는 **임대인**에게 **정당한 갱신거절 사유**가 있는 것으로 판단될 수 있을 것입니다.

이 보도설명자료와 관련하여 보다 자세한 내용이나 취재를 원하시면 국토교통부 주택정책과 유지○ 사무관(☎ 044-201-3321)에게 문의하여 주시기 바랍니다.

국토교통부	보도설명자료	
	배포일시	2020. 9. 16(수) / 총 2매
담당부서 국토교통부 주택정책과	담당자	• 과장 장우○, 사무관 유지○, 박태○, 박정○ • ☎ (044) 201-3321, 3334, 4089, 4175~8
법무부 법무심의관실	담당자	• 법무심의관 전태○, 서기관 임성○ • ☎ (02) 2110-3164, 3733, 3734
보도일시		배포 즉시 보도하여 주시기 바랍니다.

정부는 개정 주택임대차보호법과 관련하여 적법하게 권리를 행사하도록 안내하고 있습니다.

< 관련 보도내용(9. 16) >

◆ "실거주 핑계로 세입자 내보내라" 위법 권하는 정부 콜센터(중앙일보)

□ 정부는 **개정 주택임대차보호법** 시행에 따라, 임대인과 임차인이 **적법하게 권리를 행사**하고, 당사자 간에 **원만하게** 임대차 관련 문제를 해결할 수 있도록 관련 제도를 **안내**해드리고 있습니다.

□ 집주인이 실거주 의사가 없음에도 불구하고 형식상 갱신거절 사유를 만들 목적으로 **단기간만 거주하고 매각**하여 실거주하지 않는 경우,

 - 이는 허위의 갱신거절로 **주임법을 위반한 행위**를 하여 정당한 거주 권리를 갖는 임차인에게 손해를 발생시킨 것이 되어 **불법행위 책임**을 지게 될 수 있습니다.

○ 또한, 정부가 추진 중인 **임대차정보열람권 확대**를 통해 임대인의 실거주를 사유로 갱신이 거절된 임차인이 **임대차정보** 등을 확인할 수 있게 될 예정입니다.

□ 다만, **정부**는 집주인이 자신의 주택을 매도하거나 실거주 목적의 주택을 매입하는 경우 발생할 수 있는 **거래상의 문제를 최소화**할 수 있도록 노력하고 있습니다.

1) **개정 주택임대차보호법 시행**(7. 31) **전에** 실거주 목적의 매매계약을 체결한 경우

- 주임법 개정 전에는 계약갱신청구권 제도의 시행을 예측할 수 없었으므로, 임차인의 퇴거를 믿고 매매계약을 체결하였고, 매수인이 해당 주택에 들어와 살아야 하는 **실거주자인 경우, 구체적인 사정**에 따라 주임법 제6조의 3 제1항 제9호의 갱신거절 사유인 임대차를 계속하기 어려운 **중대한 사유**에 포함될 수 있을 것으로 보입니다.

2) **개정 주임법 시행 이후**라도, 임차인이 갱신요구권을 행사하지 않고 퇴거하기로 합의하여 이를 믿고 실거주 목적의 **제3자**와 매매계약 등을 체결한 경우

- 당사자 간의 논의 경과 및 제3자와의 새로운 계약체결 여부 등 **구체적인 사정**에 따라 주임법 제6조의 3 제1항 제9호의 임대차를 계속하기 어려운 **중대한 사유**에 포함될 수 있을 것으로 보이며, 민원 상담 시 이러한 내용으로 안내하고 있습니다.

☐ 정부는 앞으로도 개정 주택임대차보호법에 대해 정확하고 일관되게 안내하는 등 제도의 안정적인 정착을 위해 최선을 다하겠습니다.

이 보도설명자료와 관련하여 보다 자세한 내용이나 취재를 원하시면 국토교통부 주택정책과 박태○ 사무관(☎ 044-201-4177)에게 문의하여 주시기 바랍니다.

⬤ 국토교통부	**보도설명자료**		
	배포일시	2020. 9. 22.(화) 총 3매(본문3)	

담당 부서	국토교통부	주택정책과	• 과장 장우○, 사무관 박태○, 주무관 이승○ • ☎ (044) 201-4177, 4178
	법무부 법무심의관실	담당자	• 법무심의관 전태○, 서기관 임성○ • ☎ (02) 2110-3164, 3503
보도일시			즉시 보도 가능합니다.

「주택임대차보호법 시행령」개정안 국무회의 통과

- 월차임 전환율 하향(4% → 2.5%), 분쟁조정위 확대(6개소 → 18개소)
- 허위의 갱신거절 방지를 위한 임대차 정보열람권 확대

□ 개정 주택임대차보호법의 **정책 실효성**을 높이기 위한

△ **법정 월차임 전환율 하향 조정,**

△ **분쟁조정위원회의 전국 단위 확대** 등을 주요 내용으로 하는 **「주택임대차보호법 시행령」** 개정안이 **9월 22일 국무회의를 통과**하였습니다.

○ 국무회의를 통과한 개정 시행령은 대통령 재가 및 공포를 거쳐 **9. 29일부터 시행*** 될 **예정**입니다.

> * 분쟁조정위원회 관련 규정은 11. 1일부터 시행 예정

□ 이번 **개정안의 주요 내용**은 다음과 같습니다.

① **법정 월차임 전환율이 현 4%에서 2.5%로 하향됩니다.**

○ 법정 월차임 전환율은 **보증금**의 전부 또는 일부를 **월세**로 **전환할 때** 적용되는 **산 정률**입니다. 현 시중금리 수준을 감안할 때 월차임 전환율이 과도하게 높아, **서민 주거비 부담** 완화를 위해 **하향 조정**할 **필요**가 있다는 **의견**이 많았습니다.

- 이에 따라, 임차인의 과도한 **월세 부담**을 **방지**하는 한편, 임대인의 **유지보수 비용, 주택담보대출 금리** 등을 고려하여 적정 수준인 **2.5%가 유지**될 수 있도록 시행령

을 개정하여,

- 법정 월차임 전환율을 **"기준금리* + 3.5%"**에서 **"기준금리 + 2.0%"**로 **변경**하였습니다.

  * 한국은행에서 공시한 기준금리로, '20. 5월 기준으로 0.5% 적용

② 분쟁조정위원회를 현 6개소에서 18개소로 확대합니다.

○ 임대인과 임차인 간 **분쟁**을 보다 신속하고 편리하게 조정할 수 있도록 분쟁조정위원회가 확대 설치됩니다. 그동안은 **법률구조공단**에서만 분쟁조정위원회를 운영해왔으나,

- **LH**와 **한국감정원**도 **분쟁조정위원회**의 **운영 기관**으로 **추가**하고, 현재 설치된 6곳이외에도 **12곳**을 **추가**로 **설치**할 **계획**입니다.

  * '20년도 설치계획 : 인천·청주·창원(LH), 서울 북부·전주·춘천(한국감정원)
  ** '21년도 설치계획 : 제주·성남·울산(LH), 고양·세종(대전)·포항(한국감정원)

③ 허위의 갱신거절 방지를 위한 임대차 정보열람권이 확대됩니다.

○ 개정 주택임대차보호법에 따르면, **임대인**이 **직접 거주**를 사유로 임차인의 **계약갱신을 거절**한 후, 제3자와 임대차계약을 맺은 경우에는 손해배상이 가능하도록 규정하고 있습니다.

- **제도의 실효성 확보**를 위해 임대인의 직접 거주를 이유로 갱신이 거절된 임차인이 임대인의 **실제 거주 여부**(제3자에게 임대되었는지 여부)를 확인할 수 있도록 **임차인이 퇴거한 이후에도** 해당 주택의 **임대차정보*** 현황을 열람할 수 있도록 하였습니다.

  * 임차인이 계약갱신 거절당하지 않았더라면 갱신되었을 기간 중에 존속하는 임대차계약 정보에 한함

□ 정부는 이번 시행령 개정을 계기로 **분쟁조정위**를 **최대한 신속**하게 **설치**하는 등 주택임대차보호법의 **조기 안착**을 위해 **최선**을 **노력**을 다할 계획입니다.

 이 보도자료와 관련하여 보다 자세한 내용이나 취재를 원하시면 국토교통부 주택정책과 박태○ 사무관(☎ 044-201-4177), 이승○ 주무관(☎ 044-201-4178)에게 연락주시기 바랍니다.

		보도설명자료	
국토교통부			
	배포일시	2020. 12. 1.(화) / 총 2매	
담당 부서	국토교통부 주택정책과	담당자	• 과장 장우○, 서기관 유지○, 사무관 박태○ • ☎ (044) 201-3321, 4177
	보도일시	배포 즉시 보도하여 주시기 바랍니다.	

정부는 개정 주택임대차보호법과 관련하여 적법하게 권리를 행사하도록 안내하고 있습니다.

< **관련 보도내용**(한겨레 등, '20. 11. 30) >

◈ "12월 10일부터 계약갱신청구권 행사기간 달라져요"

- 12월 10일 이후에는 2월 10일 이후 계약 종료되는 세입자부터 계약갱신청구권을 쓸 수 있게 된다. 하루 만에 1월 10일~2월 9일 사이 계약 종료가 되는 세입자가 계약갱신청구권을 쓸 수 없다.

□ '20. 12. 10일부터 **모든 계약**에서 계약갱신요구권을 임대차계약이 끝나기 **6개월부터 2개월** 전까지 **행사해야 한다**는 보도는 **사실과 다릅니다.**

ㅇ 정부에서 8. 28일 배포한 『**주택임대차보호법 해설집**』에서 구체적인 사례를 통해 안내드린 바와 같이,

- 개정규정('20. 6. 9. 개정)은 '20. 12. 10(목) 이후 **최초로 체결**하거나 **갱신된 계약**부터 적용됩니다.

Q) '20. 12. 10일에 계약이 만료되는 경우, 계약 만료 2개월 전까지 계약갱신요구권을 행사해야 하는 것인지?

☞ 계약만료일이 '20. 12. 10일인 경우 현행과 같이 1개월 전인 '20. 11. 10일 0시('20. 11. 9일 24시) 전까지 임대인에게 계약갱신의 의사가 도달해야 합니다.

Q) '20. 12. 10일에 새로운 임대차계약을 체결하거나 묵시적 갱신되어 계약만료일이 '22. 12. 10일인 경우. 계약 만료 2개월 전까지 계약갱신요구권을 행사해야 하는 것인지?

☞ 새로운 임대차계약 또는 묵시적으로 갱신된 계약의 만료일이 '22. 12. 10일이라면, 만료일 2개월 전인 '22. 10. 10일 0시('22. 10. 9일 24시) 전까지 임대인에게 계약갱신의 의사가 도달해야 합니다.

* 주택임대차보호법 해설집 23p

□ 예를 들어, '19. 12. 15에 체결하여 '21. 12. 14에 계약만기가 되는 **계약**은 당초 규정대로 **계약 만료 6개월 전부터 1개월 전까지 계약갱신**을 **요구**해야 합니다.

○ 다만, '20. 12. 14에 최초 체결하거나 묵시적으로 갱신된 계약은 개정된 규정을 적용받아 계약 만료 6개월 전부터 2개월 전까지 계약갱신을 요구해야 합니다.

※ 참고로 「주택임대차보호법」 제6조(계약의 갱신)에 따른 묵시적 갱신제도도 위와 같은 기준이 적용됩니다.

□ 국민들에게 **정확한 내용**이 전달될 수 있도록 **협조 부탁**드립니다.

이 보도설명자료와 관련하여 보다 자세한 내용이나 취재를 원하시면 국토교통부 주택정책과 박태○ 사무관(☎ 044-201-4177)에게 문의하여 주시기 바랍니다.

돈 버는
부동산 임대차계약의
모든 것

제1판 1쇄 2024년 8월 1일

지은이 최병우
펴낸이 허연   **펴낸곳** 매경출판㈜
기획제작 ㈜두드림미디어
책임편집 이향선   **디자인** 김진나(nah1052@naver.com)
마케팅 김성현, 한동우, 구민지

매경출판㈜
등록 2003년 4월 24일(No. 2-3759)
주소 (04557) 서울시 중구 충무로 2(필동 1가) 매일경제 별관 2층 매경출판㈜
홈페이지 www.mkbook.co.kr
전화 02)333-3577
이메일 dodreamedia@naver.com(원고 투고 및 출판 관련 문의)
인쇄·제본 ㈜M-print 031)8071-0961

ISBN 979-11-6484-700-6 (03320)

같이 읽으면 좋은 책들

오피스텔
투자 바이블

35살, 35채로 인생을 바꾸다

부동산 전문 세무사, 회계사가 알려주는
똑똑한 절세 방법
부동산
법인이
답이다!

I 실전 문답 필수 사례 편 I

절세미남 이상욱 세무사의
절세의 모든 기술
부동산 법인에 있다!

투자 초보자도
쉽게 따라 하는
부동산
대출의
기술

부동산 대출이 두려운 그대에게

오르는 땅은
이미
정해져 있다

이것이 진짜
토지 개발이다
I

초보부터 고수까지
위기의 부동산 중개 탈피법
생각하는
공인중개사가
생존한다!

이제 재건축·재개발 세무가 한결 쉬워진다
신방수 세무사의
재건축
재개발
세무
가이드북
실전 편

부린이 탈출을 위한
부동산
투자입문서

대한민국 부동산 초보자가 꼭 알아야 할
돈 버는 투자의 정석

신神의 재테크
GPL
아파트 담보대출로
매일매일 돈 벌어주는
남자

현명한 부동산 투자의 시작
숨어 있는
토지 개발로
10억
만들기

부자의 첫걸음
내 집 마련

부자 경매의 시작
알기 쉬운
특수 경매

신방수 세무사의
확 바뀐
부동산
매매사업자
세무
가이드북
실전 편

집을 싸게 사려면 내재가치를 마스터하라
내 집을 싸게 사는
최고의 방법

서울시 공정경제과 황박사가 알려주는
NEW
상가임대차
분쟁 솔루션

멈출 수 없는
UNSTOPPABLE
공간개발의 미래과제와
부동산 투자의 새로운 시각

신방수 세무사의
주택임대사업자
등록말소주택
절세 가이드북

부동산 성공 투자의 시작
알기 쉬운
경매 실무

RESTART
부동산 투자
아무도 말해주지 않는 불변의 성공비법

극한직업
건물주

꼬마빌딩 건축

신방수 세무사의
확 바뀐
상가
빌딩
절세 가이드북

우대방과 함께하는
성공 부동산
중개사무소
창업

지식산업센터
투자의
정석

닥치고 현장!
소액자본으로
부동산
부자되기

신방수 세무사의
부동산 증여에
관한 모든 것

부자 경매의 시작
알기 쉬운
기초 경매

라첼과 함께 공부하는
셀프 경매
바이블

실전 사례로 풀어보는
상가 셀프
경매의 정석

닥치고 현장!
부동산에
미치다

빌라
투자
방정식

DEVELOPER
부동산 투자의 계륵결
디벨로퍼
경매

부동산 슈퍼리치만 아는
투자 비밀

월세
보증금으로
부동산 산다
반값 생활 경매 솔루션

신방수 세무사의
1인
부동산
법인
하려면 제대로
운영하라!

대박나는 부동산 중개
핵심
공인중개사
실무 교육

부동산
경매·공매
특수물건
투자 비법

거지였던 나는
상가 투자로
32억
건물주가 되었다

공매 투자,
지금이 기회다

직장인도 따라 할 수 있는
별장펜션 창업

부동산 투자, 제대로 하려면 명확히 하라
한 권으로 끝내는
토지 투자 성공공식

임장의 여왕이 알려주는 부동산 투자 전략

'발칙한 발상'이 부동산 성공 투자를 부른다
토지, 상가의 성공 투자법

미니 재개발·재건축의 모든 것

당신의 경매 탈출구가 되어줄
이기는 부동산 경매의 비밀

신방수 세무사의
이제 부동산 세금을 알아야
주택 보유 & 처분
할 수 있는 시대다

투자 전, 꼭 알아야 하는
상가임대차법

부동산 경매, 초보에서 탈출하라

초규제 시대, 부동산 투자의 정석

돈이 되는 부동산 vs 돌이 되는 부동산

신방수 세무사의
양도 소득세 완전 분석

사례로 풀어보는 지분경매

신방수 세무사의
부동산 거래 전에 자금출처부터 준비하라!

부동산 관리도 경영의 시대

부동산 관리와 종합서비스

신방수 세무사의
상속분쟁 예방과
상속 증여 절세 비법

길 걸작도 돈 버는
세어하우스
SHARE HOUSE

대박 상가 투자법

신방수 세무사의
주택임대사업자 등록과 절세 비법

이생현의 실전 경매 운영자 재검토로의
나는 장애를 딛고
부동산 경매로
성공했다

완벽한 준비로 쎄삼에 잡다
시기와 마음 가다리기보다 무슨 시작해라!

불황에도 매출 10배 올리는
상위
1%
공인
중개사의
마케팅
비법

부동산 규제 강화와 경기 불황에도 공인중개사들이
매출을 위기적으로 올릴 수 있는 통화구를 제시한다

GTX 시대, 부동산 투자 비법은 따로 있다!
아파트는 살고
땅은 사라

토지 투자의 블루부선 큰대가 왔다!
도산국사의 "대한민국 1% 만 아는"
실전 토지 투자 종합 바이블 탄생!

부동산 투자를 시작하기 전에 꼭 알아야 할 실전 기술
부동산
상식을
돈으로
바꾸는 방법

경우의배로 쌓은 부동산 자식과
화신을 돈으로 바꿀 수 있는 구체적인 방법!

해외 부동산 투자,
나는 말레이시아로
간다

M A L A Y S I A

투자자에게 알려주고 싶은 부동산 블루오션

당신도 건물주가 될 수 있다!
원룸
마스터

원룸으로
공무원의 삶을 누리시라!

부동산 투자자,
계약자가 꼭 알아야 하는
부동산
실무 法
용어사전
1,000

부동산 계약 재검토 실전
토지와 개의 피스와 분쟁을 수 있는 도움이 되는
부동산 거래의 핵심 단어 20 1,000개!

부자가 되기 위한 새로운 패러다임
부자로 환승하라
머니트레인

부동산 투자, 이제는 지하철이 핵심이다!

부동산 투자
인사이트

고수가 알려주는 집값의 유의하는 원리

그는 어떻게
부동산
1인 창업으로
10억을
벌었을까?

부동산 투자의 숨겨진 진실!

돈 버는
주택임대
관리기법

주택임대관리업
복잡하던 관리업무와 경영방법이다

10%대 수익률을 위한
최고의 부동산 재테크
P2P
투자의
정석

부동산의 대출만큼 알아야 하는 키워드 토큰 코
저금리 시대, 높은 수익률을 보장하는 재테크의 재테크!

부동산으로 이룬
자유의
꿈

잘 키운 아파트,
직장 퇴사 안 무섭네

아파트 경매,
지역 분석이 언제다

때돈 사용을
중심으로 살펴보는
대박 친
빌딩 투자의
비밀

부자가 되기 위한 부동산 요리법
정준환의
부동산
레시피

요리하 먹는 것처럼
부동산에 익숙해지리라!

초보를 위한 취업과 창업 완벽 가이드
잘나가는
공인중개사의
비밀노트

한 권으로 정리한 단기 속성 실무전략

新
명품 토지
중개 실무

다양한 사례와 함께 살펴보는 실무 노하우

실패 없는 부동산 파라다임
돈 길 따라가는
부동산 투자

정보력과 실전 경험이 바탕이 되
앞을 내다보는 부동산 기법을 전수한다

부동산 계약 · 중개 등기 전세 꼭 알아야 하는
부동산
세무
Real estate
Tax
Guide Book
가이드북
실전편

2019
개정세법 반영
완전개정판

개념부터 쉽게 배우는 부동산 필수 상식
돈 되는 부동산은 따로 있다

300채 월세로 빠세권 지키는 진짜의
부동산 투자 비법

지식산업센터 투자 실전 편
부동산 투자, 아파트형 공장이 틈새다

2일 만에 월세 200만 원 받는
월세 부자 레시피

이제 당신도 부자가 될 수 있다!

직장인들도 쉽게 따라할 수 있는
부동산 공매 가이드북

실전편

양도세·부가세·취득세도 내 질문하 하는
부동산 매매임대사업자 세무 가이드북

Real estate
Business
Tax
Guide Book

실전편

나는
부동산 투자로 파산자에서 100억 부자가 되었다

경쟁하기 싫은 경매 투자자들의 신세계
지분경매, 공유지분, 독점경매

남들과 경쟁하기 싫고, 혼자 전부 독식하고 싶다!

입찰에서 취득까지, 배당에서 명도까지
부동산 경매의 모든 것
이것이 진짜 성공 경매다

가치 투자로 승부하라!
실패를 최소화하는 성공 투자 비법

부동산 전문 아나운서의 재테크 실전법
결혼은 선택이지만 부동산 투자는 필수다

수익형 부동산 건축과 재테크 투자 비법
헌집 살래 새집 살래

건축을 알면 일짜 부동산이 한눈에 보인다!

부자 되는 주택 임대사업

이제 대세는 수익형 부동산이다
평생 돈 걱정 없이 사는 월세 부자 되기

돈 버는 공인중개사는 따로 있다

전세가를 알면 부동산 투자가 보인다

시장 심리를 바라보면, 투자 흐름이 보인다!

서울시 공장경제과 주무관이 알려주는
부동산 거래와 판례

지분 경매로 토지 개발업자 되기

부동산 재테크 역세권이 답이다

철도 & 택세권 10년 경력의 노하우

세무사 30년이 알려주는
세무조사 대비의 모든 것

커피 한 잔 값으로 초대형 오피스 주인 되기
리츠 얼리어답터

고수익을 안겨주는 블루오션 토지 경매
신의 한 수 금맥 경매

권리분석 완전정복으로 10년 안에 10억 벌기

고수가 절대로 말하지 않는 땅 투자의 모든 것
대한민국을 움직이는 땅 투자 법칙 100
땅 투자 승자로써 재테크 롤러도 언제든 편하다! 명법 마련도, 모든 부동산엔 법칙이 통한다!
매일경제신문사

흔한 직장인의 흔하지 않은 투잡 경매 성공기
10 돈의 보감
평범한 셀러리맨, 투잡 경매로 5년에 10억 벌다
경매도, 재테크하고 NPL로 두 번째 월급 받다
매일경제신문사

나는 갭 투자로 300채 집주인이 되었다
아파트 300채 부자 박정수가 공개하는 최대의 투자기법 대공개!
부동산투자 바이블 실전편

토지 세무 가이드북
실전편
Land Tax Guide Book
"토지매매에 있어 세금관리은 선택이 아니라 필수다!"

부동산·권리·분양·입찰 매매를 통한
新 상가 투자 보물 찾기

상가투자자의 경쟁력(?)까지도 꼭 알려야 하는
상가 세무 가이드북
실전편
shopping center Tax Guide Book
"상가관리에 있어 세금관리은 선택이 아니라 필수다!"

나는 토지 경매로 금맥을 캔다

NPL과 경매, 토지보상이 하나로
토지보상경매 실전활용

국세·관세사업과 법인CEO도 꼭 알아야 하는
세무조사 실무 가이드북
Tax investigation Practical affairs Guide Book
실전편

야생화의 기초 경매

GLOBAL REAL ESTATE
INVESTMENT & DEVELOPMENT BIBLE
해외 부동산 투자 & 개발 바이블
해외 부동산으로 블루오션 시장을 선점하라!

만화로 풀어 쓴 경매 관련 완벽 해설서!
부동산 경매 대법원 판례집
1945~2014년 핵심 판례 모음

부동산 경매 전문 변호사가 큰 맘 먹고 알려주는
유치권 깨트리는 法 지키는 法
부동산 경매에 성공을 위한 마지막 관문 - '유치권' 제대로 아는 것이 힘이다!

《100채의 축복》 저자 야생화의 세 번째 이야기!
울보멘토 야생화의 경매이야기

금융기관 전문가가 다루어 주는
NPL 랭킹업 투자비법
Ranking Up, Ranking Shift, Ranking Area을 이르는 NPL을 이해하기까지
'NPL매각 실무' 적격 공개!

전업투자자와 공인중개사를 위한
손품 팔아 부동산 보물찾기
블로그 마케팅 편
"누구나 쉽게 배우는 부동산 블로그 마케팅의 핵심 노하우를 담은 책"

경매전문가 이동진의 실물 통한 진짜 경매이야기 ②
지지 않는 권리분석 vs 이기는 명도

기관투자자만 아는
부동산 투자 운영 매뉴얼

경매 땡땡땡! 학교종이 어서 모여라!